5-7, rue de l'École-Polytechnique, 75005 Paris

www.harmattan.fr

ISBN : 978-2-343-21151-0
EAN : 9782343211510

Philosophie de l'épidémie

Le temps de l'émergence

ÉDITION 2020

HIPPOCRATE ET PLATON
Études de philosophie de la médecine

Collection dirigée par Jean Lombard

Cette collection accueille des études sur la relation de la médecine et de la philosophie dans la pensée antique et ses prolongements à l'âge classique, aux Lumières et à l'avènement de la modernité. Elle offre un cadre à la réflexion sur la démarche éthique dans le champ médical et médico-social.

Déjà parus

Jean Lombard, *L'épidémie moderne et la culture du malheur, petit traité du chikungunya,* 2006.

Bernard Vandewalle, *Michel Foucault, savoir et pouvoir de la médecine*, 2006.

Jean Lombard et Bernard Vandewalle, *Philosophie de l'hôpital,* 2007.

Jean Lombard et Bernard Vandewalle, *Philosophie de l'épidémie, le temps de l'émergence* (1ère édition) 2007.

Simone Gougeaud-Arnaudeau, *La Mettrie (1709-1751), le matérialisme clinique*, 2008.

Jean Lombard, *Éthique médicale et philosophie, l'apport de l'Antiquité*, 2009.

Gilles Barroux, *Philosophie de la régénération, médecine, biologie, mythologies*, 2009.

Bernard Vandewalle, *Spinoza et la médecine, éthique et thérapeutique*, 2011.

Victor Larger, *Devenir médecin, phénoménologie de la consultation médicale*, 2011.

Victor Larger, *Le médecin et le patient, éthique d'une relation,* 2012.

Jean Lombard, *La pratique, le discours et la règle. Hippocrate et l'institution de la médecine*, 2015

Gilles Barroux, *Les sources médicales de la connaissance de l'homme,* 2016.

Jean Lombard, *Philosophie du vieillir. Existence et temporalité dans la pensée antique*, 2017.

Jean Lombard, *Philosophie de la démarche éthique. Anti-manuel d'éthique pour l'ère des néo-valeurs*, 2020.

Jean LOMBARD
Bernard VANDEWALLE

Philosophie de l'épidémie

Le temps de l'émergence

ÉDITION 2020

L'Harmattan

Des mêmes auteurs chez le même éditeur

Philosophie de l'hôpital, 2007.
Philosophie de l'épidémie. Le temps de l'émergence (1ère édition), 2007.

Des mêmes auteurs chez d'autres éditeurs

Philosophie et soin, Itinéraires philosophiques à l'hôpital, éditions Seli Arslan, 2009.
Philosophie pour les professionnels de la santé, éléments pour la formation initiale et continue, éditions Seli Arslan, 2010.
Philosophie de l'altérité, concepts et problématiques de l'action sociale et médico-sociale, éditions Seli Arslan, 2012.

I

LE DÉSORDRE ET L'ÉNIGME GENÈSE ANTIQUE DU MODÈLE ÉPIDÉMIQUE

Au regard de la place constamment tenue par les épidémies dans l'aventure des hommes, c'est l'humanité tout entière que l'on peut comparer à ce condamné à mort imaginé par Jean-Paul Sartre dans *L'Être et le Néant*, « qui se prépare bravement au dernier supplice, qui met tous ses soins à faire belle figure sur l'échafaud et qui, entre temps, est enlevé par la grippe espagnole ». L'épidémie apparaît ainsi d'emblée comme l'exécutant de tâches déjà assurées : elle apporte la mort à des êtres mortels, le dépérissement à des corps dont l'évolution pathologique était de toute manière l'ineffaçable horizon. Dans le dur combat de la mort annoncée, elle est un supplétif plus efficace et plus brutal que la troupe régulière, à l'action d'autant plus cruelle qu'elle semble l'effet d'un aléa insaisissable, qu'elle donne par surprise des coups prévisibles, mais dont on avait un moment oublié la menace. Aussi, malgré la familiarité qu'auraient dû créer tant de siècles de pestilences en tous genres, génère-t-elle toujours la même inaltérable sidération.

En ce sens, c'est l'ambiguïté du concept même d'épidémie que met en évidence l'histoire des épidémies, si souvent écrite. La quête d'intelligibilité qu'elle traduit est à proportion de la résistance que lui oppose une réalité fuyante et évolutive, à bien des égards rendue insaisissable par l'interaction des facteurs qui la constituent. Le besoin d'histoire, en d'autres termes, est à la mesure de cette sorte de dysfonctionnement du *chronos* dont tout évènement épidémique semble être à la fois cause et effet. Phénomènes sociaux et sanitaires à la fois, éléments de déséquilibre – ou de rééquilibrage – économique, démographique, matériel, militaire, politique, les épidémies *font* l'histoire autant qu'elles s'y inscrivent et souvent elles en sont la substance plus encore que le révélateur : elles vivent en quelque sorte de leur vie propre, faisant irruption, se développant, s'affaiblissant ou cessant tout à coup, parfois pour réapparaître, identiques ou au contraire modifiées ou méconnaissables. Et alors même qu'elles sont ainsi comme des êtres autonomes qui structurent le cours du temps, elles sont également dépendantes, de l'état initial des choses, puis des changements qu'elles y introduisent, de tout ce qu'elles viennent affecter, l'état de la population, les échanges de biens et de personnes, les comportements tant individuels que collectifs, les manières de penser et jusqu'au savoir humain, que sans cesse elles défient.

Toute histoire des épidémies est ainsi une entreprise épistémologiquement à haut risque, qui requiert dans l'idéal une forme d'interdisciplinarité presque sans limite et la poursuite de deux fins en partie contradictoires : une connaissance historique globale, car l'épidémie est plus que tout autre un évènement total, et l'élucidation de ce que comporte au contraire d'isolable et de spécifique cet objet précis qu'est la *crise* épidémique, qui seule peut livrer un véritable sens. Or, si la plupart des histoires publiées se recoupent largement, elles se différencient surtout par le choix des catégories de classement, par les périodisations et par les champs disciplinaires de rattachement. Ces critères ne sont cependant jamais neutres et ils ne relèvent pas de la simple objectivité. Ils traduisent des présupposés, ils anticipent sur les conclusions ou bien ils les conditionnent. Ainsi les études qui commencent à l'époque de la Renaissance insistent souvent sur le passage aux modes d'explication naturelle qui lentement ont succédé à l'interprétation religieuse héritée du Moyen Âge, et en ce sens elles procèdent d'une vision du monde épidémique à résonance fracastorienne, elles sont un hommage rendu à la hardiesse inventive de la raison, ce qui se fait au détriment de modèles plus anciens, mais, selon nous, non moins essentiels de la pensée de l'épidémie. *A contrario*, les travaux sur les pestes médiévales sont consacrés plutôt aux questions touchant à la spiritualité, voire au débat théologique, où d'une certaine manière s'efface la capacité humaine à rechercher le vrai. Quant au choix de traiter des périodes contemporaines, il est guidé le plus souvent par un intérêt pour l'histoire des sciences, pour la recherche médicale et pour la perspective moderne du *risque*, conduisant à une spécialisation dans le domaine biologique et physiologique. Dans d'autres cas, lorsque le savoir médical est pris de court dans une situation d'urgence[1], le centre de gravité de l'étude tend à se déplacer de la dimension proprement médicale aux questions transversales de santé publique et de prévention et ainsi à se fondre dans des disciplines extérieures (telle l'entomologie, par exemple, quand le vecteur de la transmission est un insecte). De même, les épidémies peuvent être l'occasion d'insister sur les pouvoirs de la science ou sur les démarches de l'anthropologie comparée, dont les maladies épidémiques sont souvent l'occasion.

Si néanmoins les études de ce type visent, pour la plupart, à une compréhension synthétique des phénomènes épidémiques, si elles permettent une précieuse et indispensable connaissance du tissu historique original qu'ils ont peu à peu formé, elles opèrent aussi une sorte de décentration du thème par rapport à lui-même et elles contribuent, de ce fait, à quelques exceptions près[2], à écarter paradoxalement l'épidémie de sa propre histoire, à force d'écrire en ses lieu et place celle des maladies, celle des traitements, celle des virus, ou simplement celle de la médecine. Le concept d'épidémie ne s'identifie, en effet, à aucun de ceux-

---

[1] La dispersion épistémologique provoquée par l'apparition d'épidémies mal connues a été observée récemment dans le cas du *chikungunya*. Nous avons tenté de rendre compte de ce phénomène dans *L'épidémie moderne et la culture du malheur*, Paris, L'Harmattan, 2006, notamment p. 43 et suivantes.

[2] Citons, parmi les parutions récentes, l'étude magistrale de Patrice Bourdelais *Les épidémies terrassées*, Éditions de la Martinière, 2003, où la complexité des interactions et la spécificité de la problématique sont prises en compte au même titre.

là. Il ne renvoie à l'origine[1] qu'à l'idée d'un mal dont l'apparition et la propagation sont remarquables (par la soudaineté, la gravité et le nombre de cas, la combinaison en un tableau sanitaire original, la perspective tragique qui en résulte…), dans le cadre de ce que l'on appellerait au théâtre classique *unité de lieu* et *unité de temps*. Ce n'est que par métonymie qu'*épidémie* désigne le mal lui-même. Et c'est dans son usage figuré que la notion, revenant en somme à sa vocation première, va recouvrir toute extension d'un phénomène survenant à un rythme qui peut rappeler un mécanisme de contagion, situation fréquente dans le contexte de la modernité. Car ce n'est pas le mal considéré en lui-même qui fait l'épidémie, mais sa présence insistante ou son développement exponentiel lourd de menace, ou bien encore sa fonction pressentie d'avertissement tragique.

Aussi la contagion n'est-elle jamais au centre de l'épidémie antique : la notion n'était pas connue comme telle et le terme utilisé (*loimôdès*) renvoyait à la maladie qui se répand (*loimos*) et non à la modalité spécifique de transmission. Thucydide lui-même, qui avait pourtant supposé la contamination d'homme à homme en remarquant que les médecins étaient plus touchés que les autres[2], utilisait le mot maladie (*nosos*) pour désigner la

---

[1] En Grèce ancienne, l'*épidémia*, ou « séjour dans un pays », n'était pas une épidémie au sens moderne, mais une « constitution », ensemble de maladies dans un contexte donné (sur cette notion, voir ci-après, p. 12, note 3).

[2] Thucydide, *Guerre du Péloponnèse*, II, XLVII, 4 : « [les médecins] étaient même les plus nombreux à mourir, dans la mesure où ils approchaient plus de malades ». Thucydide remarque aussi « la contamination au cours des soins mutuels », comme « dans un troupeau » (LI, 4). Il saisit donc le principe de la contagion, sans pouvoir le formuler, en l'absence d'un schéma de causalité susceptible d'en rendre compte. Une certaine connaissance de la vérité sans support théorique, par simple déduction à partir de l'observation, est l'une des caractéristiques attachantes de la médecine et de la science grecques en même temps que le signe de leur limite épistémologique : cf. sur ce point la manière dont Aristote conçoit la génétique à partir de l'observation de la ressemblance entre parents et enfants, mais sans jamais pouvoir en élaborer le concept (dans *Problèmes,* VII, 1-8 et X, 10, et *Histoire des animaux*, VII par exemple). Nous citerons Thucydide dans la traduction de J. de Romilly, Belles Lettres, 1991, ou dans celle de D. Roussel, édition de la Pléiade, Gallimard, 1989.

terrible peste survenue lors de la seconde invasion de l'Attique, choisissant de la caractériser par d'autres aspects beaucoup plus importants à ses yeux[1] : la puissance comme fléau et les effets destructeurs qui s'exerçaient sur la vie *(loimos* et *phtora).* La contagion n'a d'ailleurs jamais été une notion hippocratique : il faudra attendre le soin insistant apporté par Aristote à définir l'univers morbide pour qu'elle soit en partie acceptée, d'abord comme un simple fait d'expérience, par exemple avec la propagation de l'envie de bâiller ou la participation par la pensée à la souffrance d'autrui[2], puis examinée, enfin, comme mode de propagation de certaines maladies, telles la phtisie, l'ophtalmie, la gale, dont la transmission se fait par contact[3]. Deux schémas sont alors envisagés, le contact direct et la proximité. Dans une maladie comme la gale, la contagion se produit par contact avec les parties « superficielles et visqueuses »[4], alors que dans les « pestilences », la contagion se fait par proximité, à partir de « l'haleine mauvaise et lourde » du malade, qui provoque une « corruption du souffle »[5].

---

[1] *Id.*, II, XLVII, 3. L'idée d'*épidémie* résulte clairement dans le texte non du mode de transmission, mais de l'extension géographique et du déplacement dans le temps, qui sont du reste précisés (avant d'arriver à Athènes, « le mal s'était abattu dans diverses régions, du côté de Lemnos entre autres… »).

[2] Aristote, *Problèmes.*, VII, 1-7.

[3] *Id.*, VII, 8. Le texte donne comme exemples contraires « l'hydropisie, l'apoplexie, les fièvres », qui « ne se transmettent pas ainsi ».

[4] La signification de la démangeaison et celle de la suppuration sont prises en compte et jouent le double rôle si fréquent chez Aristote d'explication causale et de preuve *a contrario* : si d'autres maladies ne sont pas contagieuses, c'est « parce qu'elles ne naissent pas à la surface de la peau » ou bien « qu'elles n'y restent pas en raison de la sécheresse ».

[5] On notera que la spécificité des pathologies est explicitement reconnue, car, précise Aristote, « on respire auprès du malade l'air qu'on expirerait si on était soi-même atteint de la maladie en question ». Néanmoins, il y a une évidente analogie entre le souffle « pathologique » du malade et le souffle de l'air en général, le *pneuma* qui est au principe de la respiration. Le premier est en fait une variété du second, de sorte que la nature véritable de la contagion reste insaisissable : elle n'est comprise que par cette sorte d'analogie du visible et de l'invisible à laquelle la médecine antique a fréquemment recours.

Néanmoins, ce mode de transmission qui semble évoquer notre conception moderne de la contagion est, en réalité, très proche de la cause générale des fièvres, telles que la médecine grecque les définissait depuis Hippocrate : le traité *Des vents* établissait une distinction fondamentale entre deux espèces de fièvres, « l'une commune à tous, qui est appelée pestilence, l'autre particulière, qui survient chez ceux qui ont un mauvais régime »[1]. Les fièvres générales ou communes à tous sont en quelque sorte épidémiques par nature, au sens qu'avait alors le mot, du fait qu'elles proviennent nécessairement de « ce qui est le plus commun, ce que nous utilisons tous le plus » c'est-à-dire « ce que nous respirons »[2], par opposition aux autres maladies « de toute espèce » qui se produisent au même moment, mais dont la diversité montre qu'elles ont des origines différentes et donc qu'elles sont liées non pas à la qualité du *pneuma,* mais à ce qui est éminemment individuel, le régime.

L'épidémie est d'abord, chez les hippocratiques, l'ensemble des pathologies présentes en même temps dans un lieu donné[3] : la médecine antique a été en réalité dominée très longtemps par l'idée du milieu ambiant en général et par celle de l'exposition

---

[1] Hippocrate, *Des vents*, VI, 1-2. La distinction se trouve aussi dans *Nature de l'homme.*

[2] *Nature de l'homme*, c. 9. Il s'agit d'un *distinguo* fondamental de la nosologie hippocratique : à la dualité maladies générales-maladies particulières correspond celle de leurs causes : l'air respiré et le mauvais régime, aucune autre cause des pathologies n'étant alors concevable. Mieux, les maladies générales n'ont, malgré des localisations qui les font apparaître différentes, qu'une seule et même cause, l'air (le *pneuma*). Cf. *Vents*, c. 2.

[3] Cf. par exemple, sous le titre de « Première constitution », le tableau d'une épidémie ainsi définie dans *Épidémies*, I, 1, 599-615. L'épidémie est un ensemble de maladies qui peut être relié plus ou moins directement, mais de façon assez imprécise, au sein d'une « constitution », à une série de facteurs (vents, saison, proximité de l'équinoxe et autres repères astronomiques…). Dans la « troisième constitution », des « paralysies commencèrent pendant l'hiver » et c'est la multiplication des cas qui fit découvrir que « la maladie était épidémique ». Sur les maladies épidémiques dans le corpus hippocratique et sur le concept de *pathocénose*, indispensable à toute étude synthétique, voir M. Grmek, *Les maladies à l'aube de la civilisation occidentale*, Payot, 1994, pp. 14-17 et 456 et suivantes.

et de l'orientation des cités en particulier, selon des schémas complexes qui sont exposés notamment dans *Air, eaux, lieux*. Il en résulte qu'il n'y a pas de distinction entre maladie générale et maladie épidémique et que la frontière n'est pas établie, du moins jusqu'à l'époque romaine, entre ce qui est épidémique et ce qui est endémique[1].

Le terme d'épidémie renvoie ainsi, dans la pensée médicale grecque, à des catégories nosologiques qui ne recoupent que de façon partielle le phénomène épidémique. Le malentendu n'est évidemment pas d'ordre uniquement lexical[2]. Trois aspects importants de l'épidémie telle que nous l'entendons aujourd'hui sont absents de la notion antique : l'idée d'une véritable échelle de gravité des maladies, un schéma causal rendant compte du mécanisme particulier de transmission, dont le développement à la fois rapide et massif du mal est comme le versant visible et la trace probante, enfin le concept de maladie lui-même en tant qu'unité pathologique identifiée, différente de la nébuleuse de la « constitution épidémique ». En fait l'épidémie est demeurée, dans le système hippocratique, extérieure à l'univers médical ou

---

[1] Dans le *Régime des maladies aiguës*, c. 2, est cependant indiqué un clivage entre ce qui est *pestilentiel* et ce qui est *sporadique*. De même, s'il y a dans la médecine hippocratique des « maladies aiguës », c'est-à-dire des maladies individuelles (pneumonie ou pleurésie, par exemple) aussi dangereuses que les maladies communes que sont les pestilences, il faudra attendre Galien et la médecine romaine tardive pour que se précise l'opposition maladie aiguë-maladie chronique, annoncée seulement par la notion de « maladies qui se jugent rapidement » dans *Maladies I*, c. 3. Sur l'analyse de la nosologie hippocratique, cf. J. Jouanna, *Hippocrate*, Fayard, 1992, pp. 202-253.

[2] Sur ce malentendu lui-même, voir par exemple dans M. Grmek, *op. cit.*, p. 456 et suivantes, comment Littré a pris, à partir des descriptions disponibles, la « toux de Périnthe » pour une véritable épidémie et a donc échoué à la classer dans les maladies connues au 19e siècle, estimant finalement qu'il n'y avait pas eu d'autre exemple de cette diphtérie compliquée de syndrome grippal, d'héméralopie, de troubles neurologiques, etc. En fait, elle ne peut être interprétée en termes de pathologie moderne que si on « brise son unité » (p. 473). En toute hypothèse, la série des études sur la « toux de Périnthe » met en évidence que l'Antiquité a été marquée par les chevauchements de maladies, par la valse permanente des affections et surtout les combinaisons et recombinaisons périodiques de virus aujourd'hui accessibles au savoir.

du moins marginale par rapport à lui, en ce sens qu'elle n'a pas été intégrée au *système* des maladies. C'est de ce point de vue aussi que le récit de la peste d'Athènes par Thucydide marque une avancée considérable : il constitue sur l'épidémie une fiche qui est conforme à la méthodologie élaborée par les médecins hippocratiques pour leurs relevés de cas et leurs observations de malades, c'est-à-dire une vraie description clinique[1], assurant de fait son irruption dans le champ nosologique et dans le domaine général du morbide. Le texte place le lecteur – et aujourd'hui encore – dans une situation saisissante. D'un côté, l'analyse est conduite d'une manière si objective que les données recueillies se dressent comme un acquis scientifique. Et de l'autre côté, contrastant avec ce savoir glacé, l'historien énonce tout ce qui fait de ce mal une épreuve collective, un moment où est posée la question du sens de la vie, où la cité chancelle et où perdent tout pouvoir « la crainte des dieux et la loi des hommes ».

On retrouve donc dans le récit deux orientations qui jusque-là étaient disjointes parce qu'elles relèvent de deux logiques différentes, voire opposées. L'une réaliste, la plus nouvelle, qui prend en compte le profil de la maladie et le contexte du soin, l'exigence médicale donc, même si elle paraît d'emblée vouée à l'échec, l'autre selon laquelle l'épidémie est un signe divin, un mal venu frapper les hommes déguisé en maladie, un *loimos* qui est accompagné de *limos* (disette) et de guerre, fléaux associés depuis les temps les plus reculés et qu'il n'est, à la limite, pas réaliste de penser vaincre. La caractéristique de l'épidémie est énoncée dès le début du récit et vaut presque définition : elle est un mal auquel on *s'abandonne*[2].

---

[1] Cf. Thucydide, *Guerre du Péloponnèse*, II, XLVI, 2- LI, 6. Voir aussi la liste détaillée des symptômes et les étapes de l'évolution du mal (LXIX, 1-8).

[2] *Id.*, XLVII, 4. Les deux aspects sont imbriqués dans ce paragraphe, dont l'extrême concision illustre parfaitement l'aspect instantané du *renoncement*. En outre, la radicale nouveauté du mal semble détourner par avance Thucydide et les médecins de toute recherche d'un lien avec des maladies existantes.

Cependant, cette insuffisance connue d'avance du combat humain ne tient pas à sa médiocrité intrinsèque, qui le priverait de toute chance de modifier le cours des choses : elle découle de la nature du fléau lui-même, instrument d'un destin hostile et d'une justice implacable. Aussi bien, l'épidémie antique n'a pas été pensée, à l'origine, comme ayant un lien particulier avec le pouvoir médical, qu'elle ne permet donc pas de juger. Ce lien, qui se précise à l'époque de Thucydide, aboutira à arrimer les épidémies à leurs causes au bénéfice des progrès de la science et à faire apparaître graduellement comme secondaires d'autres éléments constitutifs de la situation épidémique et qui pourtant en ont fixé à tout jamais le cadre. La pensée antique ne les avait privilégiés que par défaut, mais toute l'histoire des hommes a montré, depuis, leur pérennité et leur pertinence.

Déjà, une pensée de l'épidémie, indépendante des réponses du pouvoir humain aux pestes successives, avait recherché une structure épidémique, dégagé un ensemble de traits permanents, indifférents à la nature du mal – peu importe que ce soit faute de la connaître – mais corrélés avec son rythme de propagation et le message d'imminence du futur tragique dont il est porteur. L'analyse de Thucydide en exprime l'unité dans des termes qui ne seront plus remis en cause, et qui à eux seuls illustrent l'objectif qu'il avait assigné à la connaissance historique d'être une « acquisition pour toujours » (*ktêma ès aei*).

Seules les indications relatives aux opérations militaires et aux aspects politiques seraient à retirer du tableau de l'épidémie tel qu'on le trouve au livre II de la *Guerre du Péloponnèse* pour obtenir le portrait universel de toute épidémie. Et encore peut-on considérer ce qui concerne le contexte[1], par delà l'insertion spatio-temporelle de l'épisode, comme nous instruisant aussi de la vraie nature des épidémies, par essence évènements venant

[1] *Guerre du Péloponnèse*, II, XLVII, puis LV et suivants. Voir aussi, à partir de LIX, le versant politique de la crise avec la mise en cause de Périclès et sa défense devant les Athéniens.

s'ajouter à d'autres, facteurs d'aggravation de la condition des hommes, formes extrêmes de majoration adventice de tous leurs malheurs.

Le livre II de la *Guerre du Péloponnèse* énumère et ordonne les éléments de toute épidémie. La temporalité spécifique, tout d'abord, avec l'apparition brutale, le développement soudain et une imprévisibilité essentielle, qui est associée à une incertitude presque statutaire sur l'origine, toujours protégée par le flou des rumeurs et renvoyée à un ailleurs absolu[1]. En outre, l'épidémie n'est pas du tout un moment comme d'autres parmi tous ceux qui forment par leur succession le cours ordinaire des choses, mais un *instant critique*, pour reprendre le terme de la médecine ancienne, par lequel le temps emporte subitement le passé et confère au présent et à l'avenir une dimension nouvelle et inattendue. Elle est à la fois, dans des proportions variables, un effet et une cause. Non seulement elle n'est plus séparable du moment de l'histoire auquel elle appartient, mais elle le définit, le délimite et lui confère un sens qu'il n'aurait pas eu sans elle.

Un autre trait est que le point de départ est isolé, muet, et ne permet pas une apparition graduelle : il se constitue de ce fait en mystère, avec, par exemple, la santé insolente des Athéniens à la veille de cette peste[2], puis l'inéluctable succession des phases caractéristiques du mal[3]. Enfin, des dimensions morales et existentielles particulières sont induites par le caractère collectif de l'atteinte pathologique et par tous les effets spécifiques d'une maladie vécue sur un mode pluriel : la dureté du mal « n'est plus à la mesure de l'homme » et elle s'accompagne de signes étranges et de « singularités » – comme l'absence remarquée

---

[1] *Guerre du Péloponnèse*, II, XLVII, 3 : « et l'on racontait bien [...], mais on n'avait nulle part de souvenir de rien de tel », puis XLVIII : l'épidémie aurait « fait, dit-on, sa première apparition en Éthiopie ». Athènes « se vit frappée brusquement... ». Mais une épidémie, on le sait, vient *toujours* d'ailleurs.

[2] XLIX, 2 : « cette année-là [...] se trouvait en fait privilégiée par la rareté des autres indispositions » et à la maladie elle-même « rien ne fournissait de point de départ... ».

[3] XLIX, 2-L, 2.

d'autres maladies – qui en confirment la nature anormale[1]. De surcroît, les différentes formes du désastre s'accumulent et se renforcent l'une l'autre : impossibilité de traiter le mal avec quelque efficacité et même d'imaginer un remède, l'expérience étant continuellement démentie et les nouveaux malades aussi démunis que les précédents[2], abattement moral, découragement, peur des autres, provoquant tantôt la solitude tantôt la solidarité, désordres touchant les usages établis dans les actes essentiels de la vie collective, allant jusqu'à l'irrespect pour toutes choses, qu'elles soient divines ou humaines[3]. Il en résulte « un désordre moral croissant » dans cet univers morbide où le destin réserve des « retournements brusques » et finit par abolir toute règle de vie, car la vertu et son contraire conduisent au même sort : on n'aura le temps de recevoir ni récompense ni châtiment[4].

En même temps, le dérèglement est psychologique, affectant la mémoire, qui va se remodeler sur l'évènement, et l'intelligence, qui s'abîme dans les spéculations irrationnelles fondées sur des rumeurs[5]. Préjugés, croyances, interprétations erratiques se multiplient, encouragés par le désespoir. On trouve l'origine du mal dans des prédictions anciennes, on recherche des signes annonciateurs (en interprétant les réponses de la Pythie), on accuse l'ennemi péloponnésien qui n'a pas subi l'épidémie chez lui et dont l'arrivée coïncide avec l'apparition des premiers cas. On rapproche l'épidémie de la guerre en cours, on se plaint que

---

[1] L et LI, 1. Voir, parmi les signes étranges, l'attitude des oiseaux (L, 1).

[2] LI, 2-3. L'impossibilité de créer un traitement tient selon Thucydide à une absence apparente de rationalité : « ce qui était bon pour l'un était nuisible [...] pour un autre ». Par ailleurs, aucun « régime » n'est efficace et aucune constitution n'est « réfractaire au mal ».

[3] LII, 3-4. Pour Athènes, le désordre jugé scandaleux concerne l'oubli des règles en matière de funérailles et de sépultures. Mais ce désordre moral, dû au « déchaînement du mal », engendre un dérèglement des relations entre les hommes, allant de l'égoïsme barbare à l'esprit de sacrifice héroïque (LII, 4-6).

[4] LIII, 1-4. Thucydide appliquera cette même rigueur d'analyse aux effets de la guerre dans le livre III (LXXXII sqq.). Voir aussi II, LIX, la morale politique à travers le discours de Périclès sur la guerre et l'épidémie.

[5] Cf. LIV, 1-5 et XLVIII, 2 sur l'empoisonnement supposé des puits par l'ennemi, prototype de tout délire d'interprétation en situation épidémique.

les épreuves s'accumulent pour les Athéniens, on met en cause les politiques et on s'en prend, dans une sorte de retournement d'opinion, à Périclès lui-même, on dénonce les conséquences économiques conjuguées de l'épidémie et de la guerre. Un vent de mécontentement se lève alors : « les pauvres ont perdu leurs médiocres ressources » et les riches, de leur côté, ce qui avait fait leur richesse, « leurs beaux domaines et leurs installations coûteuses »[1]. Les difficultés économiques et sociales passent au centre de l'épidémie, formant une série d'aspects indirects qui délimitent la *crise* que traverse la cité[2]. Cette *crise*, notion qui est empruntée au champ de la médecine, devient en situation épidémique celle du *kairos*, au sens où font défaut tout à coup le bon moment et l'opportunité d'agir bien : médecins, stratèges et politiques sont avant tout des hommes du *kairos,* ici mis en échec par l'impossibilité de réaliser « le bien dans le temps », selon la formule d'Aristote[3].

L'épidémie est ainsi un ensemble complexe, qui a ses règles et son évolution propres, bien distinctes de celles de la maladie dont elle est la diffusion. Elle tend à se comporter comme un être autonome et à constituer une réalité globale qui dépasse la somme de ses composantes. Le modèle élaboré par Thucydide, qui demeurera applicable à toute épidémie à venir, a pour caractéristique majeure de tenir compte de cette globalité. Certes, à l'intérieur de ce tableau, différents facteurs peuvent connaître des variations de proportion, d'intensité, de forme, de corrélation, voire d'ordre d'apparition. Leurs conséquences ne sont que partiellement prévisibles, divers éléments peuvent venir s'y ajouter, comme plus de vingt siècles d'épidémies l'ont vérifié. Cependant, la réalité historique d'une atteinte ample et brusque,

---

[1] LXV, 2.

[2] Voir par exemple les problèmes sociaux des « réfugiés », de plus en plus entassés et mal logés, LII, 1-2.

[3] Aristote, *Éthique à Nicomaque*, 1096 a 32. La compétence des médecins et l'habileté politique de Périclès sont sollicitées à l'extrême en raison de ce déficit de *kairos*, de l'absence de levier permettant de se saisir de l'évènement pour agir, en quelque sorte. Sur les aspects antiques et fondateurs de la notion de crise, voir J. Pigeaud, *La crise*, Nantes, éditions Cécile Defaut, 2006.

à la fois sanitaire, sociale, politique, économique, mettant en cause le savoir médical constitué (et avec lui la rationalité tout entière), créant un *avant* et un *après*, entraînant un ébranlement des assises matérielles et morales du groupe humain touché, laissant une trace durable dans les esprits et entrant ensuite dans la légende dont est faite l'identité collective, tout cela est déjà donné dans le cadre d'analyse élaboré par Thucydide, au-delà des déterminations auxquelles on pourrait être tenté de réduire le système des épidémies.

On en retrouve la substance à peine transposée à un contexte pourtant radicalement différent – mais l'épidémie est toujours jusqu'à un certain point abolition du contexte et dénégation de l'univers familier – dans les grand récits de légende inspirés par l'épidémie. Dans *La Mort à Venise* de Thomas Mann, le choléra se répand en créant un dégoût, un climat de désinformation, de doute et d'incertitude, qui ne seraient pas déplacés dans les rues du Pirée à l'heure de la peste. On parle aussi du « mal », d'un terme anonyme, vague et inquiétant, alors même que la maladie est cette fois connue[1]. On allègue de fausses causes, destinées à rassurer et à tromper : « le sirocco est accablant et n'est pas bon pour la santé »[2]. On déplore une sorte de déliquescence morale, où l'inquiétude vient aggraver la corruption préalable, un « état d'exception dans lequel la mort rôdant plongeait la ville, provoquait une démoralisation des classes inférieures, une poussée d'instincts honteux, antisociaux, et une recrudescence de la criminalité »[3]. La mort solitaire d'Aschenbach, dont on ne verra

---

[1] L'auteur indique en effet qu'il s'agit du « choléra asiatique », originaire du Gange et arrivé à Venise par des chemins pour le moins compliqués, selon le principe épidémique de l'*ailleurs absolu* que nous avons déjà mentionné.

[2] Thomas Mann, *La Mort à Venise*, traduction de F. Bertaut et Ch. Sigwalt, Fayard, Paris, 1971. Cf. pp. 79-80 sur l'odeur « évoquant la misère, les plaies et une hygiène suspecte » et la « vérité fardée », p. 85 sur l'information trompeuse avec alternance « d'assertions et de démentis », p. 90 sur l'interprétation par le sirocco, p. 94 sur l'accélération de l'épidémie et la « violence extrême » du mal.

[3] *Id.*, p. 95. Le texte mentionne le « degré d'insistance et de dépravation » du vice lié à l'épidémie.

qu'après quelque temps le corps affaissé[1], est comme un rappel imagé, à la fin du récit, des victimes de la peste d'Athènes qui « périssaient dans l'abandon »[2], soulignant ce contraste violent entre la multitude des malades et l'isolement de la mort que l'épidémie figure au plus haut point.

C'est en fait toute la tradition occidentale qui s'est référée à ce modèle, souvent repris par l'abondante littérature consacrée à l'épidémie[3], dont à bien des égards *La peste* de Camus est le point culminant romanesque. L'ouvrage démontre avec d'autant plus de force que l'épidémie est d'abord un *désordre*, une rupture dans l'harmonie du *cosmos* (et non une ignorance humaine de cet ordre), qu'il a été écrit alors que la médecine, la biologie et autres sciences concernées détenaient sur la peste un savoir déjà considérable. Même si la médecine grecque était désarmée devant la peste d'Athènes, l'essence de la situation épidémique ne réside pas dans la confrontation entre le savoir et la maladie, mais dans le scandale que constitue l'apparition d'un désordre, que le constat qui en est fait soit savant ou non[4]. L'épidémie, en

---

[1] *Ibid.*, p. 101. Les « quelques minutes » qui s'écoulent jusqu'à sa découverte sont la mesure de l'indifférence tragique dont parle Thucydide. On sait que la référence à la culture hellénique est l'arrière-plan de *La Mort à Venise.*

[2] *Guerre du Péloponnèse*, II, LI, 5.

[3] On pourra consulter sur ce point, la rubrique « les malades imaginés » de AMA-Contacts, publication de l'Association des médecins anciens étudiants de l'Université de Louvain, qui consacre des analyses à des textes littéraires ayant pour sujet les maladies épidémiques, par exemple, dans le n° 30, la peste de Londres au 17e siècle, selon un « faux témoin » inventé par Daniel Defoe, qui atteste de la brutalité du début et de la fin du mal et du dérèglement moral qu'il provoque. À signaler le n° 10 avec des remarques sur Montaigne (La Boétie est mort de la peste dans le contexte de la *guerre des ligueurs*), Ambroise Paré (avec son 22e livre sur *la peste*), Saint-Simon (avec les *Mémoires* de l'année 1720, ch. II).

[4] Il est par principe à la fois l'un et l'autre. L'impuissance des médecins grecs devant la peste est d'ailleurs présentée par Thucydide comme exceptionnelle : cf. *Guerre du Péloponnèse*, II, XLVII, 4 : « soignant le mal pour la première fois, [ils] « se trouvaient devant l'inconnu ». L'inconnu résistant indéfiniment à la science est un aspect fondamental de l'*émergence.*

ce sens, est par nature ce qui met à mal la science existante : une épidémie vaincue[1] ne se maintient en cette qualité que par la fonction de menace qu'elle peut continuer à exercer, et cette menace est la formulation implicite d'une future insuffisance de la science ou de son usage, qui de nouveau fera de la maladie un danger. L'épidémie est ainsi un désordre qui menace le savoir d'une ignorance nouvelle.

Les évènements qu'elle génère ne sont « pas à leur place » et « ils sortent un peu de l'ordinaire », selon la litote des premières lignes de *La peste*[2]. Le désordre y fait irruption avec des rats qui « meurent au soleil » et des concierges qui « périssent de maladies bizarres », amenant « la peur et la réflexion avec elle »[3]. La difficulté d'admettre le fléau, l'endurcissement aux douleurs des autres, l'apparition de la violence, la fuite vers le plaisir, le retour d'une égalité radicale, la condamnation à la solitude, la mécanisation des rituels forment ensemble le premier cadre de l'épidémie[4]. Conformément au modèle antique, la mémoire et le temps sont ensuite affectés. On entre « dans l'ordre de la peste » et dans une « monotonie des sentiments », on « s'installe dans le présent ». C'est une phase de pérennisation du désordre, déjà très bien observée au 14e siècle, quand « la peste génératrice de

---

[1] Sur le cas exemplaire de la variole, voir J. Ruffié et J.-C. Sournia, *Les épidémies dans l'histoire de l'homme*, Flammarion, Paris, 1993, pp. 206-209.

[2] A. Camus, *La Peste*, in *Théâtre, récits, nouvelles*, Gallimard, Paris, 1991, p. 1219. Le premier « évènement » est ici un rat « pas à sa place », p. 1223.

[3] *Id.*, p. 1235.

[4] *Id.*, pp. 1247- 1365. « Le fléau n'est pas à la mesure de l'homme, on se dit qu'il est irréel, c'est un mauvais rêve qui va passer » (p. 1247) ; « il semblait que le cœur de chacun se fût endurci et tous […] vivaient à côté des plaintes comme si elles avaient été le langage naturel des hommes » (p. 1310) ; « certains de nos concitoyens […], perdant la tête entre la chaleur et la peste » (p. 1305) ; « mais quand ils ont vu que c'était sérieux, ils se sont souvenus de la jouissance » (1318) ; « du point de vue supérieur de la peste, tout le monde, depuis le directeur jusqu'au dernier détenu, était condamné et […] il régnait dans la prison une justice absolue » (p. 1357); « la maladie qui apparemment avait forcé les habitants à une solidarité d'assiégés […] renvoyait les individus à leur solitude » (p. 1358) ; « on enterra pêle-mêle les uns sur les autres […] sans souci de la décence » (p. 1362).

mort était devenue partie intégrante de la vie »[1]. C'est alors le moment des « craintes sans fondement », de la condamnation collective par laquelle même un étranger devient un citoyen, du triomphe des prophéties et des superstitions. La peste elle-même devient une forme de déraison[2]. Même la guérison et le recul du mal laissent d'abord incrédule, avant d'ouvrir une nouvelle et timide espérance[3]. Les sentiments se mêlent alors, entre soulagement et deuil[4]. En vérité, l'épidémie n'aura pas de fin. Camus décrit parfaitement ce processus caractéristique d'un achèvement sans cesse différé : « le bacille de la peste ne meurt ni ne disparaît jamais [...], il attend patiemment, dans les chambres, les caves, les malles, les mouchoirs et les paperasses ». Et on savait déjà « que le jour viendrait où, pour le malheur et l'enseignement des hommes, la peste réveillerait ses rats et les enverrait mourir dans une cité heureuse »[5].

Ainsi personnifiée, la peste n'est plus une simple maladie : même pour la cité moderne qu'Albert Camus lui a donnée pour cadre, elle exerce une fonction symbolique de rappel à l'ordre,

---

[1] W. Naphy et A. Spicer, *La peste noire, 1345-1730, Grandes peurs et épidémies*, Autrement, Paris, 2003. La peste est ressentie comme le mode de vie mérité par la vie de péché : la purification de celle-ci peut seule faire cesser celle-là, comme l'indique un sermon franciscain.

[2] *La Peste*, op. cit., pp. 1366-1436. « Tout leur devenait présent [...] la peste avait enlevé à tous le pouvoir de l'amour et même de l'amitié. Car l'amour demande un peu d'avenir et il n'y avait plus pour nous que des instants » (p. 1367) ; « maintenant que j'ai vu ce que j'ai vu, je sais que je suis d'ici, que je le veuille ou non » (p. 1389) ; « la plupart des gens, quand ils n'avaient pas entièrement déserté leurs devoirs religieux, ou quand ils ne les faisaient pas coïncider avec une vie personnelle profondément immorale, avaient remplacé les pratiques ordinaires par des superstitions peu raisonnables » (pp. 1399-1400) ; « c'était la peste et ce n'était pas elle. Depuis quelques temps, d'ailleurs, elle semblait prendre plaisir à dérouter les diagnostics » (p. 1409).

[3] *Id.*, p. 1439 et suivantes. L'épidémie ne s'arrêterait pas, mais « s'affaiblissait plus vite qu'on n'aurait pu raisonnablement l'espérer ». Les signes d'arrêt sont marqués par la même ambiguïté que les signes de début. L'ère des médias est venue compliquer encore ce phénomène. Cf. sur ce point *L'épidémie moderne et la culture du malheur*, déjà cité, pp. 93-104.

[4] *Id.*, p. 1443.

[5] *Id.*, p. 1474.

elle est directement l'un des « multiples visages de la mort[1] », elle s'identifie à ce qu'elle apporte aux hommes, elle restitue pour un temps à leur condition son visage tragique.

Le désordre apparaît alors non plus comme un symptôme en soi, mais comme le signe d'une autre réalité qu'il dissimule et révèle à la fois, d'un contenu obscur auquel il serait l'unique voie d'accès. La pensée antique s'était construite aussi sur cet autre aspect de l'épidémie : le couple *loimos* et *limos*, la peste et la famine, est présent dans le vécu, mais davantage encore dans l'imaginaire grec depuis l'aube des temps. « La peste ou la révolte sont-elles au pays ? » demande l'Ombre de Darius au début des *Perses*. Et dans *Les Suppliantes*, Eschyle confie au Chœur cette prière : « Que jamais la peste ne vide d'hommes leur ville, que l'étranger n'ensanglante pas leur sol de leurs fils massacrés et que personne ne vienne faucher la fleur de leur jeunesse »[2]. Demander des nouvelles du pays, ou invoquer les Dieux en sa faveur, c'est en tout premier lieu se préoccuper des épidémies, avant même de parler des combats guerriers ou des luttes politiques. Le modèle épidémique s'est constitué, de fait, dès l'époque archaïque : « la peste et la querelle », et celle-là est cause de celle-ci, nous le verrons, sont dans les premiers vers de l'*Iliade*, conséquences du courroux d'Apollon et de l'affront fait à Chrysès. Une pluie de flèches envoyées par l'*arc d'argent* du dieu atteint tour à tour « les mulets et les chiens bon coureurs » puis les hommes. Elle figure la contagion du mal : des bûchers purificateurs « sans relâche s'allument » et « fuir la mort » est le seul salut, suggéré par Achille, aussitôt inquiet des causes de la colère du dieu, qui pourraient rendre enfin intelligible ce fléau : « Que nous reproche-t-il ? D'avoir omis un vœu, peut-être une

---

[1] *La peste noire..., op. cit.*, p. 14. Le mot hébreu signifiant *peste* est traduit par le mot *mort* dans le texte grec de l'Ancien Testament, et *mort* est le sens du mot traduit par *peste* dans l'*Apocalypse*, 6, 8.

[2] Eschyle, *Les Perses*, v.715, *Les Suppliantes*, v. 659 sqq., trad. J. Grosjean, éd. de la Pléiade, Gallimard, Paris, 1987.

hécatombe ? »[1]. Ce pluriel du « nous » est à prendre en un sens relatif, car il se peut que la faute soit d'un seul et que tous aient à en payer le prix : la « répression diffuse » est le tout premier état du droit pénal de la Grèce, où la responsabilité individuelle n'est pas encore conceptualisée et où l'*ubris* (*hybris)*, cet oubli insolent par les hommes de leur condition, est la pire, mais aussi par nature la plus collective des fautes envers les dieux[2].

La question du pourquoi l'emporte, notamment pour cette raison, sur celle du comment dans l'interrogation archaïque des Grecs sur les fléaux. L'injustice, la faute et le délit sont en effet de même nature que la « souillure » évoquée par Thucydide à propos de la contagion[3]. Et quand est commise une « funeste démesure » ou une « œuvre méchante », comme le dit Hésiode, « du haut du ciel le Cronide fait tomber une immense calamité, peste et famine à la fois. Les hommes se meurent, les femmes cessent d'enfanter, les maisons dépérissent [...] Parfois aussi le Cronide leur détruit un rempart, une vaste armée, ou se paie sur leur flotte au milieu des mers »[4]. L'éventail de ces punitions montre bien que l'épidémie s'identifie à une calamité ou à une « catastrophe naturelle » plus qu'à une maladie, ce qui souligne la parenté entre la pensée archaïque et la culture du malheur de

---

[1] Homère, *Iliade*, Chant I, Invocation, v. 1-67. L'idée de s'éloigner du mal est ainsi présente dès les origines : les animaux (puis les hommes) sont atteints à proportion inverse de leur capacité à fuir (*les mulets avant les chiens rapides*).

[2] Cf. sur l'analyse de ces notions L. Gernet, *Recherches sur le développement de la pensée juridique et morale en Grèce*, Albin Michel, Paris, 2001, surtout pp. 17-48.

[3] II, LI, 4, avec l'utilisation de *anapimplémenoi.* (du verbe signifiant souiller).

[4] Hésiode, *Les travaux et les jours*, v. 240-247. trad. Paul Mazon, Les Belles Lettres, Paris, 1986. Voir aussi, plus haut (v. 90 et suivants), la naissance des « maladies qui apportent le trépas aux hommes », dans le *Mythe de Pandore.* À noter aussi les rôles respectifs, rappelés dans le texte d'Hésiode, des deux frères Prométhée, littéralement celui qui comprend à l'avance (*pro*), et Épiméthée, celui qui ne comprend qu'après-coup (*épi*), alors qu'il est trop tard : l'histoire des épidémies est devenue, par bien des côtés, celle de la lutte entre la prévision et la prévention, comme capacités prométhéennes des hommes, et le destin subi, le perpétuel *fait accompli* des catastrophes sanitaires, signes de nos limites épiméthéennes.

la modernité, laquelle assimile volontiers les unes aux autres les diverses situations, quelle qu'en soit la nature, qui relèvent de la désolation et de la compassion. Aussi, dans l'univers régi par la justice divine, l'épidémie a-t-elle son contraire, un bonheur sain qui récompense l'absence de faute, celui dont Ulysse apportait à Pénélope une touchante description : « on parle de toi comme d'un roi parfait qui redoutant les dieux vit selon la justice. Pour lui les noirs sillons portent le blé et l'orge ; l'arbre est chargé de fruits ; le troupeau croit sans cesse ; la mer pacifiée apporte ses poissons, et les peuples prospèrent »[1].

On comprend que les pestilences occupent une plus grande place dans la littérature poétique, dramatique, mythologique ou historique que dans les écrits médicaux des hippocratiques[2] : dans le concept antique d'épidémie, l'expression de la menace est une fonction essentielle. Elle est préservée jusque dans le récit éminemment rationnel que Thucydide fait du discours, lui-même si empreint de rationalité politique, de Périclès aux Athéniens après la peste : « il faut endurer avec résignation les maux envoyés par les dieux »[3]. Menace et punition pour ceux qui ont passé outre à la menace resteront au centre de certaines épidémies jusqu'à aujourd'hui. Ce fut le cas de la syphilis en tant qu'elle évoquait des comportements qui ne sont pas conformes aux règles d'une certaine morale (le commerce sexuel extra-conjugal par exemple). Un mécanisme analogue a été observé, il va sans dire, pour le sida. Et la menace n'est pas seulement vitale : la « défiguration », ruinant pour toujours la beauté d'un

---

[1] Homère, *Odyssée*, XIX, v. 109 sqq., traduction de Robert Flacelière, éd. de la Pléiade, Gallimard, Paris, 1993.

[2] Principalement *Vents*, c. 6 et *Régime des maladies aiguës*, c. 2, sans compter quelques rares passages des *Lettres*.

[3] *Guerre du Péloponnèse*, II, LXIV. Ces maux sont évoqués objectivement et sont mis sur le même plan que « les coups de l'ennemi ». Sur la fonction de menace de la peste, voir aussi un peu plus haut, LIV, la prophétie « viendra la guerre dorienne et la peste avec elle », avec laquelle Thucydide prend cependant plus de distance, la considérant comme une sorte de prévision après coup.

visage, qui pendant des siècles a été redoutée dans la variole, est un exemple de menace partielle, mais lancinante.

Pourtant l'attribution d'une punition reçue ou d'un dommage subi à une intervention divine n'est pas seulement le résultat d'une interprétation humaine *a posteriori* : la menace en est au contraire formulée, la plupart du temps de manière solennelle, assortie de la mention du prix à payer pour une infraction, dans des écrits sacrés traduisant et annonçant la volonté des dieux. Ainsi l'ensemble des textes bibliques rapporte-t-il une série de données qui forment un véritable traité des épidémies, dont les références couvrent une période qui englobe largement celle du monde gréco-romain. La peste dite des Philistins, par exemple, eut lieu en 1141 av. J.-C. : le tableau en est fait au premier livre de *Samuel*, où sont décrites l'épidémie elle-même, les causes de l'offense et l'offrande expiatoire, mettant à jour le mécanisme de la sanction divine par une maladie nouvelle se répandant à toute la population[1]. Beaucoup moins ancien (701 av. J.-C.) est l'épisode, rapporté par le second livre des *Rois*, des Assyriens assiégeant Jérusalem et mourant en une nuit d'une épidémie que l'on a comparée à une attaque brutale de paludisme pernicieux comme il s'en produisit pendant la Première Guerre mondiale[2]. L'épidémie est conçue comme une arme divine et elle n'est pas vue ici comme un fléau envoyé à titre de punition, mais comme une intervention qui modifie le cours des choses et qui exprime de manière positive, au contraire, la faveur de Dieu.

La dimension pathologique, médicale ou plus généralement scientifique du phénomène est reléguée à un rang secondaire dans une telle perspective, qui souligne en revanche sa fonction

---

[1] Cf. notamment *I Samuel*, 6. À la question « quel sacrifice de culpabilité apporterons-nous ? », il est répondu « cinq images d'hémorroïdes en or et cinq souris en or », ce qui atteste que c'est par la peste bubonique que « la main de Yahvé s'appesantit sur les Ashodites ». Les « hémorroïdes » sont sans doute les bubons pesteux, mais se rapportent, pour certains, à des « entrailles qui sortaient », suite à de violents accès de dysenterie.

[2] *2 Rois*, 19, 35 : « Or cette nuit-là, l'ange de l'Éternel sortit et frappa dans le camp des Assyriens 185 000 (hommes) et quand on se leva le matin, voici que c'étaient tous des cadavres ».

régulatrice, son caractère de *moyen divin*, si l'on peut dire, de gestion des équilibres. Cette forme de gouvernement planétaire s'appuie sur la distribution de la mort, définie justement dans le livre de *Job* comme étant « le roi des épouvantements »[1] – et comme l'arme absolue aussi, car « le dernier ennemi qui sera détruit, c'est la mort »[2]. En même temps, l'épidémie apporte la juste punition collective à la transgression de la volonté divine, même si celle-ci a été le fait d'un seul homme, tout comme dans la Grèce archaïque, mais dans un mouvement qui devient dans l'Écriture le principe explicatif de la condition de la créature : « par un seul homme, le péché est entré dans le monde, et par le péché la mort, et ainsi la mort s'est étendue sur tous les hommes parce que tous ont péché »[3]. La peste illustre l'immensité du pouvoir divin et elle rend plus significative l'acceptation de ses décrets, selon le principe calvinien : « Tu me piles, Seigneur, mais il me suffit que c'est ta main »[4].

La peste, la famine, la violence meurtrière de la guerre sont partout, et généralement associées, dans l'Ancien et le Nouveau Testament. Il faut « offrir des sacrifices à l'Éternel afin qu'il ne nous frappe pas de la peste ou de l'épée »[5]. Si l'homme résiste et désobéit malgré les punitions, il sera frappé « sept fois plus » par la résistance divine : « quand vous vous rassemblerez dans vos villes, j'enverrai la peste au milieu de vous, et vous serez livrés aux mains des ennemis »[6]. Les paroles de l'Éternel sont à peu près identiques dans beaucoup d'autres textes : « je veux les

---

[1] *Job*, 18, 14.

[2] *1 Corinthiens*, 15, 26.

[3] Voir notamment *Genèse*, 3, *Romains*, 7, 12 sqq., *I Jean*, 3, 4.

[4] « Ma santé est une mort perpétuelle », disait Calvin, qui souffrait de graves maladies, mais qui en professait une pleine *acceptation*. Il est mort, dit-on, en prononçant la phrase de l'apôtre Paul : « les souffrances du temps présent ne sont rien en comparaison de la gloire à venir » (*Romains*, 8, 18).

[5] *Exode*, 5, 3. Voir aussi plus loin, 9, 15 : « Si j'avais étendu ma main, et si je t'avais frappé par la peste, toi et ton peuple, tu aurais disparu de la terre ».

[6] *Lévitique*, 26, 19-26. On notera là aussi la conjonction presque systématique entre l'épidémique et le militaire.

achever par l'épée, par la famine et par la peste »[1]. Et *Ezéchiel* précise : « celui qui sera loin mourra de la peste, celui qui sera près périra par l'épée, celui qui restera et sera assiégé périra par la famine »[2].

L'insistance sur la menace et sur la mise en garde divines ne se limite pas à l'évocation d'une peste en quelque sorte abstraite,,mais s'accompagne d'un tableau précis des maladies qui ont un caractère épidémique. Parmi d'autres terribles « malédictions », le *Deutéronome* détaille « l'ulcère d'Égypte, les hémorroïdes, la gale et les démangeaisons »[3]. La lèpre fait plus que toute autre, avec un certain nombre d'affections dermatologiques, l'objet de descriptions détaillées, notamment dans le *Lévitique*[4]. Il s'agit des diverses formes de la lèpre proprement dite, due au bacille de Hansen, et de plusieurs dermatoses[5]. Les variétés de peste associées, comme nous l'avons vu, à l'épée, à la famine et aux bêtes sauvages, sont également omniprésentes, soit *stricto sensu* avec les formes classiques, bubonique, pulmo-

---

[1] *Jérémie*, 14, 12. Voir aussi *Ezéchiel*, 5, 12, où la fonction « régulatrice » de l'épidémie est plus affirmée (elle est précisée plus loin, 14, 19 : « si j'envoie la peste dans ce pays, si je répands contre lui ma fureur par la mortalité pour *retrancher* hommes et bêtes ») : « un tiers des habitants mourra de la peste et sera consumé par la famine, un tiers tombera par l'épée [...] et j'en disperserai un tiers à tout vent » ; puis 5, 17 : « j'enverrai contre vous la famine et les bêtes féroces qui te priveront d'enfants, la peste et le sang passeront au milieu de toi, je ferai venir l'épée sur toi ».

[2] *Ezéchiel*, 6, 11. Voir aussi 38, 22 : « j'entrerai en jugement avec lui par la peste et par le sang ». « Je le frapperai par la peste et je le déposséderai » était-il dit dans les *Nombres*, 14, 12.

[3] *Deutéronome*, 28, 27. « Hémorroïdes » désigne en fait des bubons pesteux. Les « ulcères » étaient la « sixième plaie d'Égypte » dans l'*Exode*, 9, 8-12 (évocation possible de la variole, de la varicelle, de la lèpre articulaire, d'une dermite herpétiforme, etc). Voir aussi *Job*, 2, 7-8, *Luc*, 16, 20-21.

[4] *Lévitique*, 13 et 14 avec les trois textes : *loi sur la lèpre, la lèpre des vêtements, loi sur la purification de la lèpre.* Voir aussi, plus loin, 22, 4, sur la lèpre et la gonorrhée comme impuretés, indication qu'on trouve aussi dans les *Nombres*, 5, 1-4.

[5] Psoriasis, vitiligo, éléphantiasis par exemple, mais l'accent est mis sur les maladies transmissibles, c'est-à-dire passant d'un corps à un autre.

naire et septicémique[1], soit au sens élargi de maladie infectieuse grave, telle que choléra, typhus, variole, grippe[2].

Néanmoins l'épidémie, jusque dans le Nouveau Testament, et particulièrement dans l'évangile de Luc, demeure, au-delà de sa fonction ancienne de menace et de sanction divine[3], un *signe* à interpréter : « il y aura de grands tremblements de terre, et par endroits, des pestes et des famines ; il y aura des (phénomènes) terribles et de grands signes dans le ciel »[4]. Le désordre qui est au principe de l'épidémie laisse voir une harmonie rompue, car un « amour qui s'accompagne de démesure » entre les éléments, c'est bien, disait Platon, « le genre de cause dont proviennent les épidémies », parmi d'autres « destructions et dommages »[5]. Le sens en demeure donc comme à jamais caché.

Il y a bien, dissimulée derrière le désordre qu'elle manifeste et dont elle se fait la substance, une *fonction d'énigme,* pourrait-on dire, de l'épidémie antique : on ne sait pas ce que signifie le désordre et en même temps on ne peut ignorer qu'il est porteur d'une signification tragique, d'une sorte de message supérieur à l'usage des hommes. Cette fonction n'est absolument pas un élément secondaire du phénomène épidémique, mais son centre même. Et l'épidémie moderne a conservé cet attribut, comme l'ont bien montré, par exemple, les premiers temps du sida, les épisodes menaçants de la grippe aviaire et autres grandes peurs

---

[1] Sur la peste due au bacille de Yersin, avec le rôle des réservoirs (rongeurs) et des agents de transmission (puces), cf. *Exode*, 5,3 et 9, 13, *Lévitique*, 26, 25, *Nombres*, 14, 12, *Deutéronome*, 28, 21, *1 Samuel*, 5, 1-12, *Jérémie*, 14, 12, et *Ezéchiel*, 5, 12 ; 6,11 ; 14,19 ; 38, 22.

[2] Ces maladies sont appelées pestes en un sens général, comme par exemple dans *Luc*, 21. On trouve aussi de nombreuses mentions d'autres « fièvres » (*Lévitique*, 26, 16), de la dysenterie (*Actes*, 28, 8), etc.

[3] Cette interprétation existe à des degrés divers dans la plupart des civilisations. Sur l'exemple de la Chine, voir Lu Dong, Ma Xi et François Thann, *Les maux épidémiques dans l'empire chinois*, L'Harmattan, Paris, 1995, p. 131 et suivantes. Les empereurs voient dans l'épidémie « une punition du ciel » ou « un déséquilibre cosmique », ou encore la conséquence d'une « culpabilité personnelle ».

[4] *Luc*, 21, 11.

[5] Platon, *Banquet*, 188 b.

liées à l'émergence. La connaissance, en effet, n'efface jamais entièrement l'énigme : elle la délimite de sa lumière, ce qui a pour effet de la souligner et de la rendre plus terrifiante encore, même si au terme d'un dur labeur telle ou telle maladie grave finit par être vaincue ou éradiquée. Le progrès du savoir, en rationalisant pour un temps le désordre, apporte le soulagement et la paix. Mais aussitôt se lèveront de nouvelles menaces, dans « un combat sans cesse renouvelé et qui ne connaîtra jamais de fin[1] », selon l'aveu, fait au nom de la science moderne, d'une persistance indéfinie, en quelque façon statutaire, de l'énigme.

C'est que l'énigme et le savoir ne font jamais jeu égal. Le décalage est présent dès l'origine de la médecine de l'Occident. Dans l'épidémie, par exemple lors de la peste d'Athènes, mais l'analyse vaudrait pour tout autre épisode[2], la pensée médicale recherche un ensemble de causes physiques, organisées selon un schéma rationnel : elle établit donc la théorie des *miasmes*, éléments morbifiques qui circulent dans l'air ambiant, ce qui a pour effet paradoxal de détourner la recherche de la contagion, qui ne peut être pensée dans ce cadre. En revanche, l'approche tragique qui voit dans le miasme une *souillure* au sens religieux, applique un schéma de pensée tout autre et interroge le sens du mal qui se répand. Il faut, disait Créon à un Œdipe gémissant, « extirper de ce sol la souillure qu'il nourrit, de peur qu'accrue

---

[1] Alfred Spira, article « Épidémie » du *Dictionnaire du corps*, P.U.F., Paris, 2007, p. 347.

[2] En particulier la peste de Syracuse, en 396 av. J.-C., décrite par Diodore de Sicile, dans un autre contexte guerrier, et qui se répéta mystérieusement 150 ans plus tard avec les mêmes belligérants (romains et carthaginois) ; ou encore la *peste antonine* (typhus exanthématique ou dengue), qui dura plus de 15 ans, en Italie et Gaule au second siècle, faisant par exemple 5 000 morts par jour à Rome. Marc-Aurèle mourut de ce mal en combattant les Germains, Galien ayant de son côté fui à Pergame en application du précepte hippocratique *cito, longe, tarde*. Dans ces deux épidémies, on soupçonna une vengeance des dieux après la destruction de leurs temples ; pour la seconde, il a été établi que des processions et cérémonies de prière en ont favorisé l'extension. D'autres graves pestes marquèrent les 4e et 5e siècles, notamment la peste dite de Justinien, qui deviendra la première pandémie identifiée de peste bubonique et pulmonaire, cause de 10 000 morts par jour à Constantinople.

elle ne soit sans remède ». Ce mal, en effet, ne peut être purgé que « par l'exil ou la mort du meurtrier, car c'est le sang versé qui tourmente la ville »[1]. On sait qu'il s'agit du sang du meurtre de Laïos, père d'Œdipe – et dont celui-ci ignore être l'auteur. Or la tragédie d'*Œdipe Roi* prend naissance dans la peste qui a affecté la cité : « la peste porte-feu s'est jetée sur la ville ». L'allusion à la peste d'Athènes est limpide et on peut même penser que le personnage d'Œdipe, si on fait abstraction de tout ce qui est corrélé avec l'aspect « psychanalytique » de la pièce, présente beaucoup d'analogies avec celui de Périclès, dont le souvenir est encore très présent au moment où est représentée la tragédie. Et d'autres parentés surprenantes apparaissent aussi : entre les ruses du destin dans l'aventure d'Œdipe et le caractère sibyllin des malheurs qui frappent la cité de Thèbes, ou entre l'éloignement d'Œdipe – envoyé enfant dans les montagnes et retenu à l'écart puis plus tard quittant Corinthe pour rester à distance de Polybe et Mérope – et la fuite recommandée en cas d'épidémie selon le précepte hippocratique *cito*, *longe*, *tarde* (aussitôt, au loin, longtemps), le parallèle est éloquent : Œdipe s'éloignant de sa parenté supposée se rapproche de sa parenté réelle, tout comme la fuite loin de l'épidémie peut rapprocher du mal que l'on croit éviter, le faire mieux rencontrer et même contribuer à sa diffusion. C'est à chaque victime, actuelle ou potentielle, de l'épidémie que pourrait être destiné le propos adressé par Tirésias à Œdipe : « tu peux regarder, tu ne sais pas dans quel mal tu es »[2].

Tirésias, avant Jocaste et le berger, voudrait arrêter Œdipe dans sa recherche obstinée de la vérité, dans son désir infini de comprendre : le Roi se comporte comme l'humanité confrontée aux épidémies. Mais ce chercheur déterminé est un être ambigu

---

[1] Sophocle, *Œdipe roi*, v. 97-102.

[2] *Id.*, v. 413-414. Au sujet qui vit dans le monde épidémique moderne, on peut adresser presque toute la tirade : « toi qui vois clair et ne verras plus que les ténèbres », à propos de l'interminable travail de la recherche qui s'obscurcit de ses propres découvertes à mesure que l'objet devient plus complexe : « et tu n'aperçois pas cette foule d'autres malheurs qui vont te remettre à ta place… » (v. 420-425).

et contradictoire : étranger et originaire de la cité, innocent et coupable, riche et réduit à la pauvreté, détenteur du pouvoir et contraint à l'exil. Il représente à lui seul la figure des renversements dont sont faites les épidémies, destructrices et fondatrices à la fois. Dans un premier temps, il apparaît comme l'égal des dieux, comme le symbole de l'harmonie parfaite et du *cosmos* bien ordonné. Il devient ensuite, tout comme la peste, « horrible à voir »[1]. Clairvoyant pour les hommes, il est aveugle pour les dieux. Cette inversion et cette contradiction le font passer du statut de demi-dieu à celui du bouc émissaire grâce auquel sera écartée la souillure : « *Roi divin* et *pharmakos*, telles sont les deux faces d'Œdipe »[2]. Sa nature est double : il est énigmatique à lui-même, il ne découvrira ce qu'il est qu'en comprenant qu'il est autre qu'il ne croyait.

C'est ce modèle que nous a légué la pensée antique de l'épidémie, dont l'apport est décisif sur trois points essentiels à tout questionnement sur les grands risques sanitaires : l'articulation du réel et de l'impensable, la construction d'une représentation collective du malheur et l'invention d'un accommodement avec la nature impénétrable du monde. Malgré des siècles d'avancées de la recherche qui ont modifié radicalement les savoirs et les pouvoirs des hommes en matière épidémique, cette contribution de l'Antiquité conserve paradoxalement toute son actualité : les catastrophes provoquées par l'humanité rivalisent aujourd'hui avec les catastrophes naturelles et les malédictions d'autrefois, les épidémies qui étaient subies dans la souffrance, mais aussi dans la surprise font à présent l'objet d'anticipations savantes qui en permettent la prévention, mais en diffusent la menace, et partout l'effrayante irruption du possible dans l'impossible s'est

---

[1] Sophocle, *Œdipe roi*, v. 1297.

[2] Œdipe est lui-même le *miasme*. Cf. sur ce point les analyses de J.-P. Vernant et P. Vidal-Naquet dans *Mythe et tragédie en Grèce ancienne*, La Découverte, Paris, 2001, p. 122 sqq. Voir aussi les indications sur la purification dans les Thargélies (pp. 117 à 120) et sur l'ostracisme, qui constitue un mécanisme inverse et symétrique (pp. 124 à 126). La cité ne peut s'accommoder ni d'êtres dégradés ni au contraire d'êtres plus puissants que les autres et en situation de rivaliser avec les dieux.

substituée à celle, saisissante, mais ponctuelle, de l'impossible dans le possible. La modernité épidémique, comme celle de nos autres malheurs, réside dans « cette temporalité en quelque sorte inversée »[1]. C'est dire tout ce que l'on peut encore attendre des concepts antiques, déjà forgés en leur temps dans l'affrontement tragique avec l'inextricable nouveauté.

---

[1] Jean-Pierre Dupuy, *Pour un catastrophisme éclairé Quand l'impossible est certain*, Éditions du Seuil, Paris, 2002, pp. 10-12.

II

ÉPIDÉMIE ET DEVENIR
LES CONTAGIONS SELON L'ESPACE - TEMPS

La persistance de ce que l'on pourrait appeler l'actualité de l'antique dans le domaine du savoir, et particulièrement du savoir médical, ne tient évidemment pas à la qualité intrinsèque des premiers acquis de la science. On sait au contraire combien en sont fragiles les fondements, de quelles erreurs majeures ils sont entachés[1] et à quelles impasses ils ont conduit par la suite, rendant pour longtemps leur dépassement impossible, en raison d'une sorte d'emprise de la fausseté sur tout regard neuf[2]. Pour autant, les intuitions fondatrices n'en sont pas absentes, et leurs effets sont d'autant plus assurés que le savoir ne vient pas, si l'on peut dire, se faire obstacle à lui-même. Ainsi, dans le cas des épidémies, l'ignorance de leur nature, l'absence complète de tout moyen d'investigation permettant d'en saisir le système causal et même le défaut de toute action thérapeutique adaptée ont contribué paradoxalement à une approche précise et féconde du concept lui-même, comme si pour une part l'absence de

[1] En ce qui concerne la médecine grecque, voir notamment R. Joly, *Le niveau de la science hippocratique*, Paris, Les Belles Lettres, 1966, qui analyse les travers en réalité *préscientifiques* de la pensée antique, alors même qu'elle institue une rationalité dont le développement permettra justement la *science.*

[2] Dans *Aristote et la médecine, le fait et la cause*, Paris, L'Harmattan, 2004, nous avons essayé de mettre en évidence que la médecine issue d'Aristote, où se mêlent savoirs réellement issus de l'observation, éléments théoriques dont la relation avec l'expérience est inégalement établie et *a priori* de diverses origines, forme un système qui fera obstacle au progrès de la connaissance. Le *thermocardiocentrisme*, en particulier, constituera un handicap considérable (cf. notamment pp. 75-97).

savoir avait mis la pensée à l'abri des erreurs et des confusions que génère souvent l'appréhension imparfaite des phénomènes. L'Antiquité, nous l'avons vu, a pensé l'épidémie sans connaître ce qui en elle est *maladie* mais elle a, pour cette raison même sans doute, édifié ce qui demeure, une vingtaine de siècles plus tard – et après tant de découvertes décisives – l'essentiel du système conceptuel du fait épidémique.

C'est bien, en effet, ce qu'elle offre toujours d'inconnu, à un titre ou à un autre, qui est la marque de l'épidémie, éternel objet d'un savoir fait d'abord de la révélation d'ignorances nouvelles. La jonction de cette incessante radicalité du neuf, irréductible par nature à la science établie, et du renoncement de la pensée à lui préexister à travers elle s'appelle à présent, d'un terme qui met en cause le monde afin d'innocenter l'esprit, l'*émergence*[1], territoire de l'aléatoire rencontre du devenir et de son attente. Or il est d'usage, comme l'on sait, de définir l'épidémie par ses déterminants quantitatifs : elle se reconnaîtrait, et donc d'une certaine manière se ramènerait, à l'augmentation de l'incidence d'une maladie, pendant une période d'une certaine longueur, dans un territoire de telle extension, et touchant une quantité importante d'individus. Il s'agirait d'une maladie infectieuse, « contagieuse ou non », qui connaîtrait une sorte d'accélération dans l'espace-temps, une démultiplication inhabituelle et le plus souvent inattendue de la morbidité[2].

Cependant, le caractère « contagieux ou non » joue en réalité un rôle déterminant dans l'extension et dans la compréhension

---

[1] Voir sur ce point l'article de G. Gachelin sur « Les maladies émergentes » dans le *Dictionnaire de la pensée médicale*, déjà cité, pp. 707-712. L'auteur souligne que « les notions de maladies nouvelles, émergentes et réémergentes sont bien des ensembles flous aux contours mal définis qui traduisent la variabilité des agents pathogènes et la variabilité des conditions qui leur permettent d'exercer leur virulence ». À noter que le concept d'émergence peut concerner aussi des maladies non infectieuses, compte tenu de l'usage élargi qui est fait à présent de la notion d'épidémie elle-même.

[2] La précision « contagieuse ou non » est apportée par certains dictionnaires, notamment les éditions récentes du Littré (2006). Tous en revanche retiennent l'augmentation significative du nombre de cas d'une maladie *infectieuse* à un moment donné.

du concept : si la contagion n'est pas un critère constitutif de l'épidémie, celle-ci tend à n'être plus qu'une sorte de modèle à usage surtout métaphorique de toute situation, quelle qu'en soit la nature, qui tend à s'aggraver ou à se démultiplier. Elle peut devenir ainsi un « phénomène pernicieux, nuisible, mauvais, qui se propage et atteint un grand nombre de personnes », selon la formule du Larousse, assortie de l'exemple devenu classique de « l'épidémie de suicides ». Est épidémique, en ce sens, tout ce qui prend un tour collectif, tout ce qui, au sens originel, touche le *démos* : admettre le critère « contagieux on non », c'est aussi en admettre implicitement un autre qui serait « ce qui touche le *démos* dans sa santé ou non ». Cela revient, en même temps, à identifier au réel la métaphore ou l'image qui a pour fin d'en permettre la saisie, à dire que tel phénomène se répand comme une épidémie au sens où on dit qu'Achille « s'élance comme un lion », pour rappeler l'exemple célèbre emprunté par Aristote à Homère et repris ensuite par la tradition des orateurs[1].

Pour des raisons évidentes, la société moderne se prête à merveille à une métaphorisation épidémique généralisée, faisant du cours des évènements lui-même une vaste métaphore. Une distinction s'impose donc entre ce qui est collectif par nature (tel aspect de notre condition, telle propriété commune du corps ou tel risque encouru par tous également[2]), ce qui peut devenir collectif par extension, sous l'effet de facteurs modélisants mais sans corrélation directe entre les cas (par exemple les épidémies

[1] La formule est dans l'*Iliade*, XX, v.164. Elle est citée par Aristote dans la *Rhétorique*, III, 4, pour préciser la fonction de l'image et de la métaphore, et elle est reprise notamment par Quintilien, *Institution oratoire*, VIII, 6, 9. La métaphore médicale est comme l'on sait un élément traditionnel du discours politique et social dès l'Antiquité puis à toutes les époques. Cf. sur ce point l'article d'A.-C. Masquelet dans le *Dictionnaire de la pensée médicale*, pp. 743-747.

[2] G. Canguilhem a rappelé dans « Les maladies », in *Écrits sur la médecine*, Paris, Seuil, 2002, p. 34 sqq., que la médecine apparaît au « moment où il est traité des maladies comme de désordres corporels à propos desquels on peut tenir un discours communicable […] ». Au sens où elle est une conséquence du fonctionnement du corps, la « maladie renvoie davantage à médecine qu'à mal » (p. 35) : première différence avec un aspect essentiel de l'épidémie.

de suicides si souvent évoquées), enfin la multiplication de cas qui s'engendrent les uns les autres ou qui ont du moins une même origine pathologique à un instant donné (la contagion directe, de sujet malade à sujet sain, ou la transmission d'un mal viral par l'intermédiaire d'un vecteur). Seuls ces derniers modes sont de nature à constituer une situation proprement épidémique et ainsi à délimiter une notion opératoire. S'il existe bien une fonction métaphorique de l'épidémie[1], par laquelle s'exprime à chaque époque la forme du malheur – qui reste inchangé dans sa substance – l'épidémie ne se définit pas pour autant par cette fonction, mais par son association à un ensemble de traits dont le regroupement original constitue précisément le concept.

Pour l'essentiel, ces traits tiennent d'une part à la relation particulière qu'entretient l'épidémie avec l'espace et le temps, et d'autre part, nous y reviendrons par la suite[2], à la ligne qui, non sans paradoxe, sépare d'une manière radicale, sous certains aspects, le concept d'épidémie de celui de maladie.

Le lien avec le système espace-temps apparaît dès l'énoncé : *épi* est à soi seul un repère spatial, qui s'oppose par exemple, à *upo* (*hypo*) comme le dessus au dessous, d'une manière presque topographique. D'emblée, l'épidémie se qualifie par sa manière d'habiter l'espace : si elle se dilate, elle devient une *pandémie*, si elle s'installe au contraire en un lieu et s'y restreint, elle est une *endémie*. À l'inverse, l'endémie sortant de son foyer se fait ailleurs épidémie, tout comme l'épidémie qui se fixe en un lieu

---

[1] Cette fonction est particulièrement activée par le système médiatique. Par exemple, le *chikungunya* en tant qu'épidémie moderne est une métaphore de l'articulation de la maladie avec la problématique de l'environnement. Cf. *L'épidémie moderne et la culture du malheur*, déjà cité, pp. 77-92. À chaque époque s'exprime cette hantise d'un certain type de maladie à impact collectif, la plus répandue ou la moins maîtrisée. Voir sur ce point les belles analyses de Susan Sontag, *La maladie comme métaphore*, Paris, Bourgois, 1993 pour tout ce qui concerne la tuberculose, et *Le sida et ses métaphores*, Paris, Bourgois, 2005, pour ce qui touche l'épidémie de sida. Le vrai point commun de ces maladies est leur capacité à incarner, à chacune des époques concernées, une forme de menace *moderne*.

[2] Ce point sera abordé plus loin au chapitre III, « Épidémie et maladie », p. 59 et suivantes.

nouveau se transforme en endémie. La conformation spatiale est au cœur même du concept et des figures qui l'incarnent[1]. Le lien avec la temporalité est dans sa dépendance directe : alors que l'épidémie finit par s'effacer, en raison de l'immunisation des survivants ou des efforts thérapeutiques (traitements) et de prévention (vaccination), ou encore de l'absence de conditions favorables aux agents pathogènes (naturelle ou artificiellement créée par la prophylaxie), l'endémie est par essence chronique. Entrecroisement de l'espace et du temps : ce qui ne se déplace pas dure et persévère, ce qui se déplace tend à flamber et à se modifier. Mais l'immobile peut aussi, à tout moment, se mettre en mouvement et le mobile au contraire se figer dans le repos.

---

[1] Le passage de l'épidémie à l'endémie ou à la pandémie et vice-versa peut être effectif ou non (et dans ce dernier cas il demeure une possibilité théorique inhérente au champ conceptuel de l'épidémie). Les endémies sont souvent liées à des facteurs socio-économiques locaux (misère, guerres, migrations, échanges, urbanisation…) et elles touchent des zones ou des groupes humains. Ont été ou sont encore considérés comme endémiques la tuberculose et ses conséquences (écrouelles, mal de Pott, méningite tuberculeuse), la diphtérie, la rage, le tétanos, etc. La *poliomyélite*, par exemple, illustre parfaitement le passage dans un sens comme dans l'autre de la ligne de partage entre endémie et épidémie. Absente des textes grecs et latins, mais évoquée par un « pied équin » sur une peinture égyptienne, elle semble être très longtemps demeurée faiblement endémique avant d'émerger dans une forme épidémique sévère au 19e et au début du 20e siècle, générant une véritable terreur, par exemple en 1916 aux États-Unis (près de 30 000 paralysés, près de 3 000 morts). En même temps, elle changeait de forme, devenant plus contagieuse, ou moins paralysante, et touchant davantage, selon les phases, l'appareil respiratoire ou l'appareil digestif. Les efforts exemplaires entrepris pour la vaccination, qui aboutirent à l'éradication, annoncèrent avant la lettre ceux qui sont consentis aujourd'hui pour le sida. Entre 1988 et 2001, les cas de polio sont passés de 350 000 à 537, mais ces résultats sont dus aussi au fait qu'il n'existe pas de réservoir animal du virus. Par ailleurs, le retour des épidémies, entre des phases plus ou moins endémiques, est favorisé par l'absence de traitement : le savoir humain est ainsi, avec le temps et l'espace, un élément qui conditionne l'activité épidémique. Cf., sur l'évolution de la poliomyélite, l'étude de J.-F. Saluzzo, *La guerre contre les virus*, Paris, Plon, 2002, pp. 77-117.

Ainsi le rapport à l'espace et au temps est-il non seulement un élément de définition du règne épidémique et de ses grandes modalités, mais sa substance même. Littré, qui avait traduit les écrits du *Corpus hippocratique* et connu les débuts de Pasteur, a étudié ce point dans une sorte de philosophie de l'histoire des fléaux sanitaires depuis les premières pestes répertoriées[1]. Il pose d'emblée la distinction entre maladies individuelles et maladies épidémiques comme étant tout à la fois essentielle à la médecine et liée indissolublement à l'espace et au temps : les premières, « celles qui sont aussi individuelles que les plaies et fractures [...] sont en effet permanentes et universelles », alors que d'autres « sont spéciales à certaines contrées, sans qu'il soit possible d'expliquer par quel concours de circonstances locales elles naissent dans un tel district, et pourquoi elles n'en sortent pas »[2]. Et enfin, « une troisième classe [...] a pour caractère d'envahir une immense étendue de pays et ce qu'il y a de plus remarquable, c'est qu'elles n'ont pas une durée indéfinie ». En d'autres termes, elles ont une *histoire*, c'est-à-dire une origine, un itinéraire spatial et temporel, et surtout une fin, car même s'il « semble, quand la mortalité a pris ce courant rapide, que les ravages n'auront plus de terme, et que l'incendie, une fois allumé, ne s'éteindra désormais que faute d'aliments, il n'en est pas ainsi : les traits de l'invisible archer s'épuisent, ces vastes épidémies restent toujours dans de certaines limites; l'intensité n'en va jamais jusqu'à menacer d'une destruction universelle la race humaine ». Ces histoires elles-mêmes en tissent ensemble une autre, qui se situe au cœur de « l'enchaînement des choses du

---

[1] « Les grandes épidémies », étude importante parue dans la *Revue des Deux-Mondes*, tome V, année 1836.

[2] Littré donne l'exemple du *bouton d'Alep*, qui « attaque seulement les habitants de cette ville et les étrangers qui viennent y séjourner ». On sait que les leishmanioses cutanées désignées sous les noms de bouton d'Orient, d'Alep, de Gafsa, de Biskra, etc. sont endémiques dans tout le bassin méditerranéen, et dues à des protozoaires trypanosomidés transmis par un insecte vecteur, le phlébotome.

monde » et exprime le « lien par lequel les existences humaines et la planète qui les porte semblent tenir ensemble »[1]. L'universalité des épidémies fait que leur espace est le monde : « nulle guerre n'a l'universalité d'une épidémie », note justement Littré. Le choléra né dans l'Inde s'est déplacé vers l'est jusqu'en Chine, puis est venu vers l'ouest jusqu'en Europe, qu'il a entièrement parcourue, et il est allé jusqu'en Amérique. On sait qu'il existe une sorte d'orientation générale des épidémies dans l'espace : presque toutes se déplacent d'est en ouest, selon un schéma qui est à présent celui de la menace de la grippe aviaire. En effet, les oiseaux sont l'hôte principal des virus de la grippe et ils servent de réservoirs à tous les sérotypes de virus. La plupart des pandémies de grippe semblent bien avoir pris naissance en Extrême-Orient[2], mais le sens du déplacement vers l'ouest est un caractère constant de beaucoup d'autres épidémies, que ce soit pour des raisons relevant d'une explication scientifique – d'autres sens, nord-sud et sud-nord, se heurtent à une barrière climatique – ou bien par suite du refus de l'Occident d'être le berceau des maux dont il est atteint, qui n'est qu'une variante

---

[1] En ce sens, explique Littré, « les maladies universelles ont tout l'intérêt des grands évènements ». Il précise à propos de sa remarque sur les effets toujours limités des épidémies (« l'intensité n'en va jamais jusqu'à menacer d'une destruction universelle la race humaine ») : « j'ai dit jamais, j'aurais dû dire dans l'intervalle des quatre ou cinq mille ans qui font toute notre histoire ; car qui peut répondre de ce que renferme l'avenir ? » La notion d'émergence est ici annoncée de manière prophétique et rattachée au principe même du devenir : « des races d'animaux ont disparu du globe ; les découvertes de Cuvier sur les fossiles l'ont prouvé sans réplique. Sont-ce des épidémies plus puissantes qui, à des époques reculées, ont balayé notre planète et qui, chassant les anciennes existences, ont fait place à de nouvelles ? »

[2] Par exemple, le virus de Hong Kong, en 1968, s'était rapidement étendu en une année aux pays voisins puis au monde entier. On a fait l'hypothèse que la population très dense, vivant souvent en contact étroit avec les animaux, et le rôle d'intermédiaire que jouent dans la transmission les porcs et les volailles étaient à l'origine de ce phénomène. L'élevage conjoint du porc et du canard favoriserait en effet le passage du virus de l'animal à l'homme. On a appris par la grippe dite du poulet survenue à Hong Kong en 1997 que des virus aviaires pouvaient dans certains cas provoquer directement des cas humains de grippe.

de l'absence d'origine absolue des maux épidémiques constatée où qu'ils surviennent : l'épidémie, nous l'avons vu, est partout ce qui vient d'ailleurs – et en ce sens aussi l'espace est dans son essence même. Les conditions dans lesquelles le sida est apparu aux États-Unis sont donc un avertissement solennel : le mal ne circule plus dans la direction attendue[1] et ainsi la rhétorique de l'*ailleurs absolu* ne trouve plus à s'appliquer.[2]

Ce sont en réalité toutes les grandes épidémies qui ont tenu ce rôle de définition d'espaces et d'élaboration de trajectoires, en réponse aux circonstances et aux déterminations de tous ordres qui commandent l'époque. Leur développement, le plus souvent, a été lié à la fois à des évènements qui relèvent de la biologie et aux conditions matérielles de leur déplacement. Par exemple, la peste de 1347-1348 a été transportée par des galères génoises venues de Crimée assaillie par les Mongols. Refusées par Gênes et Livourne, elles sont accueillies par Marseille, où apparaît brutalement la maladie, dont les effets en termes de mortalité sont comme décuplés par la transmission tout à coup directe, d'homme à homme, du bacille. La terreur se répand en Provence, puis dans le Languedoc et en Aquitaine, en même temps que dans toutes les grandes villes de l'Italie du Nord. Ce sont les conditions du commerce avec la Méditerranée orientale qui ont déterminé ce parcours, renforcé par l'augmentation des besoins alimentaires qui a été entraînée par l'urbanisation rapide de l'Europe à cette époque. Ce qu'Emmanuel Le Roy Ladurie a

---

[1] À noter cependant que l'épidémie de grippe de 1918 s'était répandue, déjà, à partir des États-Unis. La similarité entre grippe porcine et grippe humaine a été étudiée, suite à la grippe porcine survenue en Amérique, par J. S. Koen.

[2] Le débat engagé sur l'importation du virus d'Afrique vers les États-Unis (directement ou par les troupes cubaines envoyées en Angola) ou au contraire l'exportation vers l'Afrique à partir du Nouveau Monde dans les années 1960 à l'occasion de missions d'experts est à ce titre significatif, indépendamment de son intérêt scientifique. Par ailleurs, le sida met un terme brutal au relatif silence épidémique survenu vers 1970, faisant espérer la maîtrise des maladies infectieuses : en ce sens, tout en inversant en quelque sorte l'espace tel que l'avait fait concevoir l'imaginaire européen, et en y intégrant le sud longtemps mis à l'écart, il réactive le temps des contagions. Cf. sur ces points l'étude de M. D. Grmek, *Histoire du sida*, Paris, Payot, 1989.

appelé l'« unification microbienne du monde »[1] est le concept qui traduit le mieux cet ensemble de tracés mortels qui a formé l'épidémie. Dans les années qui suivront s'établira autour de la peste une sorte d'équilibre pathologique nouveau tantôt traversé par les émergences de la tuberculose et de la lèpre, alors rivales, tantôt stabilisé en endémie dans un ensemble « pathocénique ». La pathocénose[2], comme mode d'une coexistence dans laquelle sont présents, au sein d'une population et d'une période, un certain nombre d'états pathologiques, chacun étant dépendant, entre autres facteurs divers, écologiques ou endogènes, de la distribution et de la fréquence de l'ensemble des autres, est à la jonction de l'espace et du temps : l'épidémie s'interprète en ce sens comme succession temporelle rythmée par le changement de lieu ou son avers, l'insistance immobile.

L'endémie est également un équilibre, installé, mais instable, le germe responsable de l'infection se maintenant à taux faible, ce qui rend la contamination possible pendant que la majorité des individus possède une immunité en raison d'un contact avec les micro-organismes en cause. Cette immunité confère un pouvoir de résister à la maladie[3], ce qui en limite les possibilités de retour sous forme épidémique sans pourtant les supprimer

---

[1] E. Le Roy Ladurie, « Un concept : l'unification microbienne du monde », in *Le territoire de l'historien*, Gallimard, Paris, 1978.

[2] Le concept de pathocénose, qui vise à permettre une étude *synthétique* des maladies, a été introduit par M. Grmek, « Préliminaires d'une étude historique des maladies », *Annales E.S.C.*, 24, 1969, p. 1437-1483. Voir aussi le résumé qui figure dans *Les maladies à l'aube de la civilisation occidentale*, déjà cité, p. 15. Dans le cas de la peste du XIVe siècle, cet équilibre correspondra à l'installation de nouvelles maladies : typhus, syphilis, variole, qui se combineront aux anciennes jusqu'à la fin du XVIIe siècle, avant la phase de transition du XVIIIe dont naîtra le « régime *moderne* de mortalité » : cf. les analyses de P. Bourdelais, *op. cit.*, pp. 27-28, qui montrent comment l'épidémie de peste, à son tour, a modifié le milieu et les conditions générales d'activité des hommes et des épidémies à venir.

[3] Immunité renvoie à « munir, quasi militairement, contre une agression », selon la formule de Canguilhem à propos de la guérison *op. cit.*, p. 73. De fait l'immunité est une forme de mise à l'abri, elle se définit comme une *guérison par avance*.

d'une manière absolue[1]. La contagion est elle-même une notion qui renvoie à l'espace : *contingere* signifie toucher, être en relation immédiate avec, c'est-à-dire fondamentalement être à une distance nulle, être séparé par un espace nié, qu'il s'agisse de contagion par contact direct avec le malade ou indirect avec les objets ou sécrétions, ou bien de transmission par un vecteur.

C'est aussi tout naturellement sur l'espace et son utilisation que se portera très tôt la lutte contre les épidémies, de manière d'abord imprécise, avec le précepte antique invitant à se rendre loin et longtemps, puis de manière systématique et organisée, avec la gestion pré-hygiéniste née au 17e siècle, ses cordons sanitaires, ses lazarets et ses quarantaines, modalités savantes d'élaboration d'un emprisonnement mutuel original, de l'espace dans le temps et du temps dans l'espace, par lequel on confie à la temporalité la tâche de manifester le mal, afin d'en permettre le filtrage et peut-être la maîtrise. Globalement, le projet est de découper le territoire, d'y instituer des parties protégées par d'autres, de limiter ou supprimer les déplacements, d'assurer, pour une ville ou un secteur ou une région, une sorte d'absence temporaire à soi ou de retrait du monde. La gestion de l'espace illustre ainsi la façon dont les grandes épidémies ont été « le vecteur historique de l'interventionnisme sanitaire »[2].

L'origine en est pourtant beaucoup plus ancienne, car dès la la Renaissance des mesures de séquestration avaient déjà été prises à l'encontre d'individus, de quartiers, de milieux estimés

---

[1] C'est une variation d'intensité (au point de recoupement entre l'extension et la force) qui caractérise les différentes modalités de la présence épidémique. On parlera d'*endémoépidémie* pour l'épidémie comme développement rapide d'une maladie contagieuse dans une région délimitée. Ainsi, une épidémie de choléra peut survenir à partir d'une endémie. Lorsque la maladie est présente presque en permanence et rebondit souvent, on peut parler d'*hyperendémie*. La *pandémie* enfin se définit comme une endémie ou une épidémie qui s'étend largement. Ainsi la pandémie de choléra apparue en 1961 en Indonésie s'est étendue à l'Afrique et l'Amérique du Sud au cours des décennies suivantes.

[2] A. Leca, « Le concept d'épidémie dans l'histoire des idées », in *Le risque épidémique, colloque d'Aix-en-Provence, novembre 2002*, Presses universitaires d'Aix-Marseille, 2003, pp. 13-24. À l'inverse, l'abolition involontaire de l'espace protecteur est au centre de la notion d'infection nosocomiale.

dangereux ou à risque[1], les libertins, les soldats, les prostituées, les pauvres, la peste étant considérée comme justifiant l'état de siège et autorisant donc les exclusions, isolements et cloisonnements appropriés[2].

Cette protection spatiale manifeste aussi la prise en compte de la nature collective et mouvante du mal, par-delà le caractère individuel et prévisible de ses effets. Elle se poursuit, au prix des adaptations nécessaires, lorsque, selon le mot de Georges Vigarello, « les épidémies changent de lois »[3], lorsque l'État se fait hygiéniste et décide de protéger le corps social tout entier en se chargeant de la santé de ceux qui sont les plus menaçants parce qu'ils sont les plus menacés. En revanche, deux modes de traitement de l'espace s'affrontent à travers la controverse très vive entre les deux thèses opposées – et même incompatibles – de l'infection et de la contagion. La première, qui remonte à la médecine hippocratique et dominera la science jusqu'au 19e siècle, malgré l'intuition qui est au fondement des travaux de Fracastor au 16e siècle[4], tient l'épidémie pour le résultat des conditions environnementales : la protection consistera donc à empêcher la formation de *foyers* d'infection par des mesures de ségrégation. La seconde, que la microbiologie imposera d'une

---

[1] Ce n'est cependant que bien plus tard, au 19e siècle, que les conditions d'existence comme éléments de la réceptivité aux épidémies et donc la notion de facteur de risque lié au milieu de vie seront réellement étudiées et prises en compte.

[2] Sur les « néo-quarantaines », la désinfection et l'hospitalisation d'office et les mesures autoritaires en Europe au 19e siècle, notamment en Angleterre et en Allemagne, et sur l'aspect international de la question, cf. P. Bourdelais, *op. cit.*, pp. 118-126.

[3] G. Vigarello, *op. cit.*, p. 199 sqq. C'est la « masse industrielle » qui devient la « masse sanitaire » vers 1830. Cf. notamment p. 202 et suivantes la manière dont la vaccination, en tant que « technique contrôlée », autorise l'ambition étatique d'éradiquer la variole (et comment ce plan est d'une certaine façon la suppression de l'espace que pourra occuper l'épidémie).

[4] Fracastor appuie ses travaux sur la contagion de la syphilis sur l'existence de germes invisibles dans les conditions de l'époque. En 1546, il avait publié à Venise *De Contagione et Contagiosis Morbis*, où il formule une théorie de la contagion qui ne pourra être démontrée que plusieurs siècles après lui, mais qui préfigure l'épidémiologie moderne.

façon définitive, défend l'idée de la contagion, dans laquelle le danger naît de la transmission du mal par les contacts et les déplacements, notamment des hommes et des choses, ce qui aboutit à l'idée d'un isolement des malades[1] afin de mettre à l'abri les bien-portants, solution aussi radicalement différente de la précédente que peut l'être l'immobilité du mouvement ou l'extérieur de l'intérieur, par rapport à une certaine délimitation de l'espace.

L'image vaut d'autant plus que les maladies épidémiques résultent toujours en quelque manière d'une agression, du franchissement d'une barrière, d'une invasion et d'une pénétration dans le corps, qu'il s'agisse d'agents pathogènes apportés par le contact interhumain ou, *a fortiori*, par une véritable effraction imputable à un insecte[2]. En outre, cette entrée indésirable est le plus souvent muette et indécelable et la propagation peut même résister aux mesures d'isolement ou d'éloignement, rendant la menace universelle, par-delà les classes sociales : la variole sera ainsi plus inquiétante que la lèpre ou la peste au 18e siècle, tuant le Dauphin de France, l'empereur Joseph Ier et Louis XV. Néanmoins, la résistance à l'« inoculation » sera longue et vive, malgré l'efficacité constatée et les progrès techniques.

Les raisons tiennent à la représentation de l'épidémie, sans doute, ainsi qu'à la nouveauté radicale du moyen employé, mais le fait même d'une agression volontaire, d'une intrusion dans le

---

[1] On sait qu'au milieu du 19e siècle la théorie des miasmes était encore soutenue par de bons esprits et que Tarnier, par exemple, lui était demeuré fidèle, tout en admettant la contagion des fièvres puerpérales et en créant à la Maternité en 1867 un pavillon conforme aux normes strictes d'isolement. Les découvertes de Pasteur sont admises par la Faculté au tournant des années 1880. Le staphylocoque est identifié en 1878, le streptocoque en 1879, le bacille de Koch en 1882, le germe du choléra en 1884. Les débats sur le caractère contagieux des affections épidémiques sont alors clos et l'hygiène ne se conçoit plus, dès les dernières années du siècle, sans la bactériologie.

[2] La parasitologie et l'entomologie sont devenues à ce titre des disciplines qui jouent auprès de la médecine un rôle essentiel : la lutte « anti-vectorielle » est une réplique à l'épidémie au même titre que le traitement ou la vaccination, et elle est même la seule possible lorsque les deux autres font défaut, comme dans le cas de la réapparition du *chikungunya* en 2005-2006.

corps, faite au-delà de la protection naturelle que constitue la peau[1] n'en est pas absent, surtout à une époque où persistait, en parallèle, une sorte de croyance dans le transport de la maladie par l'air[2]. On juge dramatique d'*introduire* le mal, de passer au-delà des limites qui protègent le corps, parce qu'on ignore que c'est, grâce aux défenses immunitaires, *de l'intérieur* que l'on se peut vraiment se défendre. Et la définition de l'immunologie par F. Macfarlane Burnet, « la science du soi et du non-soi », trouve ici toute sa force : il s'agit de savoir ce qui est dedans et ce qui est dehors, ou comment s'organise l'espace de la vie, car l'épidémie, c'est bien, en un sens, la vie qui s'en prend à la vie.

Comme dans toute agression, la mise à distance est souvent la première et la meilleure réplique. Éloigner le péril ou bien s'éloigner de lui, éviter de croiser sa route[3], organiser le terrain de la lutte : l'enjeu est toujours un investissement de l'espace, territorial ou sanitaire ou corporel. Venir de l'extérieur dans le lieu de vie ou venir de l'extérieur dans l'intimité du corps est un

---

[1] Tout ce qui interrompt cette protection introduit un risque majeur, crée une *plaie*, symbole entre tous du dépérissement. Sur cette symbolique, voir par exemple la plaie « ouverte comme un puits de mine » du jeune enfant malade dans le récit onirique *Un médecin de campagne*, Kafka, *Oeuvres complètes*, Paris, Gallimard, 1980, tome III, pp. 443-444. En filigrane peut se lire une situation épidémique : « pauvre garçon, personne ne peut plus rien pour toi ».

[2] Sur les réticences entraînées par la vaccination, notamment à travers le rôle nouveau du médecin, et sur « l'épopée des vaccins », cf. l'étude synthétique d'O. Faure dans le *Dictionnaire de la pensée médicale* déjà cité, pp. 1185-1189.

[3] Les maladies infectieuses, inégalement contagieuses, et donc ayant ou non une forme épidémique, se transmettent par le biais d'une exposition directe ou indirecte. Leur mode de transmission dépend de leur « réservoir » (humain ou animal ou environnemental). Par exemple, dans le tétanos, causé par une bactérie qui se trouve dans la terre, il n'y a pas de transmission interhumaine, la bactérie entre dans l'organisme par une plaie souillée. Au contraire, le paludisme est dû à un parasite transmis d'homme à homme par l'intermédiaire de l'anophèle. Le réservoir est humain, mais il n'existe pas de transmission interhumaine. Enfin, la tuberculose, à réservoir humain, est transmise d'homme à homme par un mécanisme « aéroporté » et les M.S.T. (maladies sexuellement transmissibles) bien évidemment à l'occasion de rapports sexuels, selon une modalité à haute teneur symbolique.

caractère essentiel de la maladie épidémique[1].

Ce n'est cependant que l'une de ses spécificités au sein du domaine du pathologique. Celle qui en est philosophiquement la plus proche concerne la temporalité, second axe fort du monde épidémique, parfaite illustration de la formule de Bergson dans *La pensée et le mouvant* selon laquelle le temps est « ce qui fait que tout se fait ». Par contraste avec le flot inerte des maladies individuelles, qu'en un certain sens seule l'épidémiologie peut ordonner, il existe au cœur du système épidémique un rythme propre, correspondant à différents schémas, mais qui s'impose toujours à l'expérience. C'est du reste à partir de lui – et cela même est riche de sens – que l'épidémiologie s'est construite : se confondant à ses origines avec la description raisonnée des épidémies, elle en a peu à peu étendu le concept, à mesure que se développaient les connaissances médicales, à la totalité des pathologies[2].

Le rythme, que Platon définissait si bien comme « l'ordre du mouvement »[3], ou encore le temps de ce qui évolue, est le ressort même de l'épidémie : elle se décrit en termes d'arrivée brutale, de crise, de périodes caractéristiques à l'enchaînement invariable, non seulement dans l'histoire de chaque épidémie, mais dans celle de chaque malade. L'incubation correspond à une durée chiffrable et les étapes qui conduisent au dénouement

---

[1] En témoignent les précautions destinées à empêcher la contamination, telles que mettre la main devant sa bouche en toussant ou en éternuant, porter un masque pour rencontrer des personnes porteuses de virus très contagieux, comme celui du SRAS par exemple, utiliser un préservatif, etc.

[2] Les premiers schémas épidémiologiques consistent par exemple dans la mise en rapport des bubons et de la forte mortalité avec l'épizootie de rats (dont *La Peste* de Camus exprime si bien la double dimension scientifique et symbolique). Ils figurent déjà dans la Bible (*I Samuel*, V et VI). Des analyses du même type sont dans le *Corpus hippocratique* à propos de la malaria, de la peste, du choléra (*Épidémies* et *Airs Eaux Lieux*). L'épidémiologie, empirique à la Renaissance, devient ensuite peu à peu scientifique, notamment avec la quantification et les progrès de la statistique au 17e siècle, et elle sera enfin une discipline de plein exercice à l'« ère microbienne », au moment où le traitement des épidémies, justement, sera le modèle de la thérapeutique.

[3] Platon, *Lois*, 665 a.

se succèdent selon un ordonnancement et avec des durées qui sont, au moins dans les grandes lignes, connues d'avance. Aussi tout récit est-il porteur de cette série de rythmes. Il ne faut qu'un petit mois, entre le 25 mai et le 20 juin 1720, pour que se répande à Marseille, suite à une défaillance de la quarantaine, la peste apportée par le bateau le *Grand Saint Antoine*. Coup sur coup apparaissent les premières victimes, mortes en quelques jours d'agonie, aussi anonymes d'abord que le mal qui les tue et qu'on ne sait puis qu'on n'ose pas nommer, jusqu'à ce que deux médecins identifient la peste noire et que s'installe le régime de la mort en deux jours. Ce rythme se déclare juste après quelques décès isolés, lorsque meurent à deux jours d'intervalle le 28 et le 30 juin un tailleur de 45 ans et sa femme. Les deux médecins, les Peyssonnel père et fils, avertissent les autorités que « cette peste tue en deux jours ». La mort du tailleur joue le rôle de confirmation que comporte tout début d'épidémie, elle marque la « fin de la période remplie de signes déconcertants », comme dit très justement Camus[1] à propos de la « mort du concierge ». Le système s'emballe. En juillet, le mal fera 70 victimes par jour, en août 1 000. En septembre, lorsque la ville est enfin bouclée, il est trop tard : la vigueur du phénomène est telle que la construction du célèbre *Mur de la Peste* sera sans effet et que la lutte pour l'éradication du mal en Provence et en Languedoc prendra deux années.

Le rythme varie d'une épidémie à l'autre, mais il a toujours pour effet de créer un mouvement reconnaissable, de faire de la diffusion du mal un cheminement dynamique, dont l'intensité augmente ou diminue, dont la vitesse s'accroît ou se réduit. La peste d'Athènes à un certain moment « redouble de fureur ». Et ce *tempo* s'accompagne d'une programmation qui ne se dément pratiquement jamais, se reproduisant dans des milliers de cas. Pour chaque malade, le scénario se répète presque inchangé, rappelle Littré : « l'invasion était subite ; d'abord la tête était prise d'une chaleur ardente, les yeux rougissaient et s'enflammaient, la langue et la gorge devenaient sanglantes ; il survenait

[1] Albert Camus, *La peste*, *op. cit.*, p. 1235.

des éternuements et de l'enrouement ; bientôt après l'affection gagnait la poitrine et produisait une toux violente ; puis, lorsqu'elle était fixée sur l'estomac, il en résultait des vomissements, avec des angoisses extrêmes, des hoquets fréquents et de violents spasmes ; la peau n'était, au toucher, ni très chaude, ni jaune ; elle était légèrement rouge, livide et couverte de petits boutons vésiculeux et d'ulcérations. Mais la chaleur interne était si grande que les malades ne pouvaient supporter aucun vêtement ; ils voulaient rester nus, et plusieurs, tourmentés par une soif inextinguible, allaient se précipiter dans des puits. La mort survenait vers le septième ou le neuvième jour ; plusieurs perdaient les mains ou les pieds par la gangrène ; d'autres, les yeux, quelques autres éprouvaient une abolition complète de mémoire et ne se connaissaient plus ni eux ni leurs proches ».

Les maladies ne sont jamais produites par la saleté, par les effets de la pauvreté ou le seul manque d'hygiène, mais par des germes, disait Koch en 1888. Mais de cette affirmation, qui était courageuse à une époque où la thèse pasteurienne commençait seulement à être vraiment acceptée, il résulte aussi que chaque maladie épidémique est à elle-même, dans une large mesure, sa propre répétition *à l'identique*, dans une voie une fois pour toutes tracée : « si vous semez de la variole, vous n'obtenez pas la fièvre scarlatine, mais la variole indéfiniment et rien d'autre ». Le schéma est toujours le même pour une maladie donnée, ce qui permet de fixer des durées d'éviction dans les écoles, 40 jours après la première invasion pour la scarlatine[1], 20 jours après la fin des quintes pour la coqueluche, 22 jours à partir du début pour les oreillons. Cette précision caractéristique des épidémies – et qui fait d'elles des maladies qui se décrivent, comme les fièvres antiques, dans un calendrier – exprime un aspect important de l'idéal scientifique, qui est la capacité de prédiction. Pour cette raison, on voudrait, au début du 20e siècle, que le cancer soit lui aussi épidémique, ou du moins

[1] Par ailleurs sur l'espèce de délire du calcul scientifique qui fait pendant au « délire de contagion » à la fin du 19e siècle, voir G. Vigarello, *op. cit.*, pp. 260-261.

assimilable au modèle infectieux, d'autant que la découverte du système microbien a lancé l'ère optimiste de la vaccination. À l'idée d'épidémie s'attache donc paradoxalement l'espérance d'interrompre, par les moyens de la science, des évolutions qui étaient jusque-là fatales. Ce sont alors les autres maladies que leur imprévisibilité relative rend menaçantes. D'une certaine manière, l'inguérissable a donc changé de camp. Le temps fatal de l'épidémie a laissé une place, si modeste soit-elle encore, au temps patient de l'action.

Pourtant, l'idée que le rythme épidémique implacable a pu devenir accessible à l'intervention du savoir n'est, par certains de ses aspects, qu'un simple leurre, car tout se passe comme si ce rythme avait en lui une sorte de pouvoir de rebond. Déjà il avait semblé à plusieurs reprises s'interrompre en une trêve prometteuse. Par exemple, l'Europe avait pu se croire à l'abri, à la fin du 18e et au début du 19e siècle, avec l'affaiblissement de la mortalité due au typhus et à la dysenterie, l'absence de retour de la peste après l'épisode marseillais de 1720 et la reprise de 1722[1], la mise en œuvre de la vaccination en passe de vaincre la dernière en date de toutes ces maladies redoutables, la variole. L'arrivée du choléra dans les années 1830 résonne ainsi comme un coup de tonnerre : l'illusion d'avoir dominé le mal, qui a entraîné sans doute une moindre vigilance et parfois un renoncement à des précautions anciennes jugées dépassées, laisse désarmé, pour un temps, devant un autre fléau.

Mais ce coup de tonnerre n'est pas un évènement isolé ou exceptionnel : il est un élément qui réapparaît de temps à autre dans la partition symphonique qui s'écrit à travers l'histoire des désastres sanitaires[2]. On qualifiera de la même manière le sida, survenu lui aussi dans une période où la proportion de décès dus

---

[1] Cette « rechute » fit 260 morts. Le « rythme » se modifie en fonction de l'immunité acquise par la population qui a été en contact, ce qui revient à dire qu'il évolue en fonction de ses propres effets et se conditionne lui-même.

[2] Cf. dans l'article cité d'Émile Littré son projet de philosophie de l'histoire épidémique : « la nature ne se montre jamais à l'observateur dans la plénitude de ses apparitions ; elle ne lui présente que des faits isolés, et son action totale ne se développe que dans le cours des siècles ».

à des maladies infectieuses semblait demeurer stable, traduisant un progrès de la science et de son efficacité. Ce schéma s'est répété bien des fois : en matière épidémique, l'avenir prend assez souvent l'apparence d'un démenti opposé à la confiance retrouvée, d'un retour imprévu à un passé qu'on avait fini par croire révolu. À chaque fois, l'épidémie fait irruption avec une brutalité qui vient bousculer l'écoulement du temps. Ainsi, la grippe espagnole est un évènement qui s'insère avec fracas dans la guerre, impose une corrélation nouvelle entre le « front » et l'intérieur, fait douter par ses premiers développements tantôt de sa gravité tantôt de sa capacité à se répandre et à durer[1], puis contre toute attente devient subitement l'effrayante hécatombe que l'on sait, confirmant de nouveau l'existence d'une sorte de *ruse épidémique,* dont on ignore dans quelles proportions au juste elle provoque un dérèglement de la pensée et de l'action ou au contraire en résulte, mais qui en tout cas procède toujours d'une éclipse du savoir[2].

On a pu observer le phénomène dans les épidémies les plus récentes. Le même commencement brutal a ainsi été constaté en 2003 pour l'épidémie de SRAS, apparue avec un cas isolé à l'hôpital français de Hanoï, au Vietnam. La maladie inconnue, dans laquelle d'abord on crut à tort reconnaître la grippe aviaire, tua dans les semaines suivantes le médecin qui avait été appelé comme expert et cinq membres de l'équipe de l'hôpital, puis affecta en quelques mois plus de 8 000 personnes, faisant plus de 900 morts dans une trentaine de pays. Elle frappa les esprits et elle réveilla des peurs anciennes pendant une bonne partie de

---

[1] En avril 1918, rien parmi les cas survenus dans les zones de combat ne laisse à penser qu'il s'agit d'une maladie grave. Dans les semaines qui suivent, l'épidémie semble régresser, et en même temps les cas plus sérieux se multiplient. En juillet et août, la gravité prend un tout autre tour quand la maladie s'étend aux zones d'abord épargnées. L'épidémie deviendra graduellement plus homogène après ces premières phases contrastées.

[2] À noter que le savoir médical a répliqué d'une façon tout aussi brutale à l'épidémie lorsqu'il en a eu le moyen : les antibiotiques, par exemple, ont été l'archétype du médicament miracle, supprimant la maladie en quelque sorte, plus que véhiculant la guérison à proprement parler.

l'année 2003, amenant les autorités à prendre des décisions surprenantes et pourtant caractéristiques d'interdiction de séjour ou d'exclusion.

On a pu voir dans cette crise, survenue une fois de plus à un moment particulier, où « les sociétés riches pensaient bénéficier d'une situation privilégiée », une « illustration supplémentaire du génie épidémique des maladies infectieuses »[1]. Or, celui-ci est un perpétuel jeu sur le temps, car le mal naît avant la science du mal et aucun savoir médical n'anticipe sur son objet, comme le notait Charles Nicolle : « il y aura des maladies nouvelles, c'est un fait fatal. Un autre fait fatal, c'est que nous ne saurons jamais les dépister dès l'origine. Lorsque nous aurons des notions de ces maladies, elles seront déjà toutes formées, adultes, pourrait-on dire »[2].

L'incapacité de maîtriser la nouveauté et la transformation perpétuellement asymptotique de l'inconnu en présent sont en effet les deux versants de la modalité spécifique du temps que constitue finalement l'émergence. Celle-ci n'est pas une réalité isolable, mais le décalage temporel de la connaissance et de son objet. Les caractères spatiaux et temporels sont au centre de sa définition : une maladie émergente s'inscrit toujours dans un cadre, même si l'émergence, absolue, permanente et universelle relève d'une science infinie, et elle institue une dynamique dans le temps et dans l'espace. Elle est une maladie infectieuse dont

---

[1] Pr. F. Bricaire, Dr Ph. Bossi, Dr J.-Ph. Grivis, *SRAS Pneumopathie atypique Symptômes risques et évolution*, L'Archipel, 2003. L'apparition d'un nouveau coronavirus a rappelé que la science est en permanence confrontée à l'inconnu, mais la crise elle-même a démontré la capacité de la science à réagir dans des délais très courts. Cette étude analyse bien en quoi il s'est agi d'une épidémie *moderne*, où tous les aspects, scientifiques, techniques, économiques, etc. se trouvent dans une situation particulière d'imbrication.

[2] Charles Nicolle, *Naissance, vie et mort des maladies infectieuses,* Paris, Alcan, 1930. Microbiologiste, Prix Nobel de médecine en 1928, Ch. Nicolle est surtout connu pour avoir étudié le rôle du pou dans la transmission du typhus exanthématique, mais il est aussi à l'origine de l'importante notion de *maladie inapparente* et il a montré qu'un porteur sain pouvait être à l'origine d'une épidémie. L'idée était née peut-être de l'observation de chèvres en apparence saines et transmettant néanmoins la fièvre de Malte.

l'incidence augmente brutalement dans une population donnée par rapport à ce qu'elle est d'habitude[1]. Il peut s'agir d'entités nouvelles, jusque-là non reconnues (comme le sida, la maladie de Lyme, la maladie de Creutzfeldt Jakob), ou de la réapparition d'une maladie infectieuse connue (tels le choléra en Amérique latine en 1991, la peste aux Indes en 1995, ou bien la diphtérie dans l'ex-U.R.S.S. en 1994-1995), le changement de virulence d'un agent infectieux connu (le virus grippal, avec la grippe asiatique de 1957, la grippe de Hong Kong en 1968 et la grippe aviaire en 2003). L'origine de l'émergence elle-même est fort complexe et c'est ce qui compromet, à un instant donné, toute prévision : elle naît de la modification des relations entre l'environnement, les micro-organismes et l'hôte.

L'avenir est prometteur, en ce sens, tant sont nombreux les risques[2] de voir se produire de telles modifications : urbanisation sauvage, paupérisation, dégradation globale des conditions d'hygiène, extension des moyens de communication, intensification ou changement dans les transferts de population, évènements climatiques, effets de l'industrialisation, résistances aux antibiotiques, pratiques médicales, effets du bioterrorisme…

Là encore, ce sont des éléments temporels des épidémies qui sont en cause, à savoir le commencement de l'épisode qu'elles forment et son terme, qui est d'abord sans cesse repoussé. Le commencement est le modèle de la crise tout entière, faite de

---

[1] Cf. sur toutes les questions de définition le dossier *Maladies émergentes et réémergentes chez l'homme* rédigé par H. Fagherazzi-Pagel, Paris, C.N.R.S., 2007. Sur l'émergence épidémique, voir aussi plus loin, ch. VII, p. 185 sqq.

[2] Les différents facteurs interagissent. Par exemple, l'urbanisation croissante de l'Afrique accroît la menace de nouvelles épidémies de fièvre jaune, maladie maîtrisée précédemment par la vaccination, parce qu'elle se conjugue avec l'arrivée de générations non immunisées. Cf. par ailleurs, sur les étapes, les facteurs et les mécanismes de l'émergence des virus eux-mêmes, A. Gessain et J.-C. Manuguerra, *Les virus émergents*, Paris, P.U.F., 2006, pp.31-70. On notera la distinction entre une émergence virale *vraie* (à propos du sida) ou *de connaissance* (connue, mais non identifiée jusque-là en tant que virale).

commencements successifs et de changements incessants qui en définissent le déroulement caractéristique, alternance d'élans et de monotonies : le propre de l'alerte initiale est de commencer tout le temps, selon un rapport du commencement au temps que Bergson évoquait dans *La pensée et le mouvant* en parlant d'un « jaillissement ininterrompu de nouveautés ». Or ce n'est qu'*a posteriori* qu'un vrai commencement prend son sens, lorsque ce qui n'est pas lui, mais presque son contraire, la *suite*, vient le confirmer comme tel et fait de lui autre chose qu'un évènement parmi d'autres. C'est ainsi dans son propre développement, qui en quelque sorte vient le qualifier, qu'il trouve sa validation et son authentification.

De ces caractères résultent les conditions de la « gestion de crise » en situation épidémique. Nier le commencement, penser que rien de nouveau ne se produit – c'est la tentation si fréquente du déni[1] – c'est se mettre en retard dans la perception et dans le traitement des désordres du monde. Admettre que le commencement existe et qu'il n'est pas simplement le premier moment d'une série temporelle, c'est penser que la nouveauté est possible. Comprendre l'épidémie naissante, c'est d'abord percevoir la dissonance subite dans laquelle apparaît la rupture d'un ordre ancien, avant que n'intervienne ce présent « sans mémoire et sans espoir »[2] propre à la temporalité épidémique. La vigilance est d'abord, en ce sens, la capacité de *s'attendre* au changement, l'indispensable vertu de l'accueil du neuf – de même nature que celle qui fait progresser toute science. La crise est toujours l'entrée dans un monde nouveau, dépourvu de certitude et basculant dans la défiance envers la gestion de la santé, la mise en doute de la continuité du progrès et du pouvoir de la médecine. L'émergence, cet horizon épistémologique des

---

[1] Cf. Gérard Fabre, *Épidémies et contagions L'imaginaire du mal*, Paris, P. U.F., 1998, et notamment l'analyse du déni dans la peste de 1720 en Provence et des phénomènes de minimisation de la contagion, avec l'exemple de la présentation du sida comme maladie transmissible, mais non contagieuse, la contagion étant le danger suprême qu'il faut dissimuler (pp. 206-8).

[2] Albert Camus, *La peste*, *op. cit.*, p. 1367. Du fait que le passé et le futur avaient en quelque sorte disparu, « à la vérité, tout leur devenait présent ».

temps à venir, est aussi le lieu moderne des menaces les plus anciennes[1].

Ainsi, trois rythmes se font écho : celui du mouvement des fléaux sanitaires, celui de l'enchaînement inéluctable des phases cliniques des maladies qui leur sont associées, celui, enfin, de l'émergence, au sens le plus large[2], où s'incarne le devenir dans une vision héraclitéenne de l'histoire et du temps : chaque chose n'est que ce qu'elle devient, selon un rythme qui recouvre tout à la fois des continuités et des ruptures[3]. Les épidémies tissent ensemble la fatalité du malheur selon le devenir et l'occasion d'y résister[4] selon le *logos,* illustrant la rivalité sans fin entre le

---

[1] Cette fonction est utilisée aujourd'hui dans la perspective religieuse selon laquelle les épidémies sont la réalisation de prophéties bibliques (on avait déjà présenté en ce sens la grippe espagnole comme annoncée par « l'achèvement du système de choses » de *Matthieu*, 24, 3 ou par les « pestes » de *Luc*, 21, 7, 10, 11). Le monde serait à présent, selon des *avertissements répétés*, sous la menace d'une forme virulente de grippe attendue depuis longtemps et contre laquelle il n'est pas prêt. En prédisant des épidémies pour les derniers jours, la Bible semble bien indiquer qu'il y a de quoi s'inquiéter. Mais elle donne aussi espoir : Dieu avait averti Noé d'un cataclysme imminent (*Genèse,* 6, 13- 14 et 7-1) et Jésus aurait révélé que notre époque serait semblable à celle de Noé. Ceux qui ont confiance en Dieu comme Noé peuvent donc espérer survivre à une vaste destruction (*Luc*, 17, 26-27). Et il n'y aura plus d'épidémies dans le monde nouveau : « Aucun habitant ne dira : je suis malade » (*Esaïe*, 33, 24). Les cinq premiers livres bibliques contiennent des prescriptions remarquables en matière d'hygiène, « aussi bénéfiques aujourd'hui qu'à l'époque où on les a énoncées ». Moïse peut être tenu en ce sens pour « le plus extraordinaire ingénieur sanitaire que le monde ait jamais connu », et le livre du *Lévitique* pour « un admirable traité sur l'hygiène ». Voir sur ces points Harry Wain, *A History of Preventive Medicine*, Charles C. Thomas Pub. Ltd, 1970.

[2] L'émergence présente l'intérêt d'être un concept transversal, sous lequel on peut penser des phénomènes physiques, biologiques, écologiques, économiques, sociaux, dans des systèmes dynamiques.

[3] « Je contemple le devenir, s'écrie-t-il, et personne n'a scruté si attentivement ce ressac et ce rythme éternel des choses », écrivait Nietzsche en faisant parler Héraclite, *La philosophie à l'époque tragique des Grecs*, trad. de M. Haar et M. B. de Launay, Gallimard, Paris, 1975, p. 28.

[4] De ce fait, le domaine épidémique, particulièrement à travers ce que nous avons appelé l'*épidémie moderne*, relève des analyses sur « la fatalité, le risque et la responsabilité » que fait J.-P. Dupuy dans *Pour un catastrophisme éclairé*, déjà cité, pp. 49-63.

rythme de l'être et le rythme de la pensée. En ce sens, elles sont des maladies – « collectives » et contagieuses – et en même temps, d'une certaine façon, elles relèvent d'un autre concept.

III

ÉPIDÉMIE ET MALADIE
UNITÉ ET DUALITÉ DU PATHOLOGIQUE

La santé est si difficile à définir que la médecine réussit bien mieux à la rétablir qu'à en comprendre la nature. Depuis les débuts de la philosophie médicale, dès la réflexion de Platon et d'Aristote – et le discours n'a guère changé sur ce point – la recherche d'une définition de la santé a régulièrement renvoyé à celle de son contraire, la maladie[1] : c'est dans ce rapport à sa propre négation qu'elle prend un sens et qu'elle peut enfin être pensée. Et de fait, seule la maladie existe comme un évènement objectif et défini, la santé n'est que dans son absence ou dans sa disparition. Paradoxalement, la santé apparaît donc à la fois comme un état initial, une origine (on ne peut que l'*avoir eue* d'abord puisqu'on la *perd*), et comme un concept dérivé et second, issu précisément soit de l'expérience commune[2] de la perte soit d'une conceptualisation en quelque sorte inversée du

---

[1] Cette question commune dans la pensée antique se pose tout autant, quoique d'une autre façon, dans le contexte du savoir et du pouvoir médical modernes. La définition de la santé par l'O.M.S. reflète cet embarras : « la santé n'est pas seulement l'absence de maladie ou d'infirmité. C'est un état complet de bien-être physique, psychique et social » (*Constitution de l'O.M.S.*, 1946, Préambule). Cet état est pourtant celui de personnes porteuses d'affections diverses dont la maladie est contrôlée par un traitement, tels ceux qui ont une « santé insulinienne », et en outre la notion de *complet bien-être* reste à définir.

[2] Voir sur ce point G. Canguilhem « La santé : concept vulgaire et question philosophique », *Écrits sur la médecine*, pp. 49-52. On peut *se sentir* en bonne santé, on ne peut jamais savoir qu'on l'*est*, et Kant a bien montré que la santé est « un objet hors du champ du savoir », un concept non pas scientifique, mais « vulgaire ».

savoir établi sur l'état pathologique qui est son parfait contraire. La santé est un concept *en creux*, elle est à chercher dans « un lieu caché », selon la belle formule de Gadamer[1]. Le médecin ne peut jamais montrer la santé de ses patients comme étant son œuvre, ni même comme étant une œuvre : objet de la médecine, la santé reste insaisissable en tant qu'objet[2].

Aristote considérait ainsi la santé comme appartenant à un monde séparé et inaccessible[3] et il s'appuyait afin de démontrer ce qu'elle a précisément d'insaisissable sur l'exemple, emprunté au modèle épidémique, de la contagion : alors même, notait-il, que « dans certaines maladies, ceux qui s'approchent tombent malades », on sait bien par expérience que « personne ne guérit par contact avec la santé »[4]. Mais cet exemple même renvoie à une significative dissymétrie. S'il est vrai que le contact avec la santé ne produira jamais le moindre effet thérapeutique, il existe en revanche de multiples modalités du pathologique, c'est-à-dire plusieurs sortes de contraires de la santé : par exemple celui qui suppose un contact, quelle qu'en soit la nature, et un autre qui advient de lui-même, sans autre origine que le corps, sans autre lutte que celle des forces intérieures. La ligne de partage entre la maladie contagieuse et la maladie comme rupture d'un équilibre est presque aussi ancienne que la médecine, bien que la contagion ait été pendant longtemps perçue d'une manière très imprécise, ainsi que nous l'avons vu.

---

[1] H.-G. Gadamer, *Philosophie de la santé*, trad. Marianne Dautrey, Grasset-Mollat, 1998, p. 123 et suivantes.

[2] Elle est en même temps, selon le point de vue qu'on adopte, le pôle positif de l'échelle des biens et des maux du corps ou bien au contraire un degré neutre sur cette même échelle, comme en témoigne le langage commun : dire *la santé*, c'est tantôt désigner la *bonne santé*, et tantôt, si le mot est qualifié, dire la *bonne* ou la *mauvaise* santé. L'analyse de cette ambiguïté essentielle du concept de santé a fait l'objet d'une attention constante dans la philosophie antique, bien que le grec recoure à un lexique différent pour désigner le sain et la santé d'une part, la maladie d'autre part. Voir par exemple dans Platon, *Lysis*, 217 a-220 c, *Hippias mineur*, 374 d-c, *Gorgias*, 478 c-d, *République* IX, 58 d. etc.

[3] Aristote, *Métaphysique*, 1129 a, 10-20.

[4] *Problèmes*, VII, 4.

La distinction hippocratique classique, qui s'est maintenue très tard, portait sur deux catégories, les maladies collectives et les maladies individuelles. Les premières englobent les phénomènes épidémiques au sens large, attribués aux *miasmes*, les secondes résultent principalement du « mauvais régime »[1]. Les pestilences telles que la peste d'Athènes forment en réalité une catégorie particulière, qui relève du mal collectif, mais par bien des points s'en distingue. À cette époque, l'épidémie meurtrière est en pratique extérieure aux frontières du médical, tout en n'étant pas encore concevable en termes proprement *sanitaires*. Jusqu'au début du 19e siècle, les modalités de la transmission rendront très instable la catégorie d'épidémie elle-même : ainsi on admettra que le typhus se propage d'abord par une contagion interhumaine, à partir d'une « puanteur » locale, puis dans un second temps par les miasmes que la présence des malades génère dans l'atmosphère, qui à leur tour répandent la maladie. Une telle épidémie est en permanence un ensemble de liaisons aléatoires entre des éléments intrinsèquement non épidémiques.

Plus avant dans le siècle, et *a fortiori* depuis, à mesure que les épidémies seront comprises et ramenées à des maladies, les deux concepts sembleront se rapprocher, voire se confondre. Ce mouvement contribue à faire reculer la conception ancienne de l'épidémie comme fléau, ce qui semble conforme à une vision moderne, marquée par un plus grand souci de rationalité, sans pour autant éliminer la fonction traditionnelle de menace et la perspective d'une sorte d'émergence apocalyptique qui a été de

---

[1] Cette prédominance de la diététique sur une bonne partie de la médecine ne prendra pas fin avec le monde grec antique. Elle est encore de mise au 17e siècle, et c'est en parlant des aliments que Descartes soutient que « l'homme, à l'âge de trente ans, ne doit plus avoir besoin de médecin, parce qu'à cet âge il peut savoir assez lui-même, par expérience, ce qui lui est utile et nuisible, et être ainsi son propre médecin », *Entretien avec Burman*, *Œuvres et lettres* Gallimard, 1952, p. 1402. C'est dans ce texte que Descartes rappelle que « si nous sommes malades, la nature reste néanmoins la même » et « semble jeter l'homme dans les maladies pour pouvoir se tirer mieux d'affaire ». Cf. à ce sujet G. Canguilhem, *Le normal et le pathologique*, p. 12 : « l'organisme fait une maladie pour se guérir », la maladie correspond à « un effort de la nature en l'homme pour établir un nouvel équilibre ».

tout temps au centre du concept épidémique. Or ce concept est, comme tout autre, un outil de mise en ordre du réel, et de la même manière qu'il s'est révélé à certains égards infécond et trompeur de rassembler sous *épidémie* tout ce qui « touche le *démos* », dénommer *épidémique*, dans l'acception moderne du terme, toute maladie qui se répand davantage et plus vite qu'à l'habitude et selon une forme déterminée de transmission qu'on appelle contagion peut apparaître insuffisamment pertinent.

Ainsi la forme épidémique d'une pathologie n'a pas la même importance ni, par conséquent, le même sens s'il s'agit d'une maladie courante, généralement bénigne, comme un épisode de grippe banale ou une maladie éruptive infantile, survenant dans une situation naturelle de vulnérabilité à l'âge où se constituent peu à peu les défenses immunitaires. La varicelle, la rougeole, les oreillons, tout comme la grippe, présentent potentiellement des risques graves et même mortels chez certains malades, mais ces risques apparaissent liés aux sujets atteints, à des facteurs surajoutés ou à des évolutions défavorables particulières, plutôt qu'aux effets intrinsèques de la maladie. Même si elles ont par ailleurs tous les attributs d'un mal qui court, elles illustrent le paradoxe d'Ionesco dans *Rhinocéros* : « il y a des maladies qui sont saines ».

D'autre part, dans une épidémie, le véritable risque, lié à la gravité de l'atteinte, réside aussi dans l'incertitude du savoir et dans les difficultés qu'elle entraîne en matière de traitements, dans la nouveauté et même dans une certaine imprévisibilité du mal. La tuberculose a été un fléau au même titre que la lèpre, mais, conçue longtemps comme héréditaire, elle ne sera définie comme contagieuse qu'au moment où seront identifiée sa cause et découvert son traitement[1] : ses traits épidémiques, qui se traduisent par les mesures d'isolement des porteurs de bacille et de protection de leur entourage, vont se trouver alors en grande partie effacés. Il n'y a plus d'épidémie vraie dans une situation

---

[1] Sur la tuberculose, voir notamment D. Dessertine et O. Faure, *Combattre la tuberculose (1900-1940)*, Presses Universitaires de Lyon, 1988.

d'où se sont entièrement absentés ce que nous avons appelé, à propos de la peste antique, le désordre et l'énigme[1]. Il n'existe plus, pourrait-on dire, d'épidémie au sens historique du terme au-delà d'un seuil déterminé de connaissance et de maîtrise médicale du mal, car elle cesse alors d'exister en tant que telle, même si demeure la pathologie dans laquelle elle s'incarnait, désormais déclassée et banalisée en épisode contagieux. Sont à considérer réellement comme épidémiques, en un sens majeur, les seules alertes qui défient le savoir et désorganisent l'action.

La « maîtrise » scientifique et thérapeutique opposable à une pathologie donnée est de nature à la contenir et donc à la faire régresser du niveau épidémique au stade de l'endémie : elle détermine le déplacement de ce qu'on pourrait appeler un seuil épidémique qui délimite, au sein de la catégorie du contagieux, la zone en fin de compte indéfiniment changeante à laquelle correspond épistémologiquement le concept d'épidémie. L'épidémie se définit alors comme le processus par lequel se répand, selon un schéma spatio-temporel reconnaissable, une pathologie menaçante par son extension potentielle et sa gravité, et dont le mécanisme, le développement et la thérapeutique échappent, au moins en partie, à la connaissance et à la prévision, induisant une perturbation collective de la pensée et de l'action. Cette définition écarte à la fois l'usage métaphorique et la conception purement quantitative, sans référence à une contagion, de la notion d'épidémie, mais elle en intègre la dimension essentielle d'émergence *en acte*[2].

Définir l'épidémie, c'est nécessairement intervenir dans le champ conceptuel du pathologique. Si « toute détermination est négation », conformément à la formule spinoziste, le domaine de l'épidémique existe en opposition à ce qu'on doit maintenir

---

[1] Cf. *supra*, ch. I.

[2] Sur la qualification épidémique des maladies transmissibles et le coefficient d'*épidémicité*, voir l'article d'A. Spira dans le *Dictionnaire du corps* déjà cité, pp. 345-346. Est également précisée la difficulté – hautement significative – d'apprécier la situation épidémique dans les maladies non transmissibles, et la polémique née par exemple de multiples cas de leucémie à proximité d'un site nucléaire en 1997.

hors de ses limites. L'oubli de ces limites conduit, à l'inverse, à voir dans le tableau moderne des pathologies prises dans leur ensemble un vaste système épidémique. Ainsi on a pu considérer, par exemple, que « l'explosion des affections de longue durée, plus 73 % en dix ans », qui représentent « 85 % des dépenses en A.L.D., et viennent de quatre groupes de maladies, maladies cardio-vasculaires, cancer, diabète et affections mentales », est une « épidémie moderne ». Une telle analyse[1] prend évidemment tout son sens dans le contexte de l'évolution des dépenses de santé, mais elle contribuerait à imposer, si elle était généralisée, une espèce de variante purement statistique du modèle épidémique, où ne subsisterait plus de l'épidémie que l'idée – qui en est certes issue – d'une lutte *préventive*. La prévention est comme on sait une notion à succès de l'ère médiatique, même si elle finit par devenir le contraire de ce qu'elle contenait initialement : on parle le plus souvent de prévention pour désigner en fait l'action à mener alors que le mal est déclaré, ou l'action qu'il aurait fallu mener afin d'empêcher qu'il se déclare. Cette ambiguïté n'est pas propre au domaine de la santé : à un échec, un crime, une émeute, ou une affaire judiciaire mal conduite, on prétend aussi répondre par des mesures de prévention, par une précaution après coup, alors que la situation montre précisément qu'on n'a pas su *prévenir*. Dans une épidémie, on peut distinguer aisément la prévention, qui s'adresse aux bien-portants, du soin qui, du moins quand il existe, s'adresse aux malades[2].

Sur ce point, rien ne sépare l'épidémie d'une autre maladie, même si les deux notions se différencient, à d'autres égards, de façon radicale. De façon générale, toute nosologie qui se fonde sur des critères symptomatiques ou anatomo-pathologiques tend

---

[1] *Libération* du 23 mai 2007, page « Rebonds ».

[2] Le discours médiatique s'appuie volontiers sur la confusion de ces genres. On pourra consulter, sur la prévention « voiture-balai de l'utopie médicale » et de la Faculté « se retournant dubitativement sur son activité », l'étude de F. Prévoteau du Clary, dans le *Dictionnaire de la pensée médicale*, déjà cité, pp. 894-898.

à les situer sur le même plan. Le classement selon des critères biochimiques rapproche les *erreurs* commises par l'organisme, sources de maladies telles que le diabète, et les lésions qui sont provoquées par des virus. Seul le modèle bactériologique, né de la révolution pastorienne, a permis une clarification d'ensemble, mettant en évidence ce qui fait des épidémies des *maladies* et ce qui au contraire les constitue en une catégorie séparée au sein du pathologique.

L'épidémie est évidemment une maladie, un trouble apporté aux corps, avec souffrances et risques mortels. Si l'on voit en elle une concentration de cas de « modification de la santé », on la rangera sous le concept général de pathologie. Elle présente cependant des caractères spécifiques qui en font une catégorie identifiable. Tout d'abord, les conditions de son apparition : il faut que les individus réceptifs soient en nombre suffisant au sein d'une population donnée et que le germe (virus, bactérie...) se trouve présent dans un réservoir, sol, animal ou homme[1]. Ces deux caractéristiques sont essentielles : la première renvoie à la lutte qui se livre dans le champ spécifique de l'immunisation, la seconde à la stratégie de la rencontre entre l'homme et les germes qui le menacent, à l'affrontement millénaire entre des acteurs ennemis et complémentaires du règne du vivant. Les deux aspects, en fait, se conjuguent : l'épidémie est une attaque par des agents animés, microscopiques et ultramicroscopiques, avec une complicité des organismes atteints, puisque seuls sont concernés ceux qui n'ont ni immunité ni « indifférence ». Dans l'épidémie, le mal vient de l'extérieur, mais c'est de l'intérieur qu'il est finalement actif, la maladie étant une réalité complexe, faite à la fois de la sensibilité à ce qui la cause, de la réaction de défense qui lui est opposée et de l'acquisition de ce qui pourra désormais en protéger. L'immunité, étymologiquement exemption de charges (*immunitas*, de *munus*), est bien une remise, une

---

[1] Si la maladie n'a pas de transmission interhumaine, un agent de transmission est également nécessaire (un insecte, un aliment…). Cf. l'analyse synthétique de J. Ruffié et J.-C. Sournia, *Les épidémies dans l'histoire de l'homme, Essai d'anthropologie médicale*, Flammarion, 1993, p. 197 et suivantes.

dispense, associée en quelque sorte à un prix déjà payé. C'est un même concept qui réunit les mécanismes de défense opposés à un organisme pathogène et les mécanismes biologiques qui seront installés en vue du maintien de la santé : à la différence de la maladie, qui est la santé pervertie, l'affection épidémique est la suppression brutale de la santé suivie d'une garantie de son maintien futur sous l'angle où elle a été d'abord attaquée[1]. Cet équilibre est inversé dans le mécanisme de l'allergie, où la cause du mal a pu être d'abord bien supportée, jusqu'à ce que le contact devienne agression sous l'effet de changements qui sont donc le fait de l'organisme. Éminemment individuelle, l'allergie est logiquement dans une position symétrique de l'épidémie par rapport aux maladies qui surviennent sans intervention d'agent extérieur – encore que l'organisme ne soit jamais parfaitement indépendant de son milieu et que l'idée de causalité purement endogène des maladies soit difficile à soutenir jusqu'au bout devant les séries étiologiques complexes que la recherche met chaque jour un peu plus en évidence.

Se dessine ainsi, néanmoins, en opposition à un infiniment individuel de la pathologie – qui triomphe dans l'allergie – une zone de l'infiniment collectif avec le règne épidémique, où se jouent, illustrées par le mécanisme de l'immunité, les relations entre espèces et la cohabitation au sein du vivant, dans un équilibre qu'un infime changement peut venir compromettre. Une mutation bactérienne peut ainsi générer de nouveaux malheurs, comme l'a rappelé par exemple la légionellose. À l'inverse, une modification écologique passée inaperçue mettra un terme à un danger qui était jusque-là bien réel. La « suette anglaise » a disparu peu à peu au 19e siècle, aussi mystérieusement qu'elle était apparue quatre cents ans plus tôt. Ce mal épidémique dont l'étiologie est demeurée inconnue, comportait une fièvre et une

---

[1] Sur la définition de l'immunité, voir J.-P. Revillard, *Immunologie*, De Boeck Université, 1995 : « ensemble des mécanismes biologiques permettant à un organisme pluricellulaire de maintenir la cohérence des cellules et tissus qui le constituent et d'assurer son intégrité en éliminant les substances étrangères et les agents infectieux auxquels il est exposé ».

transpiration importantes, ainsi qu'une mortalité élevée. Après avoir touché à plusieurs reprises l'Angleterre aux 15e et 16e siècles, elle s'était interrompue d'une manière aussi incompréhensible par la suite, seuls des épisodes localisés de suette dite *miliaire*, parce qu'ils s'accompagnaient d'une éruption cutanée évoquant la forme d'un grain de mil, se produisant, en France cette fois, à diverses reprises au cours du 19e siècle[1].

Le règne épidémique est ainsi à la fois celui de l'éphémère et celui du rémanent, perpétuellement en train de se faire et de se défaire et à ce titre toujours présent même quand il semble muet ou inactif. L'*adaptation* qui en fonde la stabilité momentanée est à la merci du moindre changement, d'un segment d'A.D.N. de virus qui provoquera des réactions différentes et peut-être de nouvelles pathologies, d'une « niche écologique » qui apportera des maladies jusque-là réservées à d'autres espèces, ainsi que l'ont confirmé récemment ces zoonoses transférées à l'homme

[1] Notamment en 1851 à Pézenas. Cette forme, infectieuse et épidémique, avait été endémique dans certaines régions de la France depuis 1718. Le rythme caractéristique en est l'éruption au bout de cinq à dix jours, avec une durée totale de deux à trois semaines. La mortalité y est minime, alors qu'elle est importante dans la forme de suette dite *maligne*, dont les malades meurent en quelques heures. Apparue en 1485, en Angleterre, elle avait frappé à quatre reprises avant de « s'évanouir » en 1551, tuant environ 20 000 personnes, soit plus de 0,5 % de la population. Le déboisement, en tant qu'intrusion humaine dans la nature, a été depuis mis en cause : il aurait bousculé les équilibres écologiques, chassant le virus de ses hôtes antérieurs et le mettant en contact avec des populations assez nombreuses pour entretenir une épidémie. Le mal semble bien être apparenté à une forme de grippe. De la même manière, une encéphalite léthargique, identifiée par von Economo, sévit en Europe à peu près à la même époque que la grippe espagnole puis disparut deux ans plus tard. Les « échanges entre espèces » sont parfois évoqués dans le cas de brefs épisodes épidémiques, l'hypothèse probable étant alors l'immunisation rapide de l'homme. Les exemples d'épidémies meurtrières liées à une intrusion humaine en milieu naturel sont très nombreux : hémorragies de Durba en République démocratique du Congo (*filovirus*, 1998), fièvre de dite de Marburg (*filovirus*, 1967), maladie de Lyme dans les années 1970, liée au reboisement (infection bactérienne potentiellement mortelle des articulations, du cœur et du cerveau, transmise par les tiques).

et que l'on connaît sous le nom de fièvre d'Ebola, nécessitant à partir de 1976 un isolement radical digne d'un autre âge, ou de fièvre de la Vallée du Rift, les barrages et l'irrigation qu'ils ont permise entraînant la libération et le transport d'un redoutable virus[1]. Et des centaines d'autres virus présents silencieusement pourraient rencontrer l'homme dans sa longue marche vers le défrichement et la conquête du territoire planétaire[2], sans parler des réveils, des extensions ou des aggravations d'épidémies qui reprennent vie, comme la tuberculose, éliminée en Occident par l'amélioration des conditions de logement et les médicaments, mais responsable dès les années 90 de plus de trois millions de morts dans le monde chaque année[3], ou encore qui sont jugées bénignes et à un moment donné cessent de l'être, à court ou à long terme : la rubéole chez la femme enceinte, l'hépatite B ou C, et toutes sortes de maladies préalablement inconnues, liées à des germes qui peuvent à tout moment entrer dans l'organisme.

---

[1] Il s'agit de fièvres comportant des hémorragies profuses, dont les virus sont apportés à l'homme par des vecteurs comme le moustique. Sur ces maladies et sur les phénomènes d'émergence liés à l'évolution du monde viral, on pourra consulter l'étude synthétique d'A. Debroise, *Les maladies émergentes Quand les virus voyagent*, Paris, Larousse, 2006.

[2] On considère que les forêts sont de ce point de vue des *foyers d'émergence* parce que les conditions y sont favorables au développement des virus et des bactéries. De même, l'installation de parcs près des villes est à rapprocher de la percée de la maladie de Lyme, par exemple. Le surgissement de nouveaux virus (différentes estimations ont montré qu'il en existait potentiellement 600 dans les années 1960-1980) n'entraîne d'épidémies qu'à certaines conditions, dont l'antériorité de la contagion par rapport aux signes cliniques, qui favorise la diffusion, et la faiblesse de la réponse immunitaire dans un premier temps (*id.*, pp. 38-39).

[3] Pour le « retour » de la tuberculose, les spécialistes mettent en cause l'usage laxiste des antibiotiques, qui a permis à des bacilles mutants de constituer des souches résistantes, ce qui illustre la manière dont les épidémies sont sous l'influence non seulement de ce qui les cause, mais paradoxalement, à travers de tels « rebonds », de l'efficacité même des moyens mis en œuvre pour les combattre. Autres résurgences, celles de la diphtérie, du choléra, revenu en Amérique latine en 1990 après un siècle d'absence, et surtout du paludisme, un temps considéré comme éradiqué, mais qui, « favorisé » par l'interdiction du D.D.T. contre son vecteur le moustique, concerne 400 millions de cas par an et près de deux millions de morts, dont 90 % en Afrique.

Certes, la frontière tend à se déplacer depuis que les proto-oncogènes et oncogènes ont été identifiés comme déclencheurs de processus cancéreux, la vocation du modèle épidémique au sein de la pathologie s'en trouvant en quelque manière élargie. Certaines maladies épidémiques ou endémiques ont pour effet de diminuer les défenses immunitaires et de favoriser ainsi la venue d'autres maladies, conséquences indirectes de l'affection principale[1], ce qui modifie également les lignes de partage. Il existe néanmoins un univers épidémique, fait d'équilibres sans cesse remis en cause, de compétitions, d'annexions et de modifications qui sont la vie même, en opposition avec le système infiniment plus stable des maladies par lesquelles l'organisme accomplit son destin, se met en danger et dans certains cas se détruit lui-même. Entre les deux passe une limite, une sorte de ligne pandémique imaginaire. Les grandes pandémies, *a fortiori* les pandémies planétaires, se produisent ou tout au moins sont possibles quand intervient une transmission interhumaine, en d'autres termes quand tout se passe comme si un processus d'appropriation de la maladie par l'homme était arrivé à son terme, comme si la maladie s'intégrait alors aux affections qui ne relèvent pas du système épidémique universel, mais de cette intimité du pathologique qui réunit les seuls humains et qui est l'objet propre de la médecine. En ce sens, la pandémie absolue est celle où l'épidémie se nie dans l'universalité du mal.

En deçà, épidémie et maladie s'opposent sur presque tous les points : leur mode d'apparition, leur statut et leur rapport au soin et à la guérison, leur relation à la médecine, leur sens par rapport aux destinées individuelles et collectives. L'épidémie s'impose puis s'évanouit, se répète parfois, identique ou non, au contraire des maladies, qui se maintiennent à travers le temps dans des formes relativement stables : mêmes symptômes, évolutions analogues attendent les hommes, atteignant leur santé de

---

[1] Voir plus loin, p. 78 et suivantes. Dans les pays développés, le sida a multiplié par trois les cas de tuberculose au début des années 90. Voir aussi, sur l'épidémie de sida, ch. VI, p. 169 et suivantes.

façon à peu près constante à toutes les époques[1] – c'est cette constance même qui a permis l'invention de la médecine. Celle-ci a changé, et avec elle les connaissances, les techniques, les traitements, et non les pathologies, si du moins on met de côté ce qui dans leurs modifications est lié à leur description et à leur interprétation, au sens où Michel Foucault disait dans *Naissance de la clinique* qu'« il n'y a de fait pathologique que comparé ». Le passage d'un monde à l'autre est un basculement global du système de morbidité et de mortalité, particulièrement net dans la seconde moitié du 19e siècle, avec une prédominance de plus en plus marquée des maladies chroniques, suite aux succès remportés dans la lutte contre les épidémies. Mais ces maladies chroniques ne font ce « retour » que par rapport à des siècles de *pestilences* et elles ne se replacent au centre de la réalité médicale qu'en raison de la pause épidémique qui redonne à la maladie et à la mort la possibilité de choisir d'autres voies et d'exercer à leur manière la régulation de la vie qui leur avait été confisquée. Montaigne faisait déjà avec lucidité la distinction entre la peste « véhémente » et toutes les autres maladies qu'on « prenait pour peste », la confusion entre les deux n'étant pas le moindre des effets de l'imagination qui, dit-il, « enfiévrait » la santé même[2], signe de la force momentanée d'un modèle par rapport à son contraire, pourtant essentiel à la pensée médicale.

C'est qu'au contraire de la maladie, qui donne l'occasion de penser, tout autant que de le subir, le destin corporel, l'épidémie le plus souvent en détourne, en dispense, voire en empêche. La peste, dit encore Montaigne, est une mort qui « ne semble des pires, elle est communément courte, d'estourdissement, sans douleur, […] sans cérémonie, sans deuil, sans presse » : elle est une mort qui fait mieux que la mort le travail de la mort.

---

[1] Le champ de la maladie s'est néanmoins élargi, le corps moderne est exposé à davantage d'agressions : cf. sur ce point le *Dictionnaire du corps*, déjà cité, pp. 539-542.

[2] Montaigne, *Essais*, III, 12. La maladie « populaire », selon le terme utilisé pour désigner l'épidémie, est pensée par Montaigne d'une manière qui la sépare totalement de la maladie, celle-ci accompagnant la vie puis la vieillesse et la venue de la mort.

Elle est l'annonce de l'irréversible, le départ donné pour un voyage sans retour et dont nul ne profite. La maladie appelle le soin, elle instaure une attente, celle de la guérison, alors qu'au contraire l'épidémie est ce qu'on fuit et ce qu'on *enraye* : on n'en guérit pas, on en *réchappe*. L'œuvre humaine est de la réduire, de la supprimer, de la condamner à cette mort dont elle-même est la menace agissante. Seuls les fuyards s'y soustraient et seuls des héros sont en mesure de la vaincre : rescapés qui seront désormais immunisés, *porteurs sains* et autres protégés de la nature…

Aucun survivant n'a été au sens propre *guéri* : la guérison suppose, comme l'a rappelé Canguilhem, une « réversibilité des phénomènes dont la succession constituait la maladie », elle ne se conçoit que comme « la fin d'une perturbation et le retour à l'ordre antérieur »[1]. Cependant, ce retour de l'organisme sur le désordre qui l'a affecté n'est pas de même nature si celui-ci est issu d'un « risque du vivant *en tant que tel* », d'une forme de « dépérissement organique » qui traduit la présence chronique de la mort dans la vie, ou bien d'une agression externe, d'un choc venu d'ailleurs et dont le corps pris en otage n'est que le relais. Dans le premier cas, la maladie[2] traduit une « existence sous menace de congé », dans le second, un mal rencontré, un

[1] G. Canguilhem, « Une pédagogie de la guérison est-elle possible ? », dans *Ecrits sur la médecine*, *op. cit.*, pp. 74-75. L' « ordre antérieur », cependant, ne peut jamais être intégralement restitué. Cf. sur ce point *Le normal et le pathologique*, pp. 128-129, où sont reprises les conclusions de Goldstein : la guérison est l'apparition d'une « nouvelle norme individuelle », d'une part, et « la vie ne connaît pas la réversibilité », d'autre part.

[2] *Id.*, pp. 34-35et 47-48. Canguilhem cite « la peste, le cancer, le zona, la leucémie, l'asthme, le diabète » comme « autant d'espèces de désordre organique » (p. 35) en les situant d'abord sur le même plan. La notion de « précarité des structures organiques » qui intervient plus loin (pp. 47-48) introduit une division importante que confirment les propos empruntés aux lettres de Freud à Lou Andréas-Salomé : la maladie « contraint à s'avouer mortel », l'épidémie tue – ou épargne – sans rien donner à comprendre. On ne peut guère appliquer à la peste, par exemple, l'idée que « les maladies sont des crises de croissance vers la forme et la structure adulte des organes » (p. 46).

accident, et sa cessation ne peut être tenue pour une réversion.

Le mal épidémique, en créant à sa suite l'immunité, modifie la situation antérieure au lieu de la rétablir, ne se rapprochant de la maladie – dont il tend alors à partager le statut – que dans certaines atteintes à forme chronique. Ainsi, la tuberculose, au rebours d'autres grandes épidémies, a longtemps donné lieu à une rencontre individuelle avec le dépérissement, à une approche personnelle de l'issue fatale dont on sait toute la dimension « romantique », malgré les aspects très marqués de maladie « sociale » et même en liaison avec eux[1]. Thomas Mann montre dans *La montagne magique* toute la fascination de Hans Castorp pour la mort dans l'univers clos du sanatorium de Davos, mais également sa passion pour l'univers médical et son installation consentie dans un mal chronique. En ce sens, la transformation d'une simple visite à son cousin en un véritable séjour figure bien le passage de la circonstance épidémique à la temporalité d'une pathologie avec laquelle il est possible de vivre et même *dont* on peut vivre : « il ferait un bon malade », a estimé le docteur Behrens, comme s'il avait à recruter un pensionnaire non sur son état,[2] mais sur sa vocation à *vivre une certaine vie.*

La maladie est ainsi par elle-même possibilité de vie. Même la craindre est encore avoir un avenir : ceux qui relèvent d'une longue maladie, note Sénèque, redoutent une rechute et c'est un grand avantage d'avoir ainsi « le corps suffisamment guéri, mais pas encore habitué à la santé »[3]. Être malade, c'est s'adapter à la maladie, à la fois lutter contre elle et *faire sa vie* avec elle. Au contraire, l'épidémie ne laisse habituellement pas le temps de vivre son mal, d'en être le bénéficiaire en même

---

[1] Sur les soins au sanatorium, voir aussi plus loin, ch. V, p. 116 sqq. et ch. V, p. 166 sq. Sur la tuberculose en tant que « maladie Janus à double visage », « belle » et stigmatisée, voir l'analyse de P. Bourdelais, *op. cit.*, pp. 180-189.

[2] Cf. Th. Mann, *La montagne magique*, trad. M. Betz, éditions Fayard, p. 120 : le docteur Behrens, directeur du sanatorium, a indiqué plus tard, à l'examen, des motifs plus médicaux d'admission, et notamment un état anémique.

[3] Sénèque, *De la tranquillité de l'âme*, II, 1. Cf. aussi le livre XI, dans lequel les notions de « circonstances extérieures » ou de « mal survenant à l'improviste » tracent la limite entre maladie et épidémie.

temps que la victime. Sa soudaineté lui confère un aspect irrationnel, lui fait contredire l'idée d'une nature qui ne ferait « rien au hasard », selon la formule qu'Aristote empruntait au *Timée*, ainsi que la responsabilité de chacun dans son propre état de santé et la possibilité d'en être la cause efficiente. Le sage stoïcien accepte la maladie et la mort, il doit même, dit Marc-Aurèle, se montrer « content d'elles » comme de choses « que veut la nature ». Cependant, le texte des *Pensées* écarte implicitement l'épidémie en représentant avec insistance la mort comme élément *régulier* du cycle de la vie, mis sur le même plan que « l'adolescence, la vieillesse, la croissance, la maturité, la poussée des dents, de la barbe, des cheveux blancs, la fécondation, la grossesse, l'accouchement et tous les évènements naturels [...] »[1]. L'épidémie correspond à une rupture de « l'équilibre entre la volonté du destin et la volonté humaine », comme disait Goldschmidt commentant Marc-Aurèle[2].

Du reste l'épidémie passe, elle peut être vaincue. La volonté des hommes est alors plus forte que celle du destin : la variole, qui avait fait tant de ravages et pendant si longtemps, a été vaincue finalement par la vaccination et éradiquée après deux siècles d'efforts, vers l'extrême fin des années 70 – peu avant l'apparition du sida – ne donnant plus lieu qu'à une surveillance épidémiologique. La délimitation entre l'épidémie et la maladie est donc aussi dans leur relation avec la médecine, qui est une *technè,* supposant un savoir de la maladie assorti d'un art du soin. Or la situation épidémique est marquée par l'absence de l'un au moins de ces éléments et même le plus souvent des deux

[1] Marc Aurèle, *Pensées*, in *Les Stoïciens*, trad. d'Émile Bréhier, Gallimard, Paris, 1962, IX, 3, p. 1213.

[2] V. Goldschmidt, *Le système stoïcien et l'idée de temps*, Vrin, Paris, 1998, p. 101. Voir dans les *Pensées*, V, 8, le célèbre passage où est fait le parallèle entre le cours des évènements et les « ordonnances d'Esculape », qui s'achève par le précepte : « considère ainsi l'achèvement et l'accomplissement des desseins de la nature comme ta propre santé ». L'idée apparaît d'évènements extrêmes qui relèvent d'une sagesse supérieure car « un être intact est mutilé si on coupe n'importe où la jointure ou la continuité des causes » - et une telle coupure est notamment celle de l'épidémie.

à la fois. Elle est en ce sens le révélateur de l'impuissance si souvent oubliée du savoir humain à des moments où l'on attend tout lui. Elle entraîne la désillusion avec d'autant plus de force, désormais, que la modernité est avant toute chose le rêve d'un univers sans risque, la continuelle promesse d'une santé parfaite dans laquelle Michel Foucault voyait un *mirage* et Ivan Illich le produit éminemment paradoxal des sociétés mortifères.

La médecine épidémique est celle d'une perpétuelle urgence *par défaut*, à l'ère de la médecine d'urgence. Le *chikungunya*[1], par exemple, a mis une nouvelle fois en évidence le silence du savoir médical et le retour à l'empirisme qui en résulte dans l'attente d'un discours scientifique sur un mal inconnu. Jamais la science n'est aussi aimée que lorsqu'elle est absente et que la souffrance et la peur viennent rappeler qu'elle a seule le pouvoir d'améliorer le sort des hommes. La médecine en tant que savoir est sans cesse menacée d'être en retard sur la nature, lieu du désordre chaotique et de la nouveauté sans fin. La comparaison entre la maladie et l'épidémie est celle de *Chronos*, modèle du rythme régulier de la danse, et de *Kairos*, modèle du saut, aux mouvements saccadés et imprévisibles. Le premier est docile, il donne prise à l'effort humain et fournit le moyen de gouverner le monde, en l'occurrence la santé ; le second est indomptable et il porte au fond de lui l'anéantissement de toutes choses et leur renaissance[2]. Le discours du savoir médical s'établit dans l'un et il ne cesse, avec le second, de connaître tour à tour l'épreuve

---

[1] En 2006, l'épidémie avait touché environ 40% de la population de l'île de la Réunion, soit 300 000 personnes, provoquant directement ou indirectement 254 décès. En 2007, elle est apparue au Gabon, où plus de 300 cas par jour étaient recensés à Libreville dans un premier temps. Une désinsectisation, menée avec le soutien de l'O.M.S. était jugée nécessaire sur une période d'un an, éventuellement étendue à d'autres régions du pays.

[2] Cf. E. Moutsopoulos, *Kairos, la mise et l'enjeu*, Paris, Vrin, 1991. *Chronos* est décrit comme le « seigneur du rythme obstiné » et *Kairos* comme le détenteur du pouvoir de choisir et le maître de la mesure. Ces catégories permettent aussi d'aborder la question de la décision médicale appliquée à une épidémie en tant qu'évènement qui induit, du point de vue de la temporalité, une forme très spécifique d'urgence collective.

de la mise en cause et le triomphe de la découverte. C'est dans cet intervalle que s'installe l'épidémie, signe du surgissement du mal, de l'instabilité des modèles ontologiques et du règne de l'émergence.

Chaque fois, néanmoins, le silence du savoir n'aura qu'un temps, plus ou moins long selon l'époque, car la recherche de la vérité s'accélère de ses propres résultats. En fait, si elle échappe d'abord à la médecine constituée, l'épidémie ensuite la renforce de l'exigence et de l'urgence qu'elle porte en elle, qui rendent insupportable l'attente non seulement du moyen de secourir la souffrance et d'apporter le soin, mais du retour à ce « rapport absolu nécessaire des choses », qu'évoquait Claude Bernard[1] et qui est la marque aussi bien que la condition de la connaissance. L'histoire des sciences montre bien comment la rupture qui est au cœur de l'épidémie a rencontré – et très souvent déterminé – la rupture épistémologique, au sens bachelardien, dont dépend le progrès de la connaissance[2]. Après des siècles d'ignorance, où elle a contribué à la prospérité d'interprétations magiques ou religieuses qui maintenaient à l'écart une science impuissante et inconsistante, l'épidémie est devenue le terrain des plus grandes conquêtes du savoir biologique, celles qui allaient changer aussi toute la médecine des maladies, dans un extraordinaire partage au sein de l'unité par moments retrouvée du pathologique. C'est aux épidémies que l'on doit une bonne part de l'instrumentation savante mise au service de la recherche, c'est à elles encore que

---

[1] Claude Bernard, *Introduction à l'étude de la médecine expérimentale*, 1ère partie, chap. II, § III. Il s'agit de la définition du déterminisme, objet de la nécessaire *foi* du savant, par-delà l'indispensable esprit critique, que Claude Bernard appelle *doute philosophique*.

[2] Cf. G. Bachelard, *Le matérialisme rationnel*, Paris, P.U.F., 1972, p. 207 et suivantes. Les exemples de cette rencontre sont particulièrement nombreux au 19e siècle, au moment « historique » que constitue l'ère pastorienne et aussi un peu avant, par exemple avec l'épisode célèbre des découvertes d'Ignace Semmelweis sur les fièvres puerpérales. Dans ce dernier cas, c'est en un sens la rupture elle-même qui est l'indicateur du caractère épidémique. Voir sur ce point le récit de L.-F. Céline, *Semmelweis*, Gallimard, Paris, 1999, ou bien l'analyse de C. G. Hempel dans *Éléments d'épistémologie*, A. Colin, Paris, 1972, pp. 5-9.

l'on doit l'identification de ce qui formait jusque-là un univers invisible. La médecine expérimentale a eu pour point de départ la révolution bactériologique lorsqu'elle a pris le relais d'une clinique et d'une hygiène incapables de juguler, faute d'en avoir la science, les maux épidémiques, mais ce fut au bénéfice d'une clinique et d'une hygiène nouvelles, de la médecine tout entière, de la prise en charge des pathologies de tous ordres.

L'épidémie a institué ce qui allait être un élément fondateur de la médecine moderne, le passage obligé par le laboratoire[1]. Elle a occasionné aussi un renouvellement théorique du savoir médical, à travers la révision de concepts majeurs, l'infection, la contagion, l'immunité, qui ont permis à leur tour de pénétrer le mécanisme d'épisodes épidémiques nouveaux. Elle a ouvert la voie, enfin, à une révolution médicamenteuse, avec les sulfamides et les antibiotiques. Ehrlich fonde la chimiothérapie quand il étudie la coloration du bacille de Koch en 1882, puis montre les vertus thérapeutiques des colorants, qui en réalité tuent les micro-organismes qu'ils étaient supposés marquer[2]. C'est dans le droit fil de ces découvertes que s'inscrira à partir des années 30 celle des sulfamides, permettant de traiter les dysenteries et efficaces contre les staphylocoques, pneumocoques, streptocoques, méningocoques et gonocoques. D'un autre côté, Fleming a découvert en 1928 la pénicilline et une série d'antibiotiques est mise au point pendant la décennie 1940-1950[3], de telle sorte qu'à terme, l'ensemble des germes connus sera à la portée de ces médicaments. On mesure ainsi le progrès considérable qui a

---

[1] Sur la place de l'investigation biologique et, en parallèle, de l'« obsession numérique », qui sont dignes d'un « démiurge déçu », dans la problématique médicale contemporaine, voir notamment S. Vellut, *L'illusoire perfection du soin*, L'Harmattan Paris, 2004, pp. 9-57. Le corps rendu *transparent* le sera à tous les sens du terme.

[2] Cf. Hans Loewe, *Paul Ehrlich, Schöpfer der Chemotherapie*, Stuttgart, 1950, Wissenschaftliche Verlagsges. Ehrlich a établi aussi une méthode de standardisation des sérums antidiphtériques et effectué d'importants travaux d'immunologie. Il a élaboré un traitement de la syphilis à base de composés d'arsenic, qui sera utilisé jusqu'à son remplacement par la pénicilline en 1945.

[3] En particulier la *streptomycine* (1944), l'*auréomycine* (1948), la *néomycine* (1949).

été accompli par la médecine à partir de découvertes liées, pour l'essentiel, à la résistance opposée aux maladies épidémiques. Il se mesurera par le bond en avant de l'espérance de vie, 6 points entre 1950 et 1970 dans les pays industrialisés. Le paradoxe est que l'éradication des épidémies, qui avait été un temps espérée et que visait la recherche, ne se réalisera pas, de telle sorte que les avancées en matière de santé seront d'un autre ordre.

Néanmoins, la médecine s'en trouvera durablement changée. D'une part, l'idée de santé tendra à disparaître derrière celle de *santé publique* et à s'absenter du champ médical, d'où elle tire son origine et son sens. Les situations épidémiques modernes révèlent que la médecine est mise à l'écart par la relation directe qui s'établit entre la population et l'expertise autre que médicale (hygiène, prophylaxie, stratégies relevant de l'*action sanitaire*), entre le savoir et la décision politique[1]. D'autre part, la prévention et les mesures collectives prennent aujourd'hui une place de plus en plus grande, nécessairement au détriment de l'esprit du *colloque singulier* qui fait depuis l'origine l'essentiel du lien entre les médecins et les patients. On sait à quel point l'urgence épidémique se fond admirablement dans « les urgences » de l'hôpital[2]. De manière plus générale, une collectivisation de la santé a résulté de cette surveillance médicale accrue qu'exige la santé publique. Dans l'idéologie moderne de la santé, « le corps

---

[1] Sur la manière dont, sous l'influence de l'évolution du système médiatique et politique, les aspects économiques, sanitaires, médicaux, sociaux, etc. de l'épidémie sont devenus indissociables et sur le concept d'épidémie moderne, voir *L'épidémie moderne et la culture du malheur*, déjà cité, pp 61-76.

[2] Le « succès » des services d'urgence correspond, sans aucun doute, à des besoins spécifiques de technicité, mais il est lié également à une constante représentation héroïque du risque et des métiers du risque. Les « urgences » donnent l'image d'une perpétuelle « médecine de l'action », où on ne cesse de *sauver* ou de *faire ce qui est humainement possible.* Une médecine « aigüe », des *pleins pouvoirs*, adaptée à l'alerte épidémique, semble alors s'opposer à une médecine « chronique », en quelque sorte *élémentaire.* Ivan Illich analyse dans *Némésis médicale, l'expropriation de la santé*, Seuil, Paris, 1975, p. 29 et suivantes, « l'illusion dangereuse d'une corrélation entre l'intensité de l'acte médical et la fréquence des guérisons ».

est une « propriété sociale dont l'individu jouit » : il y a peu de distance entre ce qui est collectif et ce qui est standardisé, et même entre le soin attentif et systématique et le dirigisme. En ce sens, la logique d'une médecine épidémique conduit à une conception totalitaire de la santé, dont le monde de la modernité est toujours prêt à s'accommoder[1]. Comme leur nom l'indique, les politiques de santé publique reposent sur des corrélations de masse et sur l'appréciation de facteurs de risque, elles sont les éléments indispensables d'une « société de contrôle », selon le mot de Gilles Deleuze, et nous savons à quel point l'expérience épidémique a été impliquée dans l'élaboration d'un mode de pouvoir[2].

L'espoir qui était grand, jusqu'aux années 70, d'en finir avec les épidémies, allait logiquement de pair avec l'intention de les ramener au rang de « simples » maladies qui cèderaient à la prévention, à la vaccination et au pire aux traitements. La réalité n'a pas été conforme à cette attente : la persistance de la menace épidémique et le renouvellement exponentiel des dangers qui forment jour après jour l'horizon épidémique du monde ont fait que la dualité règne encore, sans doute pour longtemps, dans le champ du pathologique. Celui-ci est en même temps le lieu de changements incessants liés à des résurgences, des mutations ou des résistances. Virus et bactéries peuvent devenir insensibles aux armes qui leur sont opposées, comme dans la tuberculose pharmaco-résistante, muter et revenir plus dangereux, comme le choléra et la dengue, réapparaître à l'occasion d'une trop longue inattention des hommes, telles la coqueluche ou la maladie du sommeil[3].

Surtout, le sida est venu modifier les limites qui séparent épidémie et maladie. Il a été d'emblée l'épidémie qui renouvelle

---

[1] Cf. sur ce point R. Gori et M.-J. Del Volgo, *La santé totalitaire Essai sur la médicalisation de l'existence*, Paris, Denoël, 2005, p. 13 et suivantes.

[2] Sur l'épidémie et le pouvoir, voir plus loin, ch. V, pp. 105-154.

[3] Le phénomène de résistance concerne aussi les vecteurs des épidémies : ainsi les moustiques devenus insensibles aux pesticides sont un facteur de progression du paludisme. Il existe même une double résistance, puisque certaines souches du parasite (le *plasmodium*) ne réagissent pas aux antipaludéens.

l'épidémie. Il en représente, en un sens, l'extrême perfection : d'une part, le virus a une action différée, ses effets se font sentir très longtemps après la contamination. Aussi les sujets atteints sont-ils menacés d'être malades bien avant de le devenir. En apparence bien portants, ils sont déjà des citadelles occupées : l'ennemi viral est présent en eux et pour toujours. L'épidémie pourra bien disparaître, la maladie demeurera. D'autre part, la transmission se fait par les fluides vitaux (sécrétions sexuelles, sang, lait maternel)[1]. L'appréhension du contact anodin malgré les déclarations rassurantes des autorités scientifiques et la mise à l'écart des malades, dont on est tenté de se protéger comme au temps de la peste ou de choléra, traduisent bien l'effroi et le doute sur la fiabilité du monde, qui sont les deux constantes des épidémies. La sexualité, pour la première fois, intervient avec un rôle majeur dans le registre de la peur : une peur de l'autre, une peur sans limite, puisqu'elle a pour objet un risque qui, en chaque partenaire, renvoie à tous les partenaires qui ont été les siens dans la suite des temps.

Le sida a ainsi tous les attributs apocalyptiques d'une peste à l'échelle du monde : une maladie qui vient d'ailleurs, réveille les démons anciens du racisme et du moralisme, désorganise la pensée et l'action et provoque une « contemplation stoïque et en définitive anesthésiante de la catastrophe », un sentiment de « désastre monstrueux » et en même temps « impensable »[2]. La modernité du sida est d'être un malheur de *rupture*, c'est-à-dire qui ne pouvait être imaginé avant de se produire et qui marque ainsi l'avènement d'une ère nouvelle dans l'histoire du mal. Le

---

[1] Sur le sida comme « peste des temps modernes », le V.I.H., les traitements, les M.S.T. et la problématique du sang contaminé, voir A. Debroise, *op. cit.*, pp. 68-73.

[2] Susan Sontag, *Le sida et ses métaphores*, Bourgois, 1989, pp. 225 et 228. Voir aussi, pp. 165-166, le parallèle entre le sida et le cancer, maladies létales et déshumanisantes les plus terrifiantes, symbolisant des « morts dures » face à la « mort douce » de la tuberculose. Jusqu'à Pasteur, la rage terrifie parce qu'elle transforme l'homme en animal et le choléra parce qu'il montre par avance l'horreur de la décomposition à travers la déshydratation, qui donne à la peau une teinte bleu noirâtre (d'où, comme on sait, la *peur bleue*).

sida est évocateur d'un scénario de la *fin* : la crise qu'il génère est celle « d'un monde où rien ne se passe à l'échelon local », où les évènements sont marqués par l'absence de sens, donnant l'impression d'une sorte d'indétermination menaçante : on sait que « l'apocalypse rôde et n'arrive jamais »[1].

La modernité est aussi dans les solidarités qui s'expriment très tôt, dans les groupes et associations de malades décidés à assurer l'information et la prévention, à hâter la découverte et la mise à disposition des traitements et à faire pression sur les organismes de recherche, les pouvoirs publics, l'industrie pharmaceutique[2]. Elle est enfin dans la promptitude et l'efficacité de la science. L'origine virale de la maladie est vite décelée : le rétrovirus qu'on appellera en 1986 VIH est identifié dès 1983 par Luc Montagnier, suite aux travaux de Robert Gallo et aux recherches déjà anciennes sur le lien entre rétrovirus et cancer. Le savoir lui-même semble avoir changé de rythme[3].

Dans le champ du pathologique, le sida se présente ainsi sous deux aspects opposés. D'une part, il renforce la division entre maladie et épidémie. Dans les pays pauvres, il est un mal qui court, une épidémie dans toute l'acception du terme, il met en évidence l'inégalité devant la santé et il nourrit la dimension planétaire de la problématique de la *misère sanitaire*[4]. Dans les pays riches, il tend à être au contraire une maladie chronique, relevant de thérapeutiques au long cours grâce auxquelles la vie peut composer avec sa propre destruction, ce qui est une forme, quoique la moins désirable, de la santé. Il devient à ce titre un facteur de progrès pour la médecine et pour la modernisation de

---

[1] *Ibid.*, pp. 225 et 232.

[2] Sur ces aspects, cf. aussi plus loin, ch. VI, pp. 169-172.

[3] La présence du VIH en Europe dans les années 60 et en Afrique équatoriale dans les années 70 a été constatée. Sur cet historique et sur l'origine simienne probable du virus, voir J.-F. Saluzzo, *op. cit.*, pp. 152-182.

[4] Sur les questions éthiques soulevées par le sida, les perspectives relatives au Tiers-Monde, ainsi que la répartition de l'épidémie et ses conséquences, voir D. Folscheid, B. Feuillet Le Mintier, J.-F. Mattéi, *Philosophie, éthique et droit de la médecine*, P.U.F., Paris, 1997, pp. 503-515.

l'appareil de santé publique. Mais d'autre part le sida entraîne, en sens inverse, l'abolition de la limite entre l'épidémie et la maladie : provoquant une dépression immunitaire durable, il est à lui seul une maladie intégrale, une maladie qui rend possible toute maladie. Pour la première fois, une épidémie ne confère pas à ceux qui survivent à sa rencontre initiale une immunité supplémentaire, elle leur retire au contraire celles qu'ils avaient. Le sida est ainsi une *métamaladie* : dernier arrivé selon le cours du temps, il cause ensuite les maladies dont il est le successeur. Il est au principe même de l'altération de la santé, en deçà de toute spécification du pathologique, inquiétante préfiguration de situations sanitaires entièrement nouvelles. La séropositivité, par exemple, est une catégorie intermédiaire entre la maladie et la santé[1], qui annonce d'autres évolutions conceptuelles et de prévisibles modifications de la relation entre le sanitaire et le politique, dont l'histoire des épidémies a permis la construction.

---

[1] Cf. sur ce point P. Hintermeyer, « Sida », in *Dictionnaire du corps*, déjà cité, pp. 872-873, et notamment l'analyse de la situation spécifique des « porteurs du virus ».

IV

ÉPIDÉMIE ET POLITIQUE DE LA PEUR
LE RETOUR DE L'ÉTAT DE NATURE

La politique de la cité est indissociable de la lutte contres les calamités naturelles, comme si les aléas de la nature et de l'histoire prenaient sens du même projet de maîtrise humain. Une figure comme celle d'Empédocle est à ce titre parfaitement exemplaire. Homme politique dont les convictions républicaines[1] étaient bien connues, thaumaturge, médecin, le philosophe d'Agrigente, outre l'épisode hagiographique célèbre dans lequel il ramène à la vie une femme jugée morte par la médecine de son temps, est celui qui s'est illustré dans la lutte contre les épidémies. Empédocle, dit-on, fit cesser une épidémie de peste engendrée à Sélinonte par les émanations malsaines d'un fleuve proche en faisant confluer deux fleuves des environs[2]. Plutarque attribue l'origine de son succès à l'obturation d'un col de montagne par lequel l'air pestilentiel s'engouffrait, croyait-on, tuant

---

[1] Diogène Laërce rapporte en ce sens dans *Vie, doctrines et sentences des philosophes illustres*, que l'ascèse philosophique d'Empédocle tournée vers la simplicité l'avait conduit à refuser la royauté, « en homme libre et dédaigneux de toute forme de pouvoir », *Les présocratiques*, Bibliothèque de la Pléiade, Gallimard, Paris, 1988, p. 322. Le recueil des catharmes ou *Purifications* contient clairement les bases d'un projet politique de refondation de la cité et de réforme égalitaire de la société, dont le point de départ est la communauté des amis lettrés d'Agrigente sur un modèle alternatif à celui des pythagoriciens (« Amis qui habitez la grande ville en surplomb De l'Acagras aux reflets d'or, sur les hauteurs [...] »). Il faut réformer la caverne de notre monde, selon l'image de *L'antre des Nymphes dans l'Odyssée* de Porphyre.

[2] *Les présocratiques*, *op. cit.*, p. 324. Un médecin empirique proche des thèses d'Empédocle est cité, p. 327, comme ayant acquis une grande réputation en faisant allumer des feux près des malades au plus fort de la grande peste.

les hommes et stérilisant les femmes[1]. C'est ainsi qu'il acquit le surnom à vrai dire assez peu poétique d'« Empêche-vent ». Les travaux hydrauliques d'assainissement et de protection contre les épidémies sont bien, comme l'a souligné Jean Bollack, un domaine de vérité. On y voit se mettre en place une véritable politique de la nature et des épidémies sur la base d'une pratique de la purification, centrale dans la pensée empédocléenne. Le groupe des amis et disciples d'Agrigente se caractérise ainsi par sa maîtrise des arts et ses travaux de protection, dans une sorte de génie climatique et sanitaire[2]. C'est que « les maladies desséchantes, avec les pourritures et leurs écoulements, errent dans l'obscurité, sur le pré de Malédiction »[3]. Les épidémies sont des pathologies à la fois du sec et de l'humide, elles sont tout autant ce qui assèche que ce qui putréfie. Elles s'ajoutent au meurtre et à la haine pour former les puissances du mal, à quoi il faut opposer le parcours initiatique des catharmes, où la purification va de la technologie politique de l'aménagement de la ville à l'ascèse spirituelle, sous l'égide du dieu guérisseur Apollon.

Le champ sémantique de la purification est très large, qui est aussi bien médical qu'éthique ou encore mystique, comme en témoigne la collection des fragments des catharmes d'Empédocle. La philosophie, comme la médecine[4], est une pratique de la purification qui suppose un exercice constant. Les purifications constituent un dispositif culturel destiné à affronter la peur et la haine tapies au plus profond de la *psyché* humaine telles qu'elles peuvent se déchaîner quand la nature (les épidémies et les gran-

---

[1] *Ibid.*, p. 329.

[2] *Les purifications, un projet de paix universelle*, traduction et commentaire de Jean Bollack, Seuil, Points Essais, Paris, 2003, p. 54.

[3] *Les purifications*, *op. cit.*, p. 75, fragment 121.

[4] Si la vie humaine est accablée de maux aussi bien physiques que moraux ou spirituels, la philosophie se doit d'être « une parole de guérison » (*euèkea*, de *akos*, le remède) face « aux maladies de toutes sortes », *Les purifications*, fragment 112, p. 53. Voir aussi le fragment 145 sur la dérive des maladies cruelles. La lumière apollinienne de la médecine et de la philosophie affronte ainsi l'obscurité de la maladie et des épidémies comme les puissances de la nuit. C'est un apollinisme philosophique aussi bien que médical qui apparaît.

des catastrophes) ou bien l'histoire lui laissent libre cours et que la peur se déchaîne. Empédocle est un grand penseur de la paix qui se donne les moyens d'en dégager les conditions de possibilité dans une dialectique philosophique subtile de l'amour et de la haine. On le voit, politique, médecine et philosophie sont très tôt unies dans une même méditation historique aussi bien sur la puissance de la nature que sur la peur et la haine dans leur capacité de dévastation. L'épidémie est un ferment de dissolution pour la cité. Puissance d'anomie, elle est ce qui défait le lien communautaire en rapportant chacun à la désolation de sa vie nue et à sa peur. En ce sens, l'épidémie, comme la guerre civile, joue le jeu de la haine et de la discorde. Elle en forme une manifestation exemplaire, une situation expérimentale où les ressorts les plus profonds de l'âme humaine sont mis à nu.

Par bien des aspects, la situation historique créée par le déchaînement des épidémies emprunte aux caractéristiques fondamentales de l'état de nature, telles qu'un philosophe comme Hobbes peut les décrire. C'est que les lois civiles et morales se défont, tout de même que le pouvoir politique, qui ne parvient plus à contraindre les libertés naturelles et à assurer la paix civile. La loi de la nature, qui va dans le sens de la composition des libertés, s'efface alors au profit du droit de la nature dans ce qu'il a de plus élémentaire : conserver sa puissance propre. Chacun se trouve réduit à son seul désir de persévérer dans l'être (le fameux *conatus*) résumé ici à sa plus simple naturalité biologique. Comme le soulignait bien Saint-Évremond[1], « rien ne nous occupe tant que nous-mêmes, qui sommes sur le point de nous manquer ». Mais ce *conatus* devient de plus en plus problématique, voire fort improbable. Qui me dit que je serai encore en

---

[1] *Lettre à Monsieur le Maréchal de Créqui sur la vieillesse*, in *Libertins du XVIIe siècle*, II, Bibliothèque de la Pléiade, Gallimard, Paris, 2004, p. 696. Saint-Évremond, dont on sait qu'il avait rendu visite à Spinoza en Hollande, propose dans ses petits traités une fine analyse de notre rapport aux maladies ainsi que de la manière dont nous ajoutons une seconde douleur, morale, à la première, physique.

vie demain ? Les liens sociaux, familiaux, amicaux se défont alors inexorablement. Chacun est confronté à la désolation de son propre désir de survivre par rapport à quoi tous représentent une menace. Qui, en effet, est susceptible de me contaminer ? N'est-ce pas celui-ci qui semble malade, ou bien plutôt celui-là qui, apparemment en bonne santé, est en fait déjà victime de la maladie, sans même le savoir ? Tout le monde se révèle potentiellement dangereux[1]. La menace est partout, de sorte qu'il faut se tenir sur ses gardes[2], sans même être certain que cela serve à quelque chose... Menace réelle et menace potentielle sont ainsi indissociablement liées, jusqu'à devenir indistinctes. Quand la menace s'avère réelle, il est déjà trop tard. Et c'est justement l'omniprésence de la menace dans sa virtualité qui déclenche la violence et la panique. On fait ainsi retour à l'état de guerre de tous contre tous qui est bien ce qui caractérise l'état de nature. La personne civile n'existe plus ou se révèle totalement impuissante. Seules comptent désormais les libertés naturelles, qui ne peuvent que s'affronter, car elles sont régies uniquement par le droit naturel à la conservation de soi. Le *Léviathan* politique ne contient plus alors le *Béhémoth* de la discorde civile.

Comme dans l'état de nature, la confusion des signes est reine, à mesure que les lois et le droit ne parviennent plus à clarifier l'échange et la production des signes. La situation épi-

---

[1] Sur la théorie de la menace potentielle et non réelle qui fait basculer dans la guerre, voir le *Léviathan, Traité de la matière, de la forme et du pouvoir de la république ecclésiastique et civile*, trad. François Tricaud, Sirey, 1983, p. 124. Hobbes note que la terreur panique est une crainte dont on n'aperçoit pas le pourquoi ou l'objet, *Léviathan*, *op. cit.*, p. 53. Or l'épidémie correspond bien à un ennemi invisible dont on ne perçoit pas les armes ni les procédés.

[2] Sur la théorie de la défiance et de la nécessité de se tenir sur ses gardes, voir Thomas Hobbes, *Du citoyen*, trad. de Gérard Mairet, Le Livre de poche, Librairie Générale Française, 1996, pp. 46 et 63. Si la vie sociale suppose tout comme l'amitié, ainsi que l'avait bien remarqué saint Augustin, une confiance minimale (ainsi dans le fiduciaire de la monnaie et de son usage), on mesure le problème politique que posent les épidémies, qui font croître de manière exponentielle la défiance de tous contre tous.

démique signe une défaite globale des différentes médiations culturelles, au sens où l'immédiateté naturelle seule compte. Ce qui importe, en effet, c'est l'instant présent : qui sait de quoi sera fait le lendemain et s'il y aura un lendemain ? Le temps court de la jouissance et des passions exclut le temps long de la raison, qui se fonde, comme le soulignait Hobbes, sur l'anticipation de l'avenir. L'état de nature représente une situation profondément contradictoire, car aucune continuité temporelle et donc aucun projet humain n'y sont possibles. Les tactiques ordinaires de la prudence trouvent là leurs limites, puisque l'expérience consiste à avoir observé la succession des signes de l'antécédent et du conséquent[1]. Quand la crainte règne de manière absolue, aucune construction culturelle n'est possible qui requiert du temps et la substitution de la peur de l'*Un* politique à la crainte naturelle de tous. Vivre en société suppose que la crainte n'envahisse pas tout l'être. Or dans la situation épidémique, il n'y a plus de calcul rationnel d'intérêt qui vaille, me disposant à associer mon intérêt à ceux des autres : « l'homme est en proie à l'homme, un loup à son pareil », selon la magnifique expression d'Agrippa d'Aubigné dans ses *Tragiques*.

On le sait, les grandes épidémies qui ont frappé l'humanité ont très longtemps confronté la médecine à son impuissance. Hobbes montre bien comment la raison humaine se forme sur le mobile de la crainte. Si je raisonne, c'est que je calcule les moyens de ne pas mourir. Fondamentalement, l'homme est doté de raison, puisqu'il cherche à repousser la mort. Ce pourquoi, précisément, la raison lui suggère l'abandon de la liberté naturelle au profit de la contrainte civile, sous l'égide du pouvoir souverain. L'argument vaut tout aussi bien pour la raison thérapeutique ou médicale. Car la médecine sert les forces de vie dans leur lutte contre la mort, en imposant des marques et des signes aux maladies et en essayant de prévoir les évolutions des pathologies. On trouve là la possibilité de constituer une généa-

[1] Sur la théorie de Hobbes de l'expérience et de la prudence, voir les *Éléments de la loi naturelle et politique*, trad. Dominique Weber, Le Livre de poche, Librairie Générale française, 2003, p. 100.

logie matérialiste fine de la rationalité médicale sur la base de logiques passionnelles. Dans son paroxysme, c'est la défaite de la rationalité politique et médicale que consomme d'épidémie. Avec le triomphe de la pulsion de mort, la situation épidémique constitue un extraordinaire révélateur anthropologique – et les historiens et écrivains ne s'y sont pas trompés.

Dans cette situation extrême, il y a réduction du phénomène à l'essence. Les affects primordiaux sont immédiatement lisibles, évidents. Le germe de naturalité du virus semble ainsi engager une naturalisation d'ensemble du corps social. Si la pitié n'est que l'imagination d'un mal nous frappant dans le futur sur la base d'un mal actuel touchant autrui[1], celle-ci ne saurait alors avoir cours, dans la mesure où l'égalité naturelle est rétablie face à la mort qui peut frapper tout le monde. Le risque constant est de devoir tôt ou tard abandonner la course, c'est-à-dire de devoir mourir[2].

---

[1] *Éléments de la loi naturelle et politique*, *op. cit.*, p. 134. Hobbes propose une généalogie matérialiste de l'ensemble des passions et des vertus humaines sur la base des mobiles fondamentaux de la crainte et de la puissance. La charité et la pitié ne sont que des déplacements de ces mobiles. La pensée de Hobbes est une grande philosophie de la peur. Son usage de plus en plus fréquent aujourd'hui, notamment aux États-Unis, n'est pas indifférent pour des sociétés qui sont hantées par la peur (des épidémies, mais aussi bien du chômage et des catastrophes en tout genre). Si Hobbes ne traite pas directement des épidémies comme telles, la grille de lecture qu'il énonce constitue un extraordinaire outil d'analyse des facteurs sociaux et politiques des épidémies en tant que situations historiques.

[2] Le *conatus* est la traduction anthropologique du principe physique galiléen de l'inertie et de la continuation du mouvement. La liberté y renvoie à la nécessité du mouvement. L'analyse politique, sociale et psychologique de Hobbes repose sur une dynamique fondamentale. La vie est une course, ce qui suppose de ne pouvoir s'arrêter. Dans un texte extraordinaire, Hobbes rapporte tous les passions humaines à cette course : l'espoir suppose d'avoir du souffle, le désespoir est l'épuisement ; haïr revient à être retenu et la gloire à dépasser les autres, *Éléments de la loi naturelle et politique*, *op. cit.*, p. 145. La maladie est précisément la nécessité de s'arrêter, d'arrêter la course. Et l'hôpital ou le système de soins n'est jamais qu'un espace possible d'arrêt. On mesure le statut problématique de la maladie aujourd'hui, dans une société hantée par la course à la performance.

L'histoire du Moyen Âge – et de tout l'Ancien Régime – est rythmée par l'apparition de « grandes peurs », comme l'a bien montré Jean Delumeau dans son ouvrage fondamental sur *La peur en Occident.* Outre la peur de la famine et de la guerre, les crises épidémiques occupent une place centrale dans l'économie sociale et politique de la peur, et tout particulièrement la peste qui accable l'Europe entre 1348 et 1720[1]. La peste semble de manière métonymique condenser l'ensemble des crises de l'histoire, voire même la catastrophe historique dans sa globalité. On notera par exemple l'hécatombe d'intellectuels provoquée par la peste avec ses conséquences, la montée de l'irrationalisme et le recul culturel massif. Le *Littré* utilise le terme de peste pour toute grave maladie épidémique ou contagieuse[2], et globalement pour toute chose pernicieuse ou funeste[3] qui peut corrompre le cœur ou l'esprit, et c'est également ce à quoi renvoie l'adjectif pestilentiel. Étymologiquement, la peste est tout ce qui ruine, infecte, corrompt ou vicie. En effet, la mort noire s'accompagne d'un retournement sens dessus dessous – c'est ce que signifie *katastrophè* – de l'ensemble de la réalité sociale et historique. Universelle catastrophe, elle incarne le malheur des temps avec les famines et les guerres, chaque fléau venant grossir les effets des deux autres. L'étymologie en garde mémoire : la calamité, par exemple, renvoie à la mauvaise récolte, au *mauvais chaume.*

---

[1] Jean Delumeau mentionne, outre la peste, la suette anglaise dans les îles britanniques et en Allemagne aux 15ème et 16ème siècles, le typhus pendant la guerre de Trente ans, la variole, la grippe pulmonaire et la dysenterie dans *La peur en Occident, XVIème XVIIIème siècles*, Fayard, Pluriel, 2006.

[2] On nommait d'ailleurs la peste *l'épidémie*, comme en témoigne la consultation de la Faculté de médecine de Paris en 1348 ou encore les *Chroniques* de Froissart pour 1348-1349. Cf. *Pourquoi la peste ? Le rat, la puce et le bubon* de Jacqueline Brossollet et Henri Mollaret, Découvertes, Gallimard, Paris, 1994, p. 132.

[3] On attribue à Freud un mot célèbre par lequel il se place dans la situation de celui qui apporte avec la psychanalyse la peste au Nouveau Monde. Il s'agirait en fait d'une anecdote inventée par Lacan… Dans un autre registre, l'épitaphe de Luther, composée par ses soins, est elle aussi significative : « Vivant j'étais ta peste, ô Pape ; en mourant je serai ta mort [*Pestis eram vivus, moriens ero mors tua, Papa*] ».

L'histoire est faite, en ce sens, d'une succession de catastrophes qui décline la funeste trilogie du verset d'Habacuc : l'épée, la famine et la peste manifestations de la colère de Dieu[1].

La peste, virulente entre les 6ème et 8ème siècles en Europe et dans le bassin méditerranéen, avec de fortes poussées endémiques tous les 9 à 12 ans, disparaît ensuite puis fait retour en 1346 sur les rives de la mer d'Azov pour se répandre dans toute l'Europe en passant par Constantinople, Gênes, le Portugal et l'Irlande. On considère que le tiers de la population européenne a disparu entre 1348 et 1351. Puis la mort noire réapparaît, comme en Angleterre en 1360 et 1361 ou en France entre 1370 et 1376. Des poussées sont observées tous les 8 ou 10 ans, mais l'endémicité diminue à partir du 16ème siècle. À titre d'exemple, observe Jean Delumeau, un tiers de la population est fauchée en 1348 à Givry en Bourgogne. On refuse bien souvent d'admettre la réalité. La dernière peste des chiffonniers en 1920 à Paris en témoigne encore, puisqu'on parlait de la « maladie n° 9 » au lieu de parler de peste, comme si la terminologie renfermait déjà le mal : parler de la peste, c'est la faire resurgir comme un drame enfoui dans la mémoire des hommes.

Le mal est attribué à la pollution d'un air vicié, à de funestes conjonctions astrales ou encore à la colère de Dieu : il ne peut s'agir que d'une des plaies d'Égypte ou de l'un des cavaliers de l'apocalypse. Étymologiquement, la notion de fléau se rapporte au châtiment de Dieu, *flagellum domini*. Les remèdes sont aussi aléatoires, à l'exception de la pratique consistant à brûler les vêtements : on met du vinaigre sur les lettres et les monnaies, des feux purificateurs flambent aux carrefours, des parfums[2] et du soufre sont utilisés, pour désinfecter les maisons, par des parfumeurs ou *nettoyeurs de peste*, *désaireurs*, *éventeurs*... On sort arborant des masques à tête d'oiseau dont le bec est rempli

---

[1] Cf. plus haut, ch. I, p. 23 et suivantes. Dans l'article *fléau* de l'*Encyclopédie*, le chevalier de Jaucourt décline une nouvelle fois cette trilogie du mal.

[2] Les essences préparées contre la peste furent à l'origine de l'invention de l'Eau de Cologne, fabriquée pour la première fois vers 1700 par Giovanni Maria Farina.

de substances odorantes. Charles de Lorme, premier médecin de Louis XIII, imagine un costume protecteur dont le masque doit protéger de la peste bubonique et le cuir des puces. On multiplie tout ce qui peut maintenir une distance salutaire, comme une longue baguette pour donner la communion ou de longues pinces pour inciser les bubons ou saisir les corps[1]. Le commerce des amulettes, talismans et autres philtres miracles est florissant. Les faux prophètes, astrologues et mages, se multiplient, tout comme les pamphlets à sensation annonçant, par exemple, l'anéantissement imminent des villes. On édifie des *colonnes de la peste*, comme en Allemagne du sud, en Autriche ou en Croatie : le sommet, qui est fait de gros reliefs arrondis, y symbolise les bubons. Des jeunes filles nues dansent autour des villes pour tracer une sorte de cercle magique de protection. Les processions effectuent des circumambulations rituelles afin de délimiter le fléau dans son espace exact. Saint Roch avec son chien et son bâton (*eris in pestis patronus*) est invoqué par les populations plongées dans l'angoisse.

Mais les hommes tombent les uns après les autres, victimes d'étourdissements, la langue tuméfiée et le corps couvert de charbons et de bubons. La peste bubonique est comme un feu qui embrase les villes et les campagnes. Il y a tout un imaginaire de l'épidémie, comme ici du grand incendie épidémique. La mort noire est aussi représentée par le motif des flèches, qui s'abattent sur le monde des hommes par la colère du Christ, quand bien même la Vierge tente de protéger l'humanité de son manteau[2]. Le culte de Saint Sébastien se répandra dans toute l'Europe après 1348, comme celui du martyr des pestiférés. La panique déclenche un comportement de fuite : on se presse aux bureaux de santé pour obtenir des laissez-passer et quitter les villes, comme font les protagonistes du *Décaméron* de Boccace. L'air des villes est si vicié que la campagne peut seule constituer

---

[1] Cf. Jacqueline Brossolet et Henri Mollaret, *op. cit.*, p. 68.

[2] Jean Delumeau, *op. cit.*, p. 141, montre que l'iconographie des flèches de la peste apparaîtra en 1424 à Göttingen sur le panneau de l'autel des carmes déchaux.

un refuge. On assiste alors à un exode massif de la population. Les autorités manifestent leur volonté de rester pour affronter le fléau. Cependant la tentation est grande de fuir, comme le font nombre de curés ou d'édiles municipaux. Certains, comme les carmes, sont réputés pour leur courage. Mais souvent il n'y a même plus de prêtres pour administrer l'extrême-onction. Une miniature des *Très riches heures du Duc de Berry* montre une procession contre la peste noire dans laquelle un prêtre s'effondre à proximité du corps d'un enfant. Comme le souligne Jean Delumeau, la peste fait disparaître l'homme moyen. Il n'y a plus de milieu entre la couardise et l'héroïsme, la lâcheté et l'extrême vaillance.

Ceux qui ne peuvent pas partir vont vivre cloîtrés chez eux, réduisant leurs sorties au minimum. Les commerces ferment les uns après les autres, comme les échoppes des artisans. Dans les campagnes, de nombreux villages sont désertés. Toute l'économie est affectée par l'épidémie. Ainsi en est-il du commerce du drap anglais : qui achèterait du tissu dans ces conditions ? L'épidémie dévaste l'économie, ce qui contribue à affaiblir la population et donc à renforcer l'épidémie… Le mal semble ainsi attirer le mal. Il y a bien une économie de la peste – celle-ci redistribuant les richesses suite aux décès et affectant la richesse des nations – et il faudrait l'étudier pour engager une lecture *matérialiste* des épidémies. L'épidémie est fondamentalement inégalitaire et les plus pauvres sont les plus touchés. Par exemple, plus de la moitié d'entre eux disparaissent à Clermont-Ferrand en 1631 contre un cinquième seulement des habitants les plus taxés[1]. Les mendiants et indigents sont souvent chassés de la ville vers le lazaret, comme le montre bien la saisissante description romancée qu'en donne Manzoni dans *Les fiancés*[2].

---

[1] Chiffres cités par Monique Lucenet, *Les grandes pestes en France*, Éditions Aubier Montaigne, Paris, 1985, p. 152.

[2] Manzoni, *Les fiancés*, Folio classique, 1995, p. 609. On suit, sur le fond historique de la Lombardie du 17ème siècle, les aventures de son héros, Renzo, traversant la ville pestiférée au milieu des *monatti* à la recherche de sa bien aimée Lucia qu'il finira par retrouver au lazaret.

Les villes semblent mortes. On n'y entend même plus les aboiements des chiens (40 000 chiens moururent à Londres[1] en 1665). Au début, on ne veut pas croire que l'épidémie est là. Chacun se dépêche de jouir de la vie ; aussi les fêtes et les saturnales sont-elles nombreuses. Puis la maladie apparaît au grand jour. Les tombereaux ramassent les cadavres pour les jeter dans les fosses communes (quand ils peuvent encore être ramassés, comme par les *monatti* à Milan). La mort est partout et chacun se défie de tous, y compris de ses proches. La grande thématique iconographique des « danses macabres » fait son apparition après 1348, à mesure que la mort frappe partout. À Séville, en 1649, 60 000 hommes meurent d'un coup : « Les morts et les mourants pesle-mesle estendus, Y sont horriblement en tous lieux confondus », déplorera Scudéry. Les épidémies déclenchent des paniques, à l'exemple des écrouelles ou scrofules. À Florence, les scrofuleux étaient encore privés de leurs droits par une loi en 1753.

La mort personnalisée disparaît[2]. L'heure est à la mort en masse, dans l'anonymat des corps empilés sur les tombereaux mortuaires. Comme le rappelle la fresque du cimetière des Innocents à Paris aussi bien que le poème de Gerson : « Rien n'est d'homme, qui bien y pense. C'est tout vent, chose transitoire, Chacun le voit par ceste danse » qui entraîne aussi bien l'enfant que l'évêque, le roi que le chevalier, le laboureur que le médecin

---

[1] Sur la peste à Londres, et particulièrement ses effets sur les troupes de théâtre, voir l'ouvrage de F. P. Wilson, *La peste à Londres au temps de Shakespeare*, Payot, Paris, 1987. L'auteur mentionne le cas des fuyards qui mouraient dans les champs, à proximité de villages qu'ils auraient pu acheter avec tout l'or emporté. La subversion des valeurs fait alors que la moindre cabane, si l'on est en fuite, peut devenir un véritable palais. Beaucoup ont rencontré dans leur fuite même l'infection à laquelle ils voulaient échapper (p. 130). Le bien apparent peut déboucher sur le mal. Inversement, des mesures fondées sur des considérations erronées ont eu d'heureux effets relativement à la contagion (p. 23). Qui veut sauver sa vie la perdra…

[2] Jean Delumeau, *La peur en occident*, *op. cit.*, p. 153. Une complainte bourguignonne ancienne en garde mémoire : « En mil trois cent quarante huit, À Nuits de cent restèrent huit, En mil trois cent quarante neuf, À Beaune de cent restèrent neuf ».

dans sa ronde infernale. L'épidémie coïncide avec un temps de déritualisation et de retour à la vie nue, désolée. Chacun est confronté à la peur qui égalise tout, il n'y a plus de place pour l'individualité et la subjectivité. Ce qui donne figure à la fin des temps et à la fin de l'homme, c'est la peste et son « imagerie ricanante de la mort », telle que la montrent les célèbres *danses macabres*. Le sérieux de la mort surplombe toute l'existence humaine[1]. Le retour de l'office des pompes funèbres est interprété comme le signe d'un retour à la normale. Ce qui terrifie ainsi le plus dans la peste, c'est la possibilité de la mort subite, sans confession – et donc peut-être en état de péché mortel. Chaque grande épidémie institue ainsi un rapport particulier de l'individu à la mort. Foucault propose en ce sens la distinction du *Macabre* et du *Morbide*[2]. Le *Macabre*, c'est le tragique d'une mort dans une perception homogène, où l'épidémie égalise les conditions et les situations. Le *Morbide*, c'est plutôt le lyrique d'une mort individualisée, où chacun va à la rencontre de son destin personnel. La vie devient rare et hautement singularisée à mesure que la phtisie menace en s'inscrivant dans le tissu de l'existence. Le *Macabre* (dans la peste ou la lèpre) rapproche ainsi du sort commun, tandis que le *Morbide* (avec la tuberculose ou les « maladies de poitrine ») rapporte chacun à l'individualité qui est la sienne. « La mort a quitté son vieux ciel tragique ; la voilà devenue le noyau lyrique de l'homme : son invisible vérité, son visible secret ». L'épidémie associe désor-

---

[1] Par la peste, la mort, comme la fin absolue, régit toute vie humaine. Les musulmans parlaient en ce sens de *l'Année de l'Annihilation*. Puis la mort s'installe dans le tissu même de la vie. La folie remplace alors l'épidémie, puisqu'elle inscrit déjà la mort dans la vie par sa vanité : « La tête est déjà vide, qui deviendra crâne. La folie, c'est le déjà-là de la mort », *Histoire de la folie à l'âge classique*, Paris, Gallimard, 1972, p. 26.

[2] Cf. sur ce point Michel Foucault, *Naissance de la clinique, Une archéologie du regard médical*, P.U.F, 1983, pp. 175-176. Le grand maître du macabre est sans doute Gaetano Zumbo, protégé de Cosimo III à Florence, dont les cires colorées rendent l'état de composition avancée des cadavres, l'effroi des physionomies et l'enchevêtrement des cadavres. Rien n'est ici individualisé, c'est le règne de la mort en masse, chacun portant les mêmes stigmates épouvantables de la mort pesteuse.

mais deux types de rapport à la mort, à mesure que la maladie peut être de l'ordre de l'accident extérieur (la mort comme point de vue absolu sur la vie comme dans les danses macabres) ou bien plutôt du rapport interne de la vie à elle-même. Dans le premier cas, on meurt parce que l'on est tombé malade ; dans le second, on est malade parce que l'on doit mourir[1].

La contagion collective de la peur fait rechercher, comme souvent, des boucs émissaires, en l'espèce des *semeurs de peste*. Juifs, vagabonds, mendiants et étrangers sont pourchassés. En 1349 à Strasbourg, près de 900 juifs sont brûlés vifs (sur une communauté de 1884). Cédant à la pression populaire et à l'émoi collectif, Philippe VI, roi de France, décrète la traduction en justice des juifs, accusés d'avoir empoisonné les puits. Car la peste, c'est toujours l'autre qui en est porteur : aussi sera-t-elle *hongroise*, *suédoise* ou encore *milanaise*, les empoisonneurs répandant leurs onguents infectés. Le fameux *Liber vagatorum* s'en prend aux marginaux en tout genre et aux vagabonds en détaillant leurs « procédés », témoignage éloquent, s'il en est, d'une culture de la peur articulée sur une perception neuve du danger social. En Transylvanie, on dit qu'une Mère voyageuse colporte le fléau. En Turquie, c'est un génie de la peste qui se déchaîne. À l'invisible, il faut donner une apparence palpable, un visage. À l'inconnu, il faut substituer un équivalent familier. Inversement, l'inconnu alimente l'imagination : on a l'exemple d'énigmatiques épidémies, celle du « trousse-galant » peu avant 1530 ou de la grande « menaeson » en Bretagne en 1540.

Selon le mot de Luther, faisant référence à l'épidémie qui sévit à Wittenberg en 1539, c'est la peur qui est la peste la plus redoutable. Ce qui est à craindre, c'est certes le mal lui-même, mais plus encore les réactions qu'il suscite, et particulièrement la panique collective. Montaigne évoque dans ses *Essais* des paysans qui creusent une fosse pour s'enterrer eux-mêmes. Les médecins, tels Ambroise Paré ou Paracelse, pensent d'ailleurs que la peur constitue pour l'épidémie un terrain favorable. C'est au sens propre qu'on *meurt de peur*. Aussi le stoïcisme de l'âme

[1] *Naissance de la clinique*, *op. cit.*, p. 158.

constitue-t-il un bon remède pour le salut du corps[1]. En ces temps de détresse, l'antique médecine de l'âme paraît seule en mesure d'aider l'homme, la médecine se révélant impuissante.

Ainsi la peur est un affect fondamentalement politique. On peut parler en ce sens de culture de la peur[2]. Une phénoménologie attentive fait apparaître une transition majeure du danger perçu comme la grande menace apocalyptique, en particulier épidémique (la peste) propre au Moyen Âge, à une culture de la peur fort différente qui se développera bien plus tard, avec le libéralisme. Le danger devient quotidien et constant : c'est la menace du crime, de la maladie, de la dégénérescence. Entre les deux se place l'épidémie de choléra de 1832, qui fait resurgir les images du temps de la peste. Tout avait pourtant bien commencé, en pleine insouciance, par un carnaval où l'on pouvait voir les enfants jouer à « Nicolas morbus » ou à « Scélérat morbus ». On se gausse de la maladie, jusqu'à l'effondrement, le visage bleu violet, du premier arlequin[3]. De nouveau les fossoyeurs sont débordés, les cercueils s'empilent. Les parlementaires et les fonctionnaires fuient Paris. Casimir Perier meurt de la maladie. Mais il faut pouvoir comprendre ce fléau étonnant qui se développe dans le temps et dans l'espace de manière étrange, frappe lourdement ici, épargne les hommes ailleurs. Le choléra devient une épidémie fondamentalement *politique*. Les légitimistes s'en emparent : ce que l'on paye, en fin de compte, c'est la colère de Dieu et les méfaits de la Révolution et du désordre social. Le choléra est le produit tout à la fois des mauvaises mœurs, de la misère des faubourgs, du paupérisme, de la criminalité. La *peur bleue* a un visage, qui est celui des socialistes. La contamination politique de l'Europe tout entière – à partir de la Révolution française de 1830 et des Trois Glorieuses – est représentée ainsi sur le modèle épidémique de la contamination par le vibrion du

---

[1] Voir Jean Delumeau, *La peur en Occident*, déjà cité, p. 156.

[2] Voir *Naissance de la biopolitique, Cours au Collège de France. 1978-1979*, Hautes Études / Gallimard / Seuil, Paris, 2004, p. 68.

[3] *Les malheurs des temps, Histoire des fléaux et des calamités en France*, sous la direction de Jean Delumeau et de Yves Lequin, Larousse, 1987, p. 412.

choléra[1]. De même, les mesures sanitaires qui sont prises pour contrer l'épidémie sont immédiatement assimilées à l'idée d'un nécessaire nettoyage du monde de la politique et des affaires, comme lors de la cinquième pandémie, pendant la Troisième République[2]. Le roi Louis-Philippe a été une cible de choix, à la fois pour les légitimistes et pour les républicains, et le choléra a alimenté la caricature politique avec une violence qui ne serait sans doute plus guère concevable aujourd'hui.

Baudelaire dira après la révolution avortée de 1848 : « Nous sommes démocratisés et syphilisés »[3]. On accuse les républicains d'empoisonner les eaux. Le choléra, c'est le socialisme et la dissidence politique, les émeutiers de la Commune sont peut-être victimes aussi de leur alcoolisme : le danger biologique est aussi bien social, peur épidémique et peur sociale s'alimentent mutuellement. Tout converge en ce sens, d'autant que la variole refait surface en dépit de la vaccination de masse du début du 19ème siècle : le virus fait 15 000 morts pendant le siège de Paris en 1870, trois fois plus que pendant la Commune à venir. Et la dysenterie, la rougeole et la scarlatine ne sont pas en reste. Mais globalement l'amélioration du niveau de vie et la fin des disettes limitent les effets des poussées épidémiques.

---

[1] Ainsi de la caricature "Le Choléra Morbus. Ah ! Chère Révolution de Juillet ! [1832, origine légitimiste]", in *Visages du choléra* de Patrice Bourdelais et André Dodin, Belin, 1987, p. 18. On y voit le choléra représenté comme un vagabond miséreux embrasser Marianne coiffée du bonnet phrygien. L'opinion française très favorable aux polonais ne pouvait qu'adhérer à une caricature montrant le géant russe secondé par le choléra venant mettre de l'ordre à Varsovie. Les armées restent un vecteur essentiel de diffusion des épidémies : cf. "La Barbarie et le Choléra Morbus entrant en Europe" [*La caricature*, 1831], *op. cit.*, p. 39. Le lecteur trouvera dans cet utile volume une iconographie à la fois médicale et politique, où la diffusion de l'épidémie cholérique et l'actualité politique du temps sont rendues parfaitement indissociables. La contagion épidémique sert de miroir à la diffusion des idées politiques et sociales.

[2] Voir "L'assainissement de Paris" [*Le Grelot*, 2 septembre 1883], *Visages du choléra*, *op. cit.*, p. 24. Cf. également l'hilarante *Visite des autorités à l'hôpital des cholériques* du Triboulet en 1884, p. 25.

[3] Claude Quétel, *Histoire de la syphilis*, Seghers, Médecine et histoire, Paris, 1986, p. 146.

La devise du libéralisme est bien « vivre dangereusement », qui conditionne les individus à vivre leur existence sous la menace du danger constant : la tuberculose, la syphilis. Mais le tréponème pâle et le bacille de Koch ne sont pas seuls responsables, ils ne produisent leurs effets que par les fléaux sociaux qui les accompagnent, alcoolisme, prostitution, décadence sociale. La tuberculose tue 9 millions de français en un siècle, tandis que la syphilis atteindrait environ 4 millions en 1902. La phtisie tue les plus jeunes et s'accompagne d'un lyrisme où la fièvre de l'âme accompagne la maladie de poitrine et la langueur. C'est une autre culture de la peur, en clair-obscur, plus diffuse, non nommée, alimentée par la peur de l'invisible : bacilles et microbes. La phtisie se contracte sur le zinc ou par abus vénérien, à l'image du syphilitique payant toute sa vie une faute de jeunesse et infectant sa descendance. La déchéance est aussi bien biologique que sociale ou morale, à l'image de la *Germinie Lacerteux* des Goncourt ou de *La fille aux yeux d'or* de Balzac. Le mal épidémique est profond : il est organique, mais aussi sociétal et moral. Car c'est la société elle-même qui est malade, selon la formule célèbre du docteur Héricourt en 1918. Toute politique s'accompagne d'une culture du danger. À ce titre, les grandes épidémies s'accompagnent d'autant de cultures de la peur. On peut distinguer en effet différents modèles : celui de la peur apocalyptique de la peste n'est pas celui de la tuberculose… On voit se mettre en place une société non plus tant de la peur que de l'angoisse généralisée, pour qui tout semble atteint jusqu'à la race elle-même, comme dans l'histoire des *Rougon-Macquart*. Aussi le carnet anthropométrique institué en 1912 comporte-t-il une rubrique sanitaire spéciale pour les vagabonds et autres « bohémiens » (vaccinations, hospitalisations...). L'itinérance du nomade n'est-elle pas celle-là même de l'épidémie et du mal ?

Une des caractéristiques majeures de l'épidémie est l'installation du désordre et du chaos dans la cité. Anomie et dérèglement règnent en maîtres, comme si le désordre devenait lui-même contagieux. En témoigne l'exemple instructif de la danse de Saint-Guy ou *manie dansante* qui se développe aux 13ème et

14ème siècles (la choréomanie). En 1278, le pont sur la Meuse à Maastricht va s'effondrer sous le poids des danseurs. En 1349, les jeunes filles et les femmes dansent pendant des jours devant un tableau de la Vierge, à l'approche de la peste. La venue d'une épidémie peut ainsi déclencher un autre phénomène épidémique. Le 15 juillet 1374, des couples de danseurs venus on ne sait d'où se répandent dans les villes du Rhin, entraînant les spectateurs dans la ronde. La danse de Saint-Guy est en effet un phénomène fondamentalement mimétique, une sorte d'épidémie extravagante qui connaîtra de nombreuses résurgences et que ne suffisent pas à arrêter complètement le mauvais temps ou les interdictions municipales. On pense que seules des processions dédiées à Saint Jean-Baptiste de Kilburg, puis à Saint Guy[1], parviennent à endiguer le désordre. De même, les épidémies de peste déclenchent des processions difficilement contrôlables de flagellants[2], comme en 1349, ou encore de *Bianchi*, groupes tout de blanc vêtus en Italie en 1399. On a vu aussi, en 1383, les artisans parcourir les rues de Florence en hurlant des slogans révolutionnaires.

Comment comprendre de tels phénomènes de contagion, qui concernent aussi bien la rumeur que les affects ou la violence ? Il convient de les aborder en instruisant une phénoménologie politique de l'imagination collective. Le concept proposé par Spinoza de connaissance par ouï-dire (ou du premier genre), comme processus de circulation de signes et de rumeurs collectives[3], se révèle ici particulièrement pertinent. Qu'est-ce qui

---

[1] Voir la description proposée par Jean-Noël Biraben, *Histoire de la pensée médicale en Occident*, sous la direction de Mirko D.Grmek, t.1, pp. 309-310.

[2] Les flagellants semblent esquisser une sorte de « démocratie directe » en s'adressant directement à Dieu et en critiquant la médiation du clergé. L'égalité des frères est fortement affirmée dans leurs statuts : « ... De reconnaître que nous sommes tous faits de la même substance, rachetés au même prix, doués du même talent, de sorte que nous ne pouvons nous appeler que frère et non compagnon », *Chronique des flagellants* de Hugo von Reutlingen et *Statuts des flagellants* [1349], cité par Nohl, *La mort noire, Chronique de la peste*, Payot, 1986, p. 274.

[3] Voir « Spinoza, l'anti-Orwell » d'Étienne Balibar, in *La crainte des masses Politique et philosophie avant et après Marx*, Galilée, 1997, p. 67.

caractérise ce mode de connaissance, qui est aussi bien un genre de vie ? L'imagination règne, qui nourrit à la fois l'illusion du libre-arbitre humain ou encore celle de l'existence d'un dieu personnel comme maître de la nature. L'épidémie, à l'aune des illusions téléologiques et anthropomorphiques, ne peut être perçue que comme un signe de la colère de Dieu et comme un châtiment. L'ignorance des causes de la nature, comme ordre impersonnel de la nécessité, contribue à faire de tout événement un signe ou un présage. Chacun croit lire partout les signes de sa déchéance à venir ou bien au contraire de son salut. Aussi l'âme oscille-t-elle en permanence entre la crainte et l'espérance qui se nourrissent l'une de l'autre. Cette *fluctuatio animi* caractérise le régime passionnel propre aux masses dans les contextes de crise. L'imagination collective est fondamentalement inconstante. Ce qui était hier motif de crainte sera demain un motif d'espérance et inversement.

Les hommes n'étant que des modes et non des consciences (la substance pensante de Descartes) ignorent ainsi les causes qui les déterminent et qui les font désirer. Spinoza découvre l'automatisme à la fois spirituel et affectif qui fait s'enchaîner les idées et les affects dans l'esprit de l'individu ou bien dans les manifestations collectives. Ces associations de représentations et d'affects sont soumises à des lois. Ainsi de l'identification affective ou imitation (*affectuum imitatio*) qui conduit chacun à désirer ce que les autres désirent, à haïr ou bien à craindre la même chose que tous les autres. La peur se révèle à l'évidence particulièrement contagieuse. Ma peur s'entretient de celle des autres, comme leur crainte de la mienne : « Qui fuit parce qu'il en voit fuir d'autres, ou qui a peur parce qu'il en voit d'autres avoir peur, ou bien encore, qui, de ce qu'il voit que quelqu'un s'est brûlé la main, serre sa main contre soi et meut son corps comme s'il était lui-même brûlé la main, nous dirons certes qu'il imite l'affect d'un autre »[1]. Et plus généralement, l'ambivalence

---

[1] Spinoza, *Éthique*, Seuil / Points Essais, 1999, trad. Bernard Pautrat, 3e partie, « De l'origine et de la nature des affects », proposition XXXIII, explication, p. 325.

affective fait fluctuer l'âme en permanence entre la crainte et l'espoir, l'amour et la haine, la joie et la tristesse. Le mal des ardents provoqué par le champignon hallucinogène de l'ergot de seigle n'est pas épidémique d'un point de vue biologique, mais sa capacité de contaminer des terroirs entiers a très vite donné l'impression d'une contagion, même si le parasite n'affecte le consommateur qu'à titre individuel. La perception culturelle de la contagion du mal s'est en quelque sorte *naturalisée.* Une contagion peut ainsi se répandre sans vecteur biologique.

S'exerce également à plein la crainte de la différence. Articulée à l'illusion de la finalité, elle rend nécessaire l'identification de boucs émissaires, de *semeurs de peste.* Aux causes naturelles introuvables, on substitue, comme on l'a vu, la thèse du complot ou de la machination qui a l'avantage de donner un sens humain à ce qui n'en a pas et de permettre à la violence de trouver de commodes exutoires.

La prophétie, qui trouve en période d'épidémie un terrain favorable, ne désigne que l'adhésion profonde d'un prophète aux mécanismes passionnels de son peuple. Spinoza est un grand théoricien de la circulation des idées et de la communication des affects, dont la situation épidémique constitue à bien des égards un modèle expérimental. Si l'objet théorique de l'*Éthique* est non pas le sujet individuel et conscient cartésien, mais le réseau de circulation des idées et des affects[1], on ne peut plus penser l'épidémie que dans des termes spinozistes, puisqu'on y observe alors, précisément, la dilution de l'individuel dans le collectif aveugle.

Le ressort fondamental de la superstition est bien entendu la crainte[2]. L'inconstance de la fortune conduit l'être humain à flotter sans répit entre l'espérance et la crainte. Spinoza a noté

---

[1] Étienne Balibar, *Spinoza, l'anti-Orwell, op. cit.*, p. 94.

[2] Au printemps de 1321, des cohortes entières de lépreux furent conduites au bûcher par les populations du midi de la France. Un roi maure, de Tunis ou de Grenade, aurait, croyait-on, fomenté un complot avec l'aide des juifs, destiné à empoisonner les chrétiens avec le concours des lépreux... Voir l'*Histoire des lépreux au Moyen Âge* de Françoise Bériac, déjà cité, pp. 140-143. Tout y est ou presque : les juifs, les maures et les lépreux.

que l'assurance et la jactance marquent les périodes de prospérité et, inversement, les supplications infantiles les temps de détresse. La description qu'il en donne dans la préface du *Traité théologico-politique* correspond très exactement à la situation épidémique : « dans l'adversité, par contre, ils ne savent plus où se tourner, demandent en suppliant conseil à tous et sont prêts à suivre tout avis qu'on leur donnera, quelque inepte, absurde ou inefficace qu'il puisse être. On remarque en outre que les plus légers motifs leur suffisent pour espérer un retour de fortune, ou retomber dans les pires craintes. Si en effet, pendant qu'ils sont dans l'état de crainte, il se produit un incident qui leur rappelle un bien ou un mal passés, ils pensent que c'est l'annonce d'une issue heureuse ou malheureuse et pour cette raison, bien que cent fois trompés, l'appellent présage favorable ou funeste »[1]. Quelque chose d'insolite sera de la même manière interprété comme un signe de la clémence ou bien de la colère de Dieu. Pour l'imagination individuelle ou collective, tout fait signe en temps d'épidémie, tout est présage. Par exemple, on pratique la « taille » contre la rage, qui consiste à inciser la peau du front et à appliquer l'étole de Saint Hubert. À Tournai, en 1348, obligation est faite de retailler les dés en grains de chapelet. C'est que le péché est tenu pour la principale source de l'épidémie. Plus profondément, on voit bien l'association faite entre la fortune du jeu et celle de l'épidémie qu'il s'agit de chasser. L'imagination se plaît à lire partout les signes d'un devenir possible, voire à user des signes comme moyen de conjurer le mal. Pour cette raison, l'anagramme ou la transmutation des lettres de *Pestilentia lenit Pietas* portée en amulette était fort prisée[2].

[1] Spinoza, *Traité théologico-politique*, GF Flammarion, 1965, p. 20.

[2] Johannes Nohl, *La mort noire, Chronique de la peste*, *op. cit.*, pp. 109-110. On diffusait aussi des monnaies contre la peste, comportant des signes mystiques, tels *Signum Rochi contra Pestem patronus*. Côté pile, Saint Georges terrassait le dragon de la peste ; côté face, l'invocation de Saint Roch devait conjurer le mal. La thématique de la monnaie est fort intéressante : on oppose la « mauvaise » circulation du mal épidémique et la « bonne » circulation fiduciaire des signes conjurateurs. Le fiduciaire est bien étymologiquement ce en quoi on peut avoir confiance et placer sa croyance.

L'essor de l'imagination superstitieuse est une constante de l'histoire : ainsi de l'épidémie de choléra au 19ème siècle, où l'on vit se multiplier les processions, comme celle qui réunit encore plus de 20 000 personnes en 1866 à Bruxelles et les invocations à Saint Roch ou à Notre-Dame de la Paix. De même, on pensait se protéger du mal en achetant en pharmacie des bouteilles « préservatives ». Il est vrai que l'on pensait aussi soigner le malade en lui faisant consommer des glaces et des boissons très fraîches ou encore en lui passant un fer à repasser le long de la colonne vertébrale.

Ce développement de l'imagination superstitieuse s'explique pour partie par la faillite de la médecine et notamment de la médecine médiévale scolastique pour le temps de peste. Dans sa *Grande Chirurgie*, Guy de Chauliac se fait l'écho de l'humiliation de la médecine confrontée à une pandémie qui mettait en évidence toutes ses carences. Car la médecine instituée, en tant qu'ordre symbolique, ne peut faire face au réel de l'épidémie, ce qui explique l'essor de l'imaginaire. Un symptôme, s'il en est, de cette défaillance du savoir médical qui est partie prenante de l'épidémie, c'est la polygraphie qui s'empare à cette occasion du monde médical et paramédical. On ne compte plus les traités portant sur la peste, les ouvrages destinés à la prévention, ou les « ordonnances ». Bien plus tard, Mercier, dans son *Tableau de Paris*, montrera finement que l'empirique a pour lui la chaleur, la parole sûre, la capacité de s'emparer de l'imagination de son patient, par contraste avec la froideur de la médecine. Il ajoute que les empiriques sont les seuls à parler au peuple[1]. Au total, la médecine, même objectivement suffisante, est subjectivement insuffisante, alors que l'empirisme supplée sa carence objective par un investissement subjectif des patients. En témoignent les médications de la syphilis, dans lesquelles l'élément subjectif semble bien plus présent que l'efficacité thérapeutique : on voit se multiplier les eaux de salubrité, les chocolats antisyphilitiques qui peuvent se prendre à l'insu de l'entourage, les nectars,

---

[1] Voir Claude Quétel, *Le mal de Naples, Histoire de la syphilis*, Seghers, *op. cit.*, p. 113.

et jusqu'aux fameuses dragées de Keyser qui firent la fortune de leur créateur. Il est vrai que ces remèdes passent mieux que les épouvantables frictions et autres fumigations de mercure dans des étuves surchauffées, qui bien souvent font mourir le pauvre malade après lui avoir fait évacuer d'invraisemblables quantités de salive. Ceux qui se retrouvent « poivrés » n'ont plus qu'à aller suer à l'hôpital. Cette circulation épidémique de la peur articulée à un désordre exponentiel ne pouvait évidemment que favoriser la mise en place de stratégies biopolitiques visant à réduire la confusion et à circonscrire le chaos.

V

L'ÉPIDÉMIE COMME LABORATOIRE BIOPOLITIQUE ÉLÉMENTS DE GÉNÉALOGIE DU POUVOIR

Notre proposition est que la question des épidémies joue un rôle central pour la médecine en tant que politique, mais aussi comme authentique laboratoire politique. On sait qu'en Chine les empereurs Qing avaient la responsabilité de rédiger eux-mêmes les recettes contre les épidémies. À mesure que la médecine se révèle de plus en plus politique, au fil de l'histoire, on assiste également à une constitution médicale de la politique. La politisation de la médecine et la médicalisation de la politique vont bien de pair. Aussi une généalogie de la biopolitique ne peut-elle faire l'économie d'une réflexion sur la question des épidémies, qui exerce sans doute ici une fonction matricielle[1].

Ce n'est pas par hasard que la lèpre et la peste jouent un rôle absolument central dans l'analyse des mécanismes de pouvoir telle que la propose par exemple Michel Foucault. Les stratégies mises en œuvre par le pouvoir à l'occasion des épidémies sont autant de modèles de ses pratiques disciplinaires. L'analyse de la lèpre, pour ne citer qu'elle, est placée au cœur de la réflexion sur le mécanisme d'exclusion par lequel la société rejette à ses marges tous ces indésirables que sont les fous, les malades, les criminels, les déviants ou les pauvres. On le voit, l'exclusion du lépreux a constitué le modèle de toute pratique de

[1] L'anecdote est, comme souvent, révélatrice. Le terme de carabin viendrait du corps d'hommes armés de carabines affecté à la protection des médecins et des chirurgiens en temps de peste, comme à Lyon lors de l'épidémie de 1628. Cf. sur ce point Monique Lucenet, *Les grandes pestes en France*, *op. cit.*, p. 158.

ségrégation, même quand elle ne s'applique pas à des malades. L'épidémie fonctionne comme un laboratoire biopolitique dans lequel s'est formée, essayée ou améliorée, au fil du temps, une pratique du pouvoir.

La lèpre hante l'Europe du haut Moyen Âge jusqu'à la fin des Croisades. Louis VIII établit le règlement des léproseries, qui auraient été au nombre de 2 000 vers 1266 en France (et 19 000 à travers toute la chrétienté)[1]. On parle de 600 000 lépreux en Europe vers 1300[2]. La lèpre institue le grand partage entre deux populations en rejetant les malades au-delà des villes, dans ce que Michel Foucault nomme « un monde extérieur confus ». Il note que les lépreux étaient déclarés morts dans une cérémonie funèbre qui rendait également leurs biens transmissibles. Morts au monde, mais vivants pour Dieu : on leur faisait lecture des sept grandes interdictions qui devaient régir leur nouvelle vie et de l'inventaire de leur trousseau (dont les vêtements longs et la fameuse *cliquette*). Les pelletées de terre offrent le simulacre d'une inhumation. Rejetés de l'Église, les lépreux attestaient néanmoins pour Dieu, aussi bien de sa colère que de sa bonté. En fait, la lèpre a sans aucun doute constitué le laboratoire de la pratique disciplinaire la plus ancienne, celle de la ségrégation et de la relégation. Aux lépreux reclus vont venir s'ajouter les lépreux forains, qui mendient de village en village, théoriquement avec une lettre des autorités civiles et ecclésiastiques. Il semble que les lépreux reçus dans les grandes maladreries aient assez bien vécu, avec une nourriture abondante, au contraire des

---

[1] Chiffre cité par Michel Foucault, *Histoire de la folie à l'âge classique*, p. 13. Il faut noter le fait que l'*Histoire de la folie* débute par une invocation de la peste. L'épidémie constitue l'une des grilles biopolitiques permettant de penser le pouvoir et ses mutations.

[2] Voir « Les maladies en Europe : équilibres et ruptures de la pathocénose » par Jean-Noël Biraben, in *Histoire de la pensée médicale en Occident*, sous la direction de Mirko D. Grmek, t. 1, Antiquité et Moyen Âge, Seuil, 1995, p. 303. L'auteur évoque aussi l'exemple intéressant de l'intoxication par l'ergot de seigle ou feu sacré, où l'épidémie est perçue comme un feu qui consume le corps de l'intérieur. Non contagieux en lui-même, le « mal ardent » prend pourtant une forme épidémique en frappant des villages entiers.

itinérants ou des ladres qui vivent en cabanes ou dans de petites structures. La cérémonie qui officialise l'existence de la lèpre prend la forme d'une épreuve, sans doute sur le modèle suggéré par la Bible au chapitre 13 du *Lévitique*, dans lequel le prêtre doit examiner la tumeur, séquestrer le malade pendant plusieurs périodes de 7 jours et reconnaître, s'il y a lieu, les signes de la lèpre pour déclarer l'impureté[1]. Un jury composé de ladres ou de forme mixte (un médecin, un barbier et des lépreux) examine le présumé malade. Il semble que l'on soit passé d'un jury de lépreux à un jury médical[2], dans une sorte de médicalisation de la lèpre. La communauté des ladres fonctionne de manière quasi conventuelle, sans s'assimiler vraiment à une institution monastique, puis elle se transforme de plus en plus en hôpital pour les lépreux, animé par des frères hospitaliers. Ensuite, la lèpre va disparaître à la fin du Moyen Âge. En 1635, les habitants de Reims font procession pour remercier Dieu de sa disparition. Les biens des maladreries sont alors affectés aux hôpitaux. La ségrégation et la rupture avec les foyers d'Orient de la maladie à la fin des Croisades avaient contribué, en effet, à vider les léproseries. En outre, le bacille de la tuberculose, comme l'on sait, offre une relative immunité contre le bacille de Hansen. La lèpre semble renvoyer à un statut qui peut inclure les sorcières, les hérétiques, ceux que l'on voulait exclure pour des raisons économiques, plutôt qu'à la maladie de Hansen comme telle. Elle a fonctionné comme une structure d'exclusion, religieuse, sociale et économique[3].

D'autres figures que celle du lépreux viendront occuper la structure désormais vide de la léproserie. En premier lieu, les vénériens viendront se substituer aux lépreux en étant affectés

---

[1] « Tant que durera son mal, il sera impur et, étant impur, il demeurera à part : sa demeure sera hors du camp », *Lévitique*, 13. Le texte prévoit par ailleurs des sacrifices et un minutieux rituel de purification du lépreux.

[2] Voir l'ouvrage de Françoise Bériac, *Histoire des lépreux au Moyen Âge Une société d'exclus*, Imago, 1988, p. 58.

[3] Cf. *La peste noire, Grandes peurs et épidémies 1345-1730*, de William Naphy et Andrew Spicer, Autrement, Collection Mémoires n° 95, 2003, pp. 144-147.

dans les ladreries, souvent au plus grand effroi des lépreux eux-mêmes... Ensuite les hôpitaux, comme l'Hôtel-Dieu de Paris, seront chargés de les recevoir. Les pauvres, les correctionnaires, les aliénés viendront plus tard se substituer aux ladres[1]. D'autres menaces se font jour ainsi que d'autres peurs – et donc d'autres pratiques d'exclusion et de purification du collectif. Le grand renfermement indistinct de la population, vers la fin du 17e siècle – suite à la révocation de l'Édit de Nantes – en témoigne puisqu'il met en pratique le modèle ségrégatif de la lèpre[2]. La hantise de la folie est comparée par Michel Foucault à celle de la lèpre à laquelle elle vient succéder. Un autre modèle, presque aussi ancien, a été réactivé à la fin du 17e et au début du 18e siècle, celui de la peste.

L'Occident n'aurait ainsi connu que deux grands modèles : d'une part l'exclusion de la lèpre[3], d'autre part l'intégration par le quadrillage disciplinaire de la peste. Ce qui montre bien que la constitution biopolitique du pouvoir a supposé la réactivation de très anciens modèles de pouvoir, qui s'étaient formés en réponse aux grandes épidémies que l'homme avait connues dans un lointain passé. Cependant ces mécanismes constitués dans le

---

[1] *Histoire de la folie à l'âge classique*, p. 16.

[2] Voir la leçon de Michel Foucault du 15 janvier 1975, dans *Les anormaux, Cours au Collège de France 1974-1975*, Hautes Études/ Gallimard/ Seuil, 1999, pp. 40-41.

[3] Le vocabulaire atteste du rejet du lépreux : ladre, cagot, bordes, mazal au nez rongé, mesel (du latin *misellus*, diminutif de *miserus*), malaude, degiet (abject ou rejeté). Le ladre est rejeté de la communauté. Il ne peut pratiquer que des professions infamantes, souvent en lien avec la mort. Cordier, il fabriquera la corde des pendus ; charpentier, les cercueils. La lèpre est déjà une figure de la mort dans la vie. En témoigne l'étonnante communauté des cagots du Sud-Ouest, aux origines énigmatiques, et qui fait l'objet d'un strict marquage : les cagots doivent porter des pattes de canard en tissu rouge et n'ont pas droit à un nom de famille, mais seulement à un prénom suivi de la mention « cagot ». On parle aussi de borde, sans doute par association entre la lèpre et l'idée de violation d'un interdit sexuel. Les léproseries ayant abrité de plus en plus de faux lépreux – la maladie reculant au fil des siècles – étaient réputées abriter d'étranges bacchanales sexuelles. Le terme de bordel dérive de borde. Mais il est vrai aussi que la figure du lépreux est fondamentalement ambivalente : à la fois pécheur châtié et image du Christ souffrant.

contexte des pandémies ont par la suite fonctionné indépendamment de leur foyer d'origine, aboutissant à autant de pratiques généralisées du pouvoir[1].

Le médecin du pape Clément VI, Guy de Chauliac, est l'un des premiers à isoler les malades dans des cabanes et à pratiquer des autopsies pour rechercher les causes du mal. Un premier édit d'hygiène publique portant sur le nettoyage des rues est promulgué par le roi Jean II le Bon. Des mesures prophylactiques seront prises progressivement : quarantaines, désinfection des villes, institution de « billets de santé » pour les voyageurs. Au début du 16e siècle, des règlements sont institués sous l'égide d'un capitaine de peste, appuyé par des bureaux de peste. La charge de commissaire à la santé était devenue permanente dès le 15e siècle en Italie. Un *fisicus epidemie* (le versant médical du soin médiéval) et un *ciroicus epidemie* (son versant chirurgical) sont recrutés, comme à Milan[2]. On peut se demander

---

[1] La première quarantaine – le terme venant du délai de 40 jours imposé – comme forme biopolitique exemplaire, apparaît en 1377 à Dubrovnik. M. D. Grmek y voit une conséquence de l'incapacité des médecins à fournir un diagnostic précis de la peste. On sait que Venise avait pris d'importantes mesures sanitaires. Le premier lazaret apparaît en 1423 dans le monastère de Sainte-Marie-de-Nazareth. Milan avait prévu des mesures de désinfection au début du 14e siècle. Des registres des morts sont dressés à Milan, Mantoue et Venise. De manière générale, les cités italiennes sont à l'origine des premières opérations de santé publique, dans le contexte urbain du premier capitalisme marchand : elles recrutent ainsi des *medici condotti* dès le 13e siècle. Une correspondance entre États se met en place, rompant pour la circonstance avec une forte tradition de secret d'État (cf. *La peste noire*, *op. cit.*, p. 64). On trouvera des *Stadtphysikus* ou *Stadtartz* en Allemagne au 14e siècle. Les commissions de santé, d'abord provisoires et liées aux épidémies, deviennent ensuite permanentes : *provveditori* de Venise, offices de santé, inspecteurs de quartier. Cf. sur ce point la remarquable contribution d'Olivier Faure « Les stratégies sanitaires », in *Histoire de la pensée médicale*, t. 2, pp. 280-281. Secrétariats de santé et ordonnances de peste prises par les villes constituent sans nul doute l'élément matriciel d'une nouvelle technologie biopolitique de contrôle.

[2] Voir « Les médecins et l'Office de santé : Milan face à la peste au XXe siècle », dans *Médecine et société, De l'antiquité à nos jours*, sous la direction d'Anne-Marie Flambard et Yannick Marec, Publications des Universités du Havre et de Rouen, 2005, p. 59.

dans quelle mesure l'épidémie de peste n'a pas constitué un lieu d'expérimentation du pouvoir dictatorial, le capitaine de peste ayant tous les pouvoirs[1]. Le territoire infesté par la peste, en effet, est isolé puis quadrillé minutieusement (en districts, quartiers, rues) sous la vigilance des autorités (gouverneur, inspecteurs, surveillants). C'est que l'épidémie est une sorte de guerre où l'ennemi est celui qui *laisse passer* la contagion[2]. Il faut donc envisager une pratique politique et pas simplement médicale. Aussi le conseil de santé est-il, à Florence, placé sous la coupe de la police politique. À Milan, il est directement placé sous les ordres du Duc. À Venise, il est rattaché au Conseil des Sages.

Un contrôle strict se met en place, visant des mouvements de populations des autochtones, mais aussi – déjà – des mendiants, des vagabonds, des forains ou des étrangers, par le biais des services du guet et des hôteliers. Le pauvre et l'étranger devenant, à l'occasion des épidémies, autant d'agents potentiels de contagion, un sévère contrôle de ces populations se met donc en place. On peut ainsi formuler l'hypothèse que les situations épidémiques ont constitué autant de laboratoires pour la mise en place d'un pouvoir disciplinaire dont le but est de contrôler les populations marginales jugées dangereuses. L'épidémie a bien permis à la médecine de se socialiser et de se politiser, tout de même que la politique s'est médicalisée. L'épidémie a clairement constitué un facteur essentiel dans la constitution à la fois d'une médecine sociale et d'un pouvoir disciplinaire.

Par ailleurs, à l'intérieur des villes, un pouvoir pyramidal exerce une surveillance et un enregistrement continus. Chaque inspecteur visite les maisons deux fois par jour pour séparer les malades des bien-portants, chacun devant se présenter à une fenêtre pour attester de sa présence et de son état[3]. Le pouvoir

---

[1] Voir *Les malheurs des temps, op. cit.*, p. 208.

[2] La métaphore est de E. Le Lièvre en 1582 dans son *Epydimyomachie, ou combat de la peste avec le règlement politique, plus une Énigme sur la fin inventée tout exprès*. Le terme d'*épydimyomachie* est significatif : l'épidémie est bel et bien un état de guerre et elle requiert en conséquence une politique d'exception.

[3] *Les anormaux*, *op. cit.*, p. 42.

disciplinaire assigne alors des places et prend en charge chaque individualité en tenant le registre des différences constatées, là où le partage de la lèpre rejette sans distinction toute une population indéterminée de lépreux. La lèpre suppose d'établir une distance dans une pratique de purification du corps social et politique[1], alors que la peste intègre et différencie la population dans le champ de régularité que les autorités sanitaires et politiques établissent. Dans un cas, une population se trouve marquée en masse ; dans l'autre, elle fait l'objet d'un examen minutieux qui rapporte chacun à une norme de santé. Du marquage[2] à l'examen, du modèle disciplinaire de la lèpre à celui de la peste, c'est toute une mutation du pouvoir, que Foucault date du 18e siècle. La constitution biopolitique du pouvoir, dont le but est de favoriser une population saine et productive, d'inciter plus que de réprimer, a supposé l'adoption du modèle de la peste, car la pratique de ségrégation de la lèpre est encore tournée vers les vieux attributs du pouvoir : la mort, la discontinuité dans le temps (le rejet est définitif), l'anonymat du groupe. Le modèle de la peste permet, tout au contraire, de prendre en compte l'individualité dans une microphysique du pouvoir, d'encourager plus que de détruire, de faire vivre plus que de faire mourir.

En ce sens, il faut opposer, dit Foucault, le rêve littéraire de la peste, celui d'une décomposition de l'individualité et de la loi dans un grand rêve orgiaque (« La peste franchit la loi, comme la peste franchit les corps »), au rêve politique d'un pouvoir exhaustif, total, prenant en charge de manière différenciée la totalité de la population. La peste, c'est aussi bien une société pestiférée, où le désordre est porté à l'extrême dans l'orgie de la confusion, que l'élaboration contraire d'une société militaire où

---

[1] En pratique, l'historien relève une grande diversité de situations et, globalement, une police des ladres bien insuffisante. Ainsi, les échevins de Poitiers doivent répéter huit fois l'interdiction faite aux lépreux d'entrer en ville entre 1413 et 1466. Voir sur ce point *Histoire des lépreux*, *op. cit.*, p. 198.

[2] L'action des marqueurs consiste à identifier les maisons pestiférées en y traçant une croix : une rue de Rouen dite rue du Clos-des-Marqueurs garde la mémoire de cette pratique. On se servait aussi de ballots de paille accrochés à une perche.

l'ordre règne dans toute la plénitude de son exercice. Classer, différencier, ordonner : la raison classique du Grand Siècle y montre tout à la fois son fantasme d'ordre et sa hantise de la confusion. La centralisation de la monarchie absolue sous l'égide de Colbert parvient à empêcher la peste d'entrer dans Paris en 1667 par de strictes mesures d'interdiction de circulation et de quarantaine. Le cordon sanitaire autour de la Provence et le blocus de Marseille lors de la peste de 1720 permettront également d'éviter une catastrophe nationale[1]. Le chef d'escadre des galères de Langeron finit par obtenir du Régent les pleins pouvoirs comme commandant de Marseille. Le parlement d'Aix protesta régulièrement, mais en vain, contre les mesures prises, y voyant avec raison une occasion pour le pouvoir monarchique de développer la centralisation administrative. On peut ainsi former l'hypothèse que les épidémies ont constitué un vecteur essentiel de la centralisation monarchique de la France et plus encore un terrain d'expérimentation pour la rationalité politique. Il y a dans le contexte de crise épidémique grave quelque chose comme l'apparition d'un *état d'exception*, au sens politique.

Cependant, une même dialectique unit sans aucun doute les deux moments : le grand rêve disciplinaire de l'ordre s'alimente à la confusion totale de la société pestiférée. La peste et son modèle biopolitique jouent un rôle central dans la constitution d'une monarchie absolue et administrative avec son appareil normalisateur. Il ne s'agit plus en effet de nier (bannir, châtier, reléguer), mais d'affirmer, d'inciter, de produire (du savoir, des richesses). Il faut ainsi repérer un déplacement généalogique majeur dans les pratiques du pouvoir, ce qui suppose de faire porter l'analyse sur la constitution des mécanismes disciplinaires lors des grandes crises épidémiques, de montrer comment ils ont été « exportés » dans d'autres contextes, pour devenir enfin autant de modèles constants et continus de l'exercice du pouvoir. Les épidémies semblent avoir favorisé le développement

[1] Le blocus sanitaire mis en place en 1739 contre la peste venue de l'empire ottoman par la monarchie austro-hongroise se révéla fort efficace. Il est vrai que l'on fusillait ceux qui voulaient passer en contrebande.

des hôpitaux médiévaux, comme par exemple celui de Pistoia, en Toscane, qui s'était illustré lors d'une épidémie de peste. La laïcisation des structures d'assistance semble également avoir été accélérée par la confrontation aux épidémies, qui exigeaient davantage de contrôle public[1]. En 1607, Henri IV crée l'Hôpital Saint-Louis pour les malades de la contagion à Montfaucon. Par une sorte de ruse de la raison à la fois naturelle et historique, les épidémies ont fait notablement progresser l'hygiène et l'état sanitaire de la population. La syphilis est restée quelque peu à part, sans aucun doute pour des raisons morales, les vérolés ayant été longtemps chassés des villes et refusés à l'Hôpital général ou à l'Hôtel-Dieu. Il faut attendre en effet 1690 pour que les vénériens des deux sexes soient admis à Bicêtre[2], dans des conditions du reste épouvantables, le redoutable traitement mercuriel tuant souvent les malades. Ailleurs, les vénériens sont la plupart du temps refusés ou bien placés dans des dépôts de mendicité, suite au décret royal du 3 août 1764. C'est à cette époque que l'on voit apparaître les premiers fichiers sanitaires spécialisés. Il semble que la moralité ait permis l'intégration (si difficile pourtant) des vénériens en commençant par les femmes enceintes et les femmes infectées par leurs maris. Il fallait avoir, au 18e siècle, un billet du curé et du chirurgien pour pouvoir être soigné. Pendant longtemps, les traitements avaient pris la forme d'une volée de bâton.

Il faudra attendre la Révolution et l'Empire pour que les vénériens soient véritablement hospitalisés. Ricord, le médecin de Napoléon III sera le grand clinicien de la syphilis. Viendra ensuite l'ère de Fournier à l'Hôpital Saint-Louis, qui est déjà un haut lieu de la dermatologie, avec ses étonnantes *cires*[3]. Avant cela, également par une sorte de ruse de la raison historique, la

[1] Sur l'articulation de la question des épidémies et de celle des hôpitaux, voir « L'assistance dans la civilisation chrétienne médiévale » de Jole Agrimi et Chiara Crisciani, dans *Histoire de la pensée médicale*, *op. cit.*, pp. 161-162.

[2] Voir C. Quétel, *Histoire de la syphilis*, *op. cit.*, p. 128 et p. 190 et suivantes.

[3] Il y aurait une histoire à faire de la pédagogie médicale comme outil de lutte contre l'épidémie, depuis la pièce d'E. Brieux, *Les avariés* (étonnant théâtre de prophylaxie anti-syphilitique), jusqu'aux gravures de Rambert.

peste a modifié en profondeur toute l'économie du Royaume en révolutionnant le modèle traditionnel de subsistance, en faisant augmenter les salaires et, à terme, en créant de la richesse[1].

Dans *Surveiller et punir* de Michel Foucault, l'analyse du panoptisme disciplinaire commence - et ce n'est pas un hasard - par une analyse méticuleuse du quadrillage des villes pestiférées. Ne circulent plus que les syndics, les intendants et les soldats de la garde dans des villes quadrillées et soumises à un règlement minutieux. Pour réduire dans toute la mesure du possible les contacts, l'approvisionnement passe par des paniers et des cordes[2]. La ville infectée est déjà le lieu d'une expérimentation disciplinaire du panoptisme. Il s'agit de rendre possible au regard des autorités une inspection continue et cet appareil à observer est aussi bien un appareil à enregistrer. Nul ne peut donc être soigné – et donc malade – sans que les autorités le sachent : « l'enregistrement du pathologique doit être constant et centralisé »[3]. Chacun est fixé à sa place et son quotidien y est minutieusement enregistré. « À la peste répond l'ordre ; il a pour fonction de débrouiller toutes les confusions... Contre la peste qui est mélange, la discipline fait valoir son pouvoir qui est d'analyse »[4]. Un pouvoir analytique, micrologique, se met en place, susceptible de prendre en charge chaque individualité dans le détail de sa vie. À chacun sa maladie, sa place, son nom, contre le pouvoir de subversion de la mort noire qui brouille toutes les identités. L'épidémie suscite ainsi le fantasme de la communauté pure (avec la lèpre) ou de la société disciplinée (avec la peste). La peste est généalogiquement première pour l'instruction du pouvoir disciplinaire. Ce pouvoir ramifié et en quelque sorte capillaire étend son quadrillage tactique à toute la

---

[1] Voir sur ce point *La peste noire, Grandes peurs et épidémies, 1345-1730*, déjà cité, p. 33.

[2] M. Foucault, *Surveiller et punir, Naissance de la prison*, Gallimard, Paris, 1975, p. 197. Le modèle de la peste sert de fil conducteur pour l'analyse du fonctionnement panoptique du pouvoir disciplinaire. Foucault fait référence aux *Archives militaires de Vincennes*.

[3] *Ibid.*, p. 198.

[4] *Ibid.*, p. 199.

cité. La peste est l'utopie de la gouvernementalité totale, le rêve politique d'une discipline portée à son ultime perfection, tout comme la lèpre est celle du grand partage et de l'exclusion. Tout pouvoir, quand il use de ces pratiques du partage ou du découpage, retrouve quelque chose de ces grandes expériences politiques et sociales suscitées par les épidémies. Le déplacement consiste à appliquer ce qui vaut en situation d'exception, face au fléau, à la continuité de l'existence quotidienne des hommes. Il ne s'agit pas seulement de lutter contre le mal, mais de produire le bien, c'est-à-dire de majorer les effets de pouvoir et ce faisant la productivité de la population. Le modèle politique de la peste est encore trop tourné vers la mort, il est d'essence négative, *thanatocratique* pourrait-on dire. On y règne par et sur la mort. Or les disciplines modernes doivent se tourner vers la vie[1].

Le pouvoir normalisateur moderne croise les deux techniques de la relégation et du quadrillage. Il donne à des structures d'exclusion sur le modèle de la lèpre une capacité d'intégration disciplinaire des différences individuelles, empruntée au modèle de la peste. Exclure et intégrer en même temps, identifier et différencier, marquer et examiner, en bref traiter les nouveaux lépreux (malades, pauvres, chômeurs, délinquants) comme des pestiférés, tel est le propre de la pratique normalisatrice qui se met en place aux 18e et 19e siècles. Chaque grande époque du pouvoir peut se comprendre par référence à un grand modèle épidémique. Ainsi de l'exclusion et du partage (la lèpre), du quadrillage disciplinaire (la peste), et du croisement des deux modèles où le lépreux est traité comme un pestiféré (le pouvoir disciplinaire). À titre d'hypothèse, le sida est sans doute au cœur de la mise en place de la *société de contrôle*, concept proposé par Gilles Deleuze et travaillé par Michel Foucault qui, fauché lui-même par la maladie, n'a pas eu le temps d'en poursuivre l'analyse.

Ces modèles disciplinaires resteront longtemps prégnants. Ainsi, l'histoire de la tuberculose montre, s'il en était besoin, comment on a su réactiver à la fois la pratique d'exclusion de la

---

[1] *Ibid.*, pp. 206 et 211.

lèpre et la pratique normalisatrice de gestion différenciée propre à la peste. L'institution du sanatorium apparaît comme l'utopie d'un espace neuf et saturé de pouvoir médical. C'est un lieu d'exclusion qui isole les malades tuberculeux et, aussi bien, un espace où s'expérimente une discipline quasi monastique extrêmement fine. Les malades sont isolés, le crachoir remplaçant la cliquette du lépreux. C'est qu'il faut bien cacher la maladie qui souille le nom[1], isoler le bacille maudit en reléguant les *tubards*. Le premier sanatorium est construit en Silésie à Goerbersdorf par Brehmer en 1854. Son disciple Falkenstein construira dans le Taunus, en 1876, l'établissement qui servira de modèle à la construction de tous les autres[2]. Le sanatorium est l'utopie d'un espace autre, il est une hétérotopie, selon la belle formulation de Michel Foucault. Le quotidien y fait l'objet d'une ritualisation minutieuse (suralimentation de la cure hygiéno-diététique, cures de repos dans les galeries orientées au sud avec la sacro-sainte cure de silence après le déjeuner, mythologie de l'air pur de la mer ou de la montagne) dans laquelle à chaque moment de la journée se voit attribuer une fonction spécifique dans une stricte discipline assurée par l'infirmière-chef : utopie d'un monde de discipline pure, intériorisée par le malade lui-même. Ce monde clos du sanatorium, quasi conventuel, a fini même par figurer une sorte d'âge d'or, au point que certains anciens malades s'en souvenaient avec nostalgie. C'est sans doute ce qui explique le rôle important joué par des mouvements comme l'association Guy-Renard par exemple, dans la promotion d'une solidarité

---

[1] En témoigne bien souvent le maquillage de la maladie dans la déclaration des causes de décès au titre des « causes inconnues ».

[2] Voir l'ouvrage de référence de Pierre Guillaume *Du désespoir au salut : les tuberculeux aux 19e et 20e siècles*, Aubier, 1986, p. 51. Cet ouvrage complète l'approche plus idéaliste proposée par I. Grellet et C. Kruse dans *Histoires de la tuberculose, les fièvres de l'âme, 1800-1940,* Paris, Ramsay, 1983, dans un livre centré sur les représentations mythologiques de la maladie et qui est rédigé dans le droit fil d'une thèse de doctorat dirigée à l'origine par Roland Barthes. On peut y voir comment une vision spiritualiste de la maladie, représentée comme une « fièvre de l'âme », en arrive à masquer la dimension beaucoup plus prosaïque et matérialiste de la misère sociale et de la souffrance des corps.

d'anciens. Mais il faut aussi montrer la ligne de fracture qui sépare les sanatoriums accueillant les malades les plus fortunés, sur le modèle du *Berghof* de Thomas Mann, des établissements populaires dévolus au travail et à un encasernement bien plus primaire, tels ceux de Bligny, Angicourt ou Hauteville. On vit aussi apparaître des colonies agricoles pour militaires, constituées en véritables villages, comme à Tonnay-Charente[1]. À la méditation existentielle des sanas de luxe s'oppose une forme bien plus matérielle de discipline par le travail dans les institutions destinées aux milieux populaires. Une forme extrême de ce dispositif fut proposée en 1918 par Héricourt, avec le projet de véritables mouroirs et de *tuberculoseries* pour les indigents incurables[2]. Le lit y revient à 1 000 francs contre 10 000 francs pour les sanatoriums. Chaque poussée épidémique verra ainsi renaître des léproseries d'un nouveau genre, constituées en mouroirs. Certains eugénistes proposeront même la *destruction* pure et simple des tuberculeux. Du sanatorium huppé à la tuberculoserie en passant par le sanatorium populaire, on mesure, s'il en était besoin, les effets des conditions sociales et de l'adaptation des disciplines à la différenciation des types de publics.

La tuberculose a permis également le développement de tout un marché spécifique du médicament, en utilisant la peur des malades, en particulier celle des plus fortunés. Les produits de synthèse se multiplient : nouveaux sels d'or de Paul Ehrlich, véritable fondateur de la chimiothérapie par la mise au point de produits de synthèse, *sanocrysine* de Mollgard, *allochrysin*e de Lumière, sulfamides à partir du travail de G. Domagk. On voit aussi se diffuser toute une pharmacopée fantaisiste de charlatans vantant quantité de produits miraculeux. Bien des aigrefins y trouvèrent l'occasion de tirer profit de l'imagination angoissée des malades. Il est vrai qu'on défendit très longtemps les vertus du lait (au point d'imaginer d'élégants boudoirs placés sur des étables), du bouillon de limaçon ou encore des baumes du Pérou ou de La Mecque.

---

[1] *Du désespoir au salut*, *op. cit.*, p. 275.

[2] *Ibid.*, p. 228.

Non que l'idée du danger représenté par la contagion tuberculeuse n'ait pas suscité des résistances et n'ait pas été admise avec bien des difficultés. On sait comment la tuberculose animale a provoqué dès 1900 l'apparition d'une réglementation draconienne prescrivant l'abattage des animaux, alors même que la déclaration des cas humains n'était même pas obligatoire[1]. On sait que Villemin, médecin militaire, avait forgé dès 1865 l'hypothèse d'un virus dont il put démontrer, en expérimentant sur les lapins, qu'il était inoculable. Il publie en 1868 ses *Études sur la tuberculose*, dans lesquelles il s'élève contre les théories de la tuberculisation héréditaire ou de la diathèse tuberculeuse. Il affirme la thèse de l'unicité de la tuberculose, il en montre la contagiosité et il écarte ainsi la théorie de la génération spontanée[2]. Koch démontrera la valeur épistémologique des théories de Villemin en découvrant le BK en 1882 et en en réalisant la culture pour inoculer les bacilles. On vit pourtant les tenants de l'hérédité s'opposer encore longtemps à ceux de la contagion. Bien des médecins résistèrent à la thèse de la contagion (de même que le choléra fut déclaré en 1832 maladie épidémique, mais non contagieuse) et aux hygiénistes, comme en témoigne le débat sur la déclaration obligatoire de la maladie.

C'est que la tuberculose recèle une ambiguïté considérable. Elle est à la fois la phtisie, dans son image romantique, où se noue un dialogue spécifique du patient avec son médecin dans le cadre particulier du sanatorium, et une maladie sociale de la misère et de l'insalubrité de l'habitat. Fièvre de l'âme ou misère du corps[3]? Maladie héréditaire ou bien contagieuse et donc liée à des conditions environnementales ? L'affirmation de la thèse

---

[1] *Du désespoir au salut*, p. 61. Il y aurait toute une histoire des épidémies et des épizooties à écrire, qui serait aussi bien une comparaison du rapport à l'animal et du rapport à l'humain.

[2] *Ibid.*, p. 107-110.

[3] La chirurgie thoracique, si présente en sanatorium, a mis en place le pneumothorax, les injections intra-pleurales ou la terrible thoracoplastie, qui désosse le patient ou plombe les poumons en introduisant une masse de paraffine entre la paroi musculaire et le poumon.

de l'hérédité risquait de jeter l'opprobre sur les familles, là où la théorie de la contagion pouvait, elle, alimenter la panique. La tuberculose fut le lieu d'un conflit entre médecins, plus orientés vers les thèses héréditaires, et hygiénistes soucieux, à partir du célèbre *Mémoire à l'Académie de Médecine* de Villemin en 1828, d'étudier les conditions sociales en développant l'outil statistique, comme Bertillon, ou bien le fichage sanitaire des maisons, comme Juillerat à Paris à partir de 1894. On vit ainsi très longtemps s'opposer l'Académie de Médecine et le Comité d'Hygiène publique.

La tuberculose rendit nécessaire la mise en place de dispositions réglementaires et de moyens spécifiques de lutte contre l'épidémie. La loi de mars 1822 joue un rôle considérable en ce qui concerne la police sanitaire et les modalités de la mise en quarantaine[1]. Presque un siècle après, Léon Bourgeois institue par la loi du 15 avril 1916 des dispensaires d'hygiène sociale et de préservation anti-tuberculeuse. Les dispensaires délivrent des médicaments, offrent des consultations gratuites, contribuent à l'éducation populaire. La loi du 7 septembre 1919 définira plus précisément le rôle des sanatoriums publics et privés. L'État sera aussi amené à prendre des dispositions pour ses employés particulièrement menacés par la contagion. Le modèle anglais du dispensaire, établi par l'œuvre pionnière de Sir Robert Philip, viendra enfin compléter le modèle allemand du sanatorium. Les thèses de Léon Bourgeois ont contribué, sans conteste, à faire passer la lutte contre la tuberculose de la dimension classique de la charité à celle du devoir national de solidarité[2]. L'épidémie

---

[1] *Du désespoir au salut*, *op. cit.*, p. 173. La toute première mesure de lutte anti-tuberculeuse date de mai 1683, quand Louis XIV accorde des lettres patentes à un hôpital, appelé Maison de Saint-Marcoul, destiné aux incurables tuberculeux. Cf. *Peurs et Terreurs face à la contagion*, sous la direction de Jean-Pierre Bardet, Patrice Bourdelais, Pierre Guillaume, François Lebrun et Claude Quétel, Fayard, Paris, 1988, p. 185. On parlait alors de scrofules et d'écrouelles, sans faire le lien avec la phtisie pulmonaire.

[2] *Du désespoir au salut*, *op. cit.*, p. 193. Léon Bourgeois organise le 4 février 1917 une journée des tuberculeux. Sur ce principe seront mises en place les campagnes de vente du timbre antituberculeux.

a joué clairement en ce sens un rôle essentiel dans la mise en place d'une médecine sociale et d'une politique d'hygiène publique, à travers les dispensaires, les sanatoriums et les hôpitaux[1]. Un dernier modèle viendra compléter ces dispositifs de lutte : celui de la Mission Rockefeller à partir de 1917 (savoir-faire publicitaire et propagande[2], formation des infirmières visiteuses d'hygiène[3], etc.). On voit ainsi comment tout le processus de la maladie a fait l'objet d'un investissement à la fois médical et

---

[1] On peut ainsi formuler l'hypothèse que l'hygiénisme est né de l'observation empirique des endémies et des épidémies. Cf. sur ce point *Peurs et Terreurs face à la contagion*, déjà cité, p. 173. La tuberculose a permis à la fois à la médecine clinique de réinvestir ses pratiques traditionnelles par le long dialogue personnalisé du malade et du médecin qu'elle a favorisé, même si elle a longtemps fait apparaître un hiatus entre la théorie (disponible) et la thérapeutique (introuvable), et à la médecine sociale de développer une théorie et une pratique de l'hygiène dans toutes leurs dimensions, urbaine, familiale, etc. Globalement, les épidémies ont mis en échec la médecine clinique traditionnelle, qui s'adresse principalement à l'individu, et favorisé la constitution de la médecine sociale, davantage centrée sur la gestion sanitaire des collectivités et des populations.

[2] La lutte contre les épidémies a joué un rôle considérable dans l'expérimentation des outils de communication et de propagande destinés à agir sur les représentations populaires. C'est qu'il y a toute une pédagogie de la maladie, de ses modalités et de ses dangers. Aussi bien, lutter contre l'épidémie, c'est souvent diffuser des normes de comportement et de vie.

[3] Il semble que la tuberculose, par une sorte de ruse de la raison thérapeutique, a favorisé à la fois l'essor et la mutation de la fonction d'infirmière. La mise en place des dispensaires a montré la nécessité de former des infirmières visiteuses, intervenant à domicile. On sait que la profession d'infirmière, jusque-là occupée par les sœurs des ordres hospitaliers, est apparue avec la première guerre mondiale. Il faut noter en ce sens que Florence Nightingale, infirmière de la guerre de Crimée, initiatrice des premières écoles à Londres, a joué un rôle considérable dans la prophylaxie de la tuberculose. Une de ses disciples, Anna Hamilton, fonda à Bordeaux la première école française d'infirmières. Cf. *Du désespoir au salut*, p. 209. La tuberculose a accéléré la mutation de la figure de l'infirmière, de son image maternelle, féminine, compassionnelle et caritative à une représentation toute professionnelle, telle celle qui est décrite par Calmette en 1923 dans la nouvelle revue *L'infirmière française*. On voit d'ailleurs en 1924 se constituer l'*Union catholique des services sociaux et de santé* en réponse à la création de l'*Association nationale des infirmières diplômées de l'Etat français*. Il y aurait toute une généalogie à fois sociale et médicale à construire de la figure tardive de l'infirmière.

administratif, depuis la visite à domicile jusqu'à l'hôpital pour tuberculeux en passant par les consultations dans les dispensaires et dans les sanatoriums. L'exemple de la tuberculose montre comment l'épidémie est l'occasion d'expérimenter à la fois des techniques disciplinaires, qui peuvent être utilisées de manière moins exceptionnelle et en dehors du cadre épidémique, et des outils biopolitiques permettant de contrôler les populations dans leur intégralité.

La question des épidémies suppose en effet que la médecine passe d'une clinique de l'individu à une biopolitique des populations. Elle concerne les individus, mais elle suppose aussi une réflexion globale, d'ordre social et politique, sur les populations. L'un des premiers à avoir compris la portée biopolitique de la médecine dans le champ philosophique est sans aucun doute Leibniz. Il est, en effet, à l'origine d'un plan sanitaire de grande envergure où il a imaginé l'institution d'un collège de santé, (*Medizinal-Behörde* ou *Sanitäts-Collegium*) sur le modèle des consistoires présidés par le prédicateur de cour. Le roi de Prusse créera un *Collegium sanitatis*, transformé en *Pestcollegium* en 1719, selon le principe de Leibniz. Celui-ci avait consacré un manuscrit à la description de l'épidémie de peste de Vienne. Il s'intéressait aussi à la syphilis et à la tuberculose. Son seul texte médical publié de son vivant porte sur les propriétés thérapeutiques de la racine d'ipécacuana utilisée contre la dysenterie. Il traduit à cet effet un mémoire de Helvétius, l'introducteur en France de cette drogue. Conscient de l'utilité de bonnes statistiques médicales – de morbidité et de mortalité – et de bonnes observations médicales, il plaide pour l'institution d'un bureau central de santé publique. Il recommande d'ailleurs dans ses *Directiones ad rem medicam pertinentes* tout un programme de recherche médicale, portant aussi bien sur l'analyse chimique de l'urine et de la salive que sur l'usage du thermomètre ou sur l'autopsie[1]. À ce titre, toutes les recherches microscopiques d'un

[1] Voir, ici encore, un texte fondamental de Mirko D. Grmek, dans *La première révolution biologique, Réflexions sur la physiologie et la médecine du XVIIe siècle*, Payot, 1990, p. 270.

Leeuwenhoek ou d'un Malpighi lui semblent fondamentales. *La monadologie* est manifestement déjà l'amorce d'une théorie de la molécule organique et donc une certaine anticipation de la théorie cellulaire[1]. Leibniz s'inspire des travaux de Ramazzini sur l'épidémiologie de Modène[2] (conditions climatiques, état de santé de la population, « constitution épidémique » de l'année 1690), dont il fait réimprimer une dissertation dans le *Journal des curieux de la Nature*, ou encore de ceux de Neumann, qui permirent à Edmond Halley de concevoir les premières tables de mortalité. C'est ainsi une vaste médecine comparative des lieux et des temps constituant l'histoire médicale de chaque année qui est proposée. La lutte contre les épidémies suppose en effet que l'on élabore des outils démographiques et statistiques permettant de collecter toutes les informations médicales utiles, tâche qui à son tour suppose l'institution d'une police médicale d'État. Le Collège de Santé sera donc placé au centre de la lutte contres les épidémies et les épizooties et l'outil épistémologique sera mis au service d'une surveillance sanitaire constante, le dispositif étant comme la forme d'un pouvoir nouveau de nature à la fois médicale et politique. Un corps de médecins doit pour cela recouvrir le territoire, ce qui suppose de former davantage de chercheurs qualifiés, jusque-là en nombre très insuffisant selon Leibniz[3].

Kant systématisera cette idée leibnizienne dans *Le conflit des facultés*, montrant parfaitement que le but du gouvernement est de « s'assurer l'existence d'un peuple fort et nombreux qu'il trouve à sa disposition pour ses desseins »[4]. Cette tâche, qui est de nature politique, suppose la mise en place d'administrations adaptées, à l'exemple du Conseil supérieur de la santé chargé de « contrôler les façons de faire publiques des médecins »[5]. Cette

---

[1] *Ibid.*, p. 281.
[2] *Ibid.*, pp. 271-273.
[3] *Ibid.*, p. 276.
[4] Emmanuel Kant, *Le conflit des facultés*, trad. A. Renaut, t. III des *Œuvres philosophiques*, Bibliothèque de la Pléiade, Gallimard, Paris, 1986, p. 818.
[5] *Ibid.*, p. 824.

assemblée sera composée de médecins praticiens choisis par le gouvernement. Elle jouera un rôle de police médicale, dans le but d'assurer la sécurité publique. Instance disciplinaire, elle a un rôle entièrement négatif puisqu'elle n'a rien à dire sur le contenu même de l'enseignement médical, celui-ci ne pouvant provenir que de la nature elle-même (Kant définit, on le sait, la médecine comme un art fondé sur la science de la nature). La dimension publique de la pratique médicale est bien soulignée : elle est favorisée par le développement « des dispensaires et des institutions hospitalières »[1].

Kant se fait l'écho en 1790 de l'épidémie de catarrhe (fluxion ou écoulement, selon l'étymologie, qui provoque une affection des muqueuses) ou *influenza*, une variété de grippe qui « se propagea [...] à travers le monde à la vitesse du courrier, frappant sans relâche et en masse avant de disparaître assez vite d'elle-même »[2]. Il en avait fait mention à l'époque dans son *Avis aux médecins* paru dans le journal *Königsbergschen gellehrten und politischen Zeitungen* le 18 avril 1782. Notant que cette étrange et curieuse épidémie relevait de manière exclusive de la compétence des médecins, il soulignait cependant l'intérêt d'une analyse géographique du phénomène épidémique, et surtout des

---

[1] *Le conflit des facultés*, p. 825. Cf. Bernard Vandewalle, *Kant, santé et critique*, L'Harmattan, pp. 38-42. Leibniz évoque également la nécessité d'une police médicale, montrant qu'un des plus grands fruits de la bonne politique est assurément une bonne médecine. Cf. *Nouveaux essais sur l'entendement humain*, Garnier-Flammarion, 1990, 4, 3, 20. Leibniz s'est montré toute sa vie féru de lectures médicales, comme en témoigne la Bibliothèque de Hanovre, qui abrite toujours six gros volumes de manuscrits de Leibniz consacrés à la médecine, avec une grande abondance de notes relatives à des ouvrages médicaux du temps. « *Sanitas sanitatum, et omnia sanitas* » disait Leibniz à ses amis. Le philosophe ne peut manquer d'être intéressé par le fait que Leibniz avait recueilli les recettes médicales de Descartes. Voir sur ce point le remarquable chapitre que Mirko D. Grmek a consacré à Leibniz dans son étude *La première révolution biologique, Réflexions sur la physiologie et la médecine du XVIIe.* Il y a toute une philosophie du médicament chez Leibniz, qui s'intéresse également au quinquina – qu'il juge aussi utile à l'humanité que la boussole ou l'imprimerie – à l'antimoine, aux vertus thérapeutiques des pierres précieuses, etc.

[2] *Du penchant à l'exaltation et de ses remèdes* [1790], AK XI, p. 141.

différentes étapes de sa transmission (Chine, Russie, Baltique, Prusse). « La communauté dans laquelle l'Europe est entrée avec toutes les parties de la terre, que ce soit par les bateaux ou par les caravanes, véhicule un grand nombre de maladies à travers le monde »[1]. La globalisation, déjà. Le mal épidémique est vu ici sous l'angle de l'anthropologie physiologique (ce que la nature fait de nous), dans le but de reconstituer « le trajet de cette maladie qui semble se propager moins par voie aérienne que par simple contact »[2]. À cette fin, Kant remarque que les observations médicales sont utiles et il compare le trajet de la maladie à celui de la peste d'Alep. Il ne faut pas oublier que Kant est géographe et s'intéresse comme tel au circuit suivi par les épidémies. S'il s'agit, comme le fait la médecine, d'entrer dans le jeu de la nature pour lutter contre la maladie, on parle d'anthropologie pragmatique, concernée par ce que l'homme, en tant que liberté, fait de la nature. Dans ce but, Kant joint à son avis un compte rendu d'un médecin, le docteur John Fothergill, paru à Londres le 6 décembre 1775, qui décrit la symptomatologie de l'épidémie et en appelle à ses confrères pour faire état de leurs observations et permettre ainsi l'unification de la Faculté dans la lutte contre le fléau. La question des épidémies oblige, on le voit ici, à concevoir une politique sanitaire globale et une véritable police médicale.

Kant compare de la même façon ce qu'il appelle le penchant à l'exaltation (le goût pour les mystiques, les superstitions, le mesmérisme, etc…) avec la contagion épidémique, en l'espèce celle de la cathare russe. L'épidémie de grippe lui sert de modèle épistémologique, puisqu'il recherche un vecteur de propagation (le véhicule de la maladie) et une matière toxique (le miasme) qui la produit[3]. Dans le cas de la contagion irration-

---

[1] *Avis aux médecins*, AK VIII, p. VI. Nous utilisons ici la traduction de Grégoire Chamayou dans *Kant, Écrits sur le corps*, Garnier-Flammarion, 2007, p. 184.

[2] *Ibid.*

[3] *Ibid.* p. 127, dans le texte qui est intitulé « Du penchant à l'exaltation et de ses remèdes » [1790].

nelle de la *Schwärmerei*, le vecteur et la matière toxique coïncident dans le même phénomène : l'épidémie de lecture… Kant a perçu l'importance de la constitution d'une sphère de l'opinion publique, d'une *Öffentlichkeit*, et il s'est intéressé aux modes de propagation des idées politiques. Ainsi de la réception passionnée de la Révolution française, dont il fait le signe majeur d'un progrès historique de l'espèce. Il y a déjà là une réflexion qui est d'ordre médiologique, selon le vœu de Régis Debray. Comment se diffusent les idées, les représentations et les affects ? Une épidémie, on l'a vu, est un mode de contagion des virus ou des bacilles, mais elle est aussi une circulation des émotions, des représentations et des peurs.

Le débat passionné, au 18e siècle, sur l'inoculation de la variole, ancêtre de la vaccination, joue un rôle décisif dans la mise en place d'une biopolitique de la population[1]. C'est que l'inoculation est un acte individuel, et qui exige à ce titre une réflexion d'éthique médicale, sur laquelle nous reviendrons[2], mais aussi collectif, au titre d'une police médicale et sanitaire des populations. La petite vérole provoquait une mortalité très élevée, en particulier chez les enfants, et laissait des séquelles corporelles (cicatrices) importantes. Par l'inoculation[3], il s'agit d'infecter un patient non malade avec une pustule variolique issue d'un malade. La reproduction artificielle et maîtrisée de la

---

[1] On connaît le rôle décisif du médecin de Voltaire, Tronchin, auteur de l'article « inoculation » de l'*Encyclopédie*, pour la défense de cette pratique auprès du consistoire protestant de Genève. Tronchin défend dans son article l'idée d'une action collective de la partie éclairée de la nation en faveur de l'inoculation. Il en appelle à la publicité d'une expérience menée dans un hôpital et destinée à comparer l'effet de l'inoculation sur une population de 100 personnes volontaires et sur 100 personnes atteintes de petite vérole naturelle, *Encyclopédie ou Dictionnaire raisonné des sciences, des arts et des métiers*, GF-Flammarion, 1996, vol. 2, pp. 181-182.

[2] Voir plus loin, ch. V.

[3] Cf. sur ces points l'utile « Annexe sur l'inoculation » de Grégoire Chamayou dans les *Écrits sur le corps et l'esprit* de Kant, *op. cit.* Sur la question de l'inoculation, voir *La querelle de l'inoculation, préhistoire de la vaccination* de Jean-François de Raymond, Vrin, 1982. L'inoculation est l'une des toutes premières pratiques biopolitiques qui engage des populations entières.

maladie a pour but d'éviter une contagion naturelle, autrement plus virulente. Il semble que sa découverte ait été purement empirique, importée de Turquie en Angleterre par l'épouse de l'ambassadeur anglais à Istanbul. Or cette pratique n'est pas sans risque, ainsi qu'en témoignèrent les décès, si peu nombreux soient-ils, qui furent alors constatés. Introduite en Angleterre en 1721, elle gagne la France en 1754, où une première inoculation a lieu le premier avril. Kant était hostile à l'inoculation pour des raisons éthiques, pensant qu'elle réintroduisait d'une manière illégitime un germe de naturalité dans la culture humaine. Il semble qu'en conséquence il ait été favorable à des stratégies plus classiques, d'isolement et de quadrillage. Cette question met en difficulté la morale kantienne, comme le montrent bien les revirements du disciple Tieftrunk.

Et de fait, l'éradication programmatique de la maladie par l'inoculation généralisée semble bien être conforme à l'impératif d'universalité de la loi morale[1]. À la question éthique portant sur ce qu'il est permis de faire à un individu – et à soi-même – va s'ajouter la question politique de ce qu'il est permis à un gouvernement de faire à sa population. Peut-on prendre le risque de provoquer des décès pour sauver d'autres vies ? Kant voit dans les épidémies une sorte de volant de régulation de la démographie et il fait état de la rareté de l'épidémie de variole, ainsi que de la pluralité des autres causes de mortalité, comme par exemple la disette alimentaire. Son intransigeance le portera même à juger plus dangereux le choix de la réponse appropriée (inoculation ou traitement simple) que l'épidémie elle-même[2]. On voit bien que la réflexion éthique et politique de Kant est mise en difficulté par l'examen d'une telle situation épidémique concrète, comme si l'éthique de conviction ne pouvait pas faire place à une éthique de responsabilité. Au tournant du siècle, on verra pourtant se mettre en place l'idée d'une gestion politique des épidémies.

---

[1] *Annexe sur l'inoculation*, *op. cit.*, p. 294.

[2] « Réflexions sur l'inoculation » [1800], in *Écrits sur le corps et l'esprit*, § 1152, p. 180.

Cette gestion joue un rôle paradigmatique pour la description du fonctionnement normalisateur du pouvoir disciplinaire. On sait que Michel Foucault a établi la généalogie minutieuse de la mise en place aux 17e et 18e siècles d'un pouvoir tourné vers la vie. Ce pouvoir, incitatif et non plus répressif, détermine toute une micro-physique disciplinaire dont le but est de contrôler les corps afin de majorer leur productivité, ce qui suppose une série de dispositifs normalisateurs : ateliers, écoles, hôpitaux, prisons et asiles.

Pour analyser ces dispositifs de sécurité, Foucault s'est référé à plusieurs situations exemplaires, dont celle de cette maladie « endémo-épidémique » qu'est la variole[1]. Il en rappelle la virulence (taux de mortalité de un sur huit, deux enfants sur trois ayant une chance d'attraper la maladie) et il montre la mise en place d'une distribution de cas dans une population ainsi que de la notion de risque, décisive pour une biopolitique de la population. Or l'inoculation puis la vaccination, comme techniques empiriques étrangères au savoir rationnel de la médecine du temps, rendent possible une prévention étendue à des populations entières. Elles s'appuient sur le calcul des probabilités, donc sur un support mathématique, en ne cherchant pas à empêcher la maladie, mais au contraire en la provoquant dans des conditions maîtrisées. Le mécanisme de sécurité de la police médicale intègre le phénomène de la maladie dans son déroulement pour mieux le contrôler.

La situation épidémique constitue ici encore un révélateur de la mutation des procédures du pouvoir quand il s'agit de passer d'une discipline des corps individuels à une biopolitique de la population. Il ne s'agit plus de faire le partage entre malades et

---

[1] Il faut se référer sur ce point au cours de Michel Foucault au Collège de France du 25 janvier 1978, in *Sécurité, territoire, population, Cours au Collège de France, 1977-1978*, Hautes Études / Gallimard / Seuil, Paris, 2004, pp. 59-65. Le séminaire de Foucault fit place à un travail sur cette question biopolitique de la variole, comme en témoigne notamment l'exposé fait par Anne-Marie Moulin, qui est par ailleurs l'auteur d'une thèse de médecine sur la vaccination variolique (p. 82, note 2).

non-malades, comme dans le modèle de la lèpre, mais bien de considérer la totalité d'une population, malades et non-malades ensemble, pour identifier un taux de morbidité moyen et un jeu de normalités différentielles (par exemple dans le taux de mortalité défavorable des enfants de moins de trois ans, qu'il s'agit de rabattre sur la courbe moyenne).

La notion d'épidémie s'est modifiée profondément au 18e siècle. Il faut entendre par épidémie, souligne Michel Foucault, qui cite le *Traité historique sur les maladies épidémiques* de Le Brun paru en 1776, une manière cohérente et autonome de voir la maladie : « On donne le nom de maladies épidémiques à toutes celles qui attaquent en même temps et avec des caractères immuables un grand nombre de personnes à la fois »[1]. Quand une maladie attaque sans distinction un grand nombre de personnes, on parle d'épidémie, comme d'un processus singulier dont il faut retracer les circonstances précises et les facteurs déclenchants (l'air, le climat, etc.) L'individualité historique de chaque épidémie exige une observation et un enregistrement précis. La médecine des épidémies requiert une police[2]. Aussi des médecins et des chirurgiens sont-ils nommés aux fins de

---

[1] *Naissance de la clinique*, p. 22.

[2] Sur les notions de police médicale, de technologie de la population et de médicalisation des villes, voir « La politique de la santé au XVIIIe siècle », in *Dits et Écrits 1954-1988*, t. III, 168, p. 13 et suivantes. La *Pastoralmedizin* allemande joue un rôle non négligeable, par exemple par la mobilisation des pasteurs en faveur de l'éducation sanitaire des populations, à l'exemple du catéchisme de santé de Christoph Faust dans le comté de Schaumburg-Lippe ou du livret de soins pour les paysans du médecin Zacharias Becker en 1788, édité à un million d'exemplaires. Voir « Les stratégies sanitaires » in *Histoire de la pensée médicale*, t. 2, pp. 287-288. Le principal théoricien de la notion de police médicale est, plus que Wolfgang Thomas Rau, qui est le premier à l'avoir employé, Johann Peter Frank, élève d'Albrecht von Haller et conseiller de Joseph II, qui assumera la responsabilité de la politique sanitaire de la Lombardie. On peut se reporter à l'intervention de C. Hick, « Arracher les armes des mains des enfants, La doctrine de la police médicale chez Johann Peter Frank et sa fortune littéraire en France », in *Les Hygiénistes, enjeux, modèles et pratiques*, dir. par P. Bourdelais, Éditions Belin, 2001, pp. 44-45. Des cours de police médicale seront dispensés en Europe. Selon le mot bien connu de Fodéré, « la police de santé est proprement la médecine armée ».

décrire l'état sanitaire de leur canton et d'en faire rapport au médecin en chef de la généralité[1]. Cette médecine des épidémies a hâté la chute de la vieille médecine des espèces et de son antique nosographie. Introduisant la série contre la classe, le temps contre l'espace du classement, recherchant des causalités, elle a rendu urgente et indispensable la définition d'un statut politique de la médecine[2]. Le tableau clos de l'ancienne médecine des espèces laisse place à la table ouverte de la médecine épidémique. C'est qu'il s'agit de réactualiser en permanence les informations en complétant les tables et en rapportant les observations aux facteurs pertinents : topographie des lieux, observations climatiques, analyse des épidémies et maladies régnantes, description des cas extraordinaires, car rapporter les unes aux autres, c'est établir des coïncidences. La médecine est alors une œuvre collective. C'est le grand rêve d'une cour ou d'un tribunal de la salubrité, d'une pleine correspondance de la conscience médicale et de la conscience sociale.

On commence alors « à concevoir une présence généralisée des médecins »[3], à penser à leur implantation dans les campagnes. La médicalisation de la société a commencé à se faire, on le voit, autour de la question des épidémies. Foucault note que le rêve qui apparaît alors d'une santé totale du corps social dans la volatilisation de la maladie prononcerait dans le même temps, en se réalisant, la disparition de la médecine elle-même. C'est l'utopie complète d'une société sans maladies et sans médecins. L'efficacité politique de la médecine consomme sa disparition thérapeutique. S'annonce alors, à terme, la généralisation d'une diététique et d'une frugalité destinées à éradiquer toutes les

---

[1] Adrien Helvétius sera à l'origine de l'idée de distribuer des boîtes de médicaments aux intendants, dans le but de soigner les pauvres. Médecin de Louis XIV, il réussit à convaincre le roi de l'utilité de ses boîtes contenant 350 prises possibles, fébrifuge, vomitive... Il est également l'introducteur de l'ipécacuana, remède important contre la dysenterie. Il est le grand-père du philosophe issu de cette dynastie de médecins et l'inventeur, en quelque sorte, du premier « kit médical ».

[2] *Naissance de la clinique*, p. 26.

[3] *Ibid.*, p. 30.

pathologies. Une médecine non plus de la maladie, mais de la santé s'annonce déjà. L'instruction politique de la médecine implique, au final, la disparition du médical.

L'épidémie constitue ainsi le cheval de Troie qui aura permis l'irruption de la politique dans la médecine. Foucault y voit même l'origine de l'institution de la Société royale de Médecine contre la vieille faculté : il fallait surveiller les phénomènes épidémiques et épizootiques qui se multipliaient, à l'exemple des maladies du cheptel. La Société royale devient l'organe central de surveillance des épidémies, « comme une instance d'enregistrement et de jugement de toute l'activité médicale »[1]. Autour des épidémies naît ainsi une conscience collective et politique neuve des pathologies.

Cette politique de contrôle de la maladie suppose de développer la médecine des villes, puisque celles-ci sont autant de foyers pour les maladies, par la promiscuité et la saleté. Il faut aérer (thématique de la circulation des hommes, de l'air, etc…), assurer l'hygiène, réduire les poches où règnent les miasmes[2]. Les Romains avaient joué, semble-t-il, un rôle pionnier dans la constitution d'une politique sanitaire urbaine, en matière de choix du site des villes par rapport aux endroits pestilentiels ou du système d'évacuation des eaux usées par les égouts ou bien de construction de latrines collectives, de fosses de vidange et d'aqueducs. Les épidémies découvrent la ville comme nouvelle entité médicale, comme sujet de l'instruction du gouvernement médical. Comme l'a montré Michel Foucault, « la médecine urbaine, avec ses méthodes de surveillance, d'hospitalisation, etc., ne fut pas autre chose qu'une amélioration, dans la seconde moitié du 18e siècle, du schéma politico-médical de la quarantaine apparu à la fin du Moyen Âge puis au 16e et au 17e siècles. L'hygiène publique fut une déclinaison raffinée de la quaran-

---

[1] *Naissance de la clinique*, p. 27.

[2] *Sécurité, territoire, population*, *op. cit.*, pp. 19-20. Cette politique de l'espace urbain va s'intéresser à la largeur des rues, aux différents foyers d'infection, aux miasmes et aux nuisances (abattoirs, boucherie, cimetières). Contre le confinement sont prévus l'aération et la ventilation (p. 332).

taine »[1]. La médecine d'enregistrement permanent issue du modèle de la quarantaine établi pour la peste supplante la médecine d'exclusion inspirée par la lèpre.

L'instruction biopolitique de la population et la médecine des villes trouvent donc clairement leur origine généalogique dans la question des épidémies. Les cimetières sont déplacés à la périphérie des villes, les tombes s'individualisent, par souci de lutter contre la corruption urbaine. Foucault rappelle en ce sens que le déplacement du cimetière des Innocents à Paris fut placé sous la responsabilité du chimiste Fourcroy. De même, les abattoirs furent relégués à l'écart de la ville, à La Villette. En 1767, l'architecte Moreau a l'idée d'organiser les îles de la Seine pour que le fleuve purifie la ville de ses miasmes[2]. Une police médicale urbaine prend en charge l'organisation sanitaire de la ville avec une hantise : éviter les épidémies et les infections. Le concept de salubrité apparaît avec la Révolution française et l'hygiène publique devient le concept central de la médecine sociale au 19e siècle : Napoléon crée les comités de salubrité publique dans les grandes villes en 1802 et la revue des *Annales d'hygiène publique et de médecine légale* commence à paraître en 1829. Il faut noter, en ce sens, l'apparition de la notion de casier sanitaire, appliquée aux maisons de Paris dans le cadre d'une politique de l'assainissement de la ville, curieux mixte entre le cordon sanitaire et le casier judiciaire[3]. En Allemagne, le théoricien de la cellule, Virchow, fut élu au conseil municipal de Berlin en 1859 et s'impliqua dans le développement d'une politique sanitaire urbaine (égouts, constructions de maisons ouvrières et d'hôpitaux). Il fut d'ailleurs élu à l'assemblée de Prusse, où il œuvra contre la politique d'un Bismarck, en faveur du parti progressiste. De même, l'épidémie de choléra de 1832 joue un rôle considérable dans la médicalisation de la force de

---

[1] *Dits et écrits*, t. III, pp. 218-219.

[2] *Ibid.*, p. 220.

[3] Voir Pascal Mory, « Architecture et hygiénisme à Paris au début du XXe siècle L'architecte entre savoir médical et pouvoir politique », *Les hygiénistes*, *op. cit.*, p. 158.

travail. La population plébéienne et prolétaire suscite alors une vaste peur sociale et politique. Les épidémies, qui partent des couches défavorisées, font courir un risque à la population dans son ensemble. Il faut donc prendre le problème à sa racine et instituer une médecine pour les nécessiteux, ce dont témoigne la médecine sociale anglaise en 1875, avec l'apparition du *Health Service* et du *Health Office* pour organiser le contrôle des lieux insalubres, des vaccinations, des registres épidémiques[1]. Il faut souligner aussi, dans ce cadre, le rôle du dernier secrétaire de Jeremy Bentham, Edwin Chadwick (puis de William Farr, avec l'utilisation de l'outil statistique, et de John Simon pour les politiques de vaccination et de réforme de l'habitat) et donc de la pensée utilitariste dans le développement de l'hygiénisme et des pratiques sanitaires. À partir de 1867, un réseau d'hôpitaux est mis en place pour traiter les maladies infectieuses et la loi de 1889 rend obligatoire leur déclaration. Ici encore, le traumatime des épidémies de choléra a joué un rôle considérable.

De même, les épidémies comme la rougeole, la rubéole, la scarlatine ou la coqueluche ont sans doute joué un rôle majeur dans la médicalisation de l'enfance. Le mouvement hygiéniste a su alors attirer l'attention des pouvoirs publics sur ces fléaux épidémiques, accélérant la constitution médicale de l'enfance. La question des épidémies a été à ce titre un vecteur majeur de la médicalisation généralisée de la société, par laquelle se met en place une médecine sans extérieur. Le corps de l'individu malade ne saurait être la seule cible de l'intervention médicale : l'enfant, la famille, la ville, la population, l'espèce elle-même, constituent autant d'enjeux médicaux et biopolitiques, à mesure qu'on cherche à lutter contre les épidémies sur le terrain même

---

[1] *Dits et écrits*, t. III, p. 226. Sur la constitution de l'épidémiologie comme discipline, voir « Les maladies dominantes » in *Histoire de la pensée médicale en Occident*, t. 3, p. 277 (à propos de la constitution de la géographie médicale et de l'épidémiologie). Notons simplement le rôle pionnier de Pierre Louis pour évaluer à l'aide d'une méthode numérique les effets de la saignée, l'application pratique des enseignements de la démographie médicale par un William Farr en Angleterre ou, en France, celui de Louis Villermé dans les enquêtes sur l'état de santé des ouvriers.

dans lequel elles prennent leur essor. Il faudrait aussi étudier la relation avec le champ bacillaire et viral, entre la population[1] et les effets des techniques médicales et d'hygiène.[2] C'est que le sujet épistémologique et politique de l'épidémie est certes l'individu, mais aussi la population et l'espèce[3]. On songe au musée pédagogique d'Alfred Fournier à l'hôpital Saint-Louis, permettant de visualiser les effets de la syphilis, au jeu du coq gaulois, décalque hygiénique et prophylactique du jeu de l'oie, ou à la désinfection antituberculeuse sous l'égide de la Société de préservation contre la tuberculose et des différentes ligues qui se sont créées[4] : en 1930, on compte selon Landry, dans l'*Hygiène publique en France*, 1157 services antivénériens et 640 dispensaires antituberculeux[5]. Selon la formule de Léon Bourgeois, la santé est une affaire d'État. Dans les années trente, on verra aussi apparaître la notion de « groupes à risque » : les marins, les travailleurs étrangers, les prostituées, ou bien encore les vagabonds…

---

[1] Les premières tables de survie d'Edmond Halley datent de 1693. La statistique démographique anglaise est très nettement en avance sur son temps. La médicalisation de la population passe par une application de l'outil statistique et par le développement de la démographie. On voit aussi se développer la climatologie médicale et l'étude des constitutions épidémiques des villes au 18e siècle, ainsi de celle de John Lining sur la fièvre jaune en 1753 aux Etats-Unis.

[2] Michel Foucault, *Dits et écrits*, t. III, p. 208.

[3] Le mythe de l'hérédosyphilis mériterait toute une analyse. La question de la transmission héréditaire de la syphilis ouvre sur une hantise de la dégénérescence de la race. La figure de la paralysie générale condense toute la terreur d'une humanité dégénérée, folle, dont la maladie aurait dévoré le cerveau. Une biopolitique de l'enfance se constitue alors dans la hantise, par exemple, de l'imprégnation génératrice du sperme et de la transmission à la descendance du vice diasthésique ou de la dystrophie de prédisposition chers à Alfred Fournier. Il faudra attendre l'œuvre de grands pédiatres, comme Robert Debré ou Lamy, pour que les médecins soient débarrassés du mythe de l'hérédosyphilis. Cf. *Peurs et Terreurs face à la contagion*, *op. cit.*, pp. 343 et 356. L'épidémie favorise l'apparition, sans doute à la mesure de la prégnance de l'imaginaire, de ce que Gaston Bachelard a appelé les obstacles épistémologiques.

[4] Voir *Le malheur des temps*, *op. cit.*, pp. 448-449.

[5] *Ibid.*, p. 452.

Les miasmes des épidémies, dans un très vieil imaginaire, viennent de l'air vicié ou de l'eau impure. On n'a de cesse alors de réaliser des travaux d'adduction d'eau, de laver les rues, de disposer des fontaines publiques et des établissements de bains. À la fin du 18e siècle déjà, on commençait à se préoccuper de la qualité de l'eau. L'eau pure devient alors un enjeu. On recourt à l'usage de fontaines familiales filtrantes en 1840. Le chlore et la soude purifient l'eau des lessives. En 1892, une épidémie de typhoïde conduit à rendre systématiques à Paris les analyses bactériologiques de l'eau : les dysenteries et les gastro-entérites menacent toujours. Se développe aussi l'obsession de l'aération. Le choléra n'est-il pas un souffle empoisonné ? Littré, en 1840, a redonné vie à l'aérisme d'Hippocrate, dont il est le traducteur. Il faut traquer les altérations chimiques de l'air. On recherche les microclimats, les atmosphères artificielles – en 1885, cinq établissements proposent ainsi des cures d'air sous cloche[1] – la montagne et son *bon air*. Par contraste, les maladies sont présentes dans les fabriques et dans tout le monde confiné du travail, comme la *phtisie cotonneuse* dans les usines de textile du Nord.

Les résistances populaires au développement de cette biopolitique des épidémies n'ont pas manqué, et à toutes les époques. L'histoire de la peste par exemple, a été marquée par la volonté de procurer, au moins au début de l'épidémie, une sépulture individuelle aux défunts, à l'exemple des habitants de la petite communauté suédoise de Blekinge qui exhumèrent en 1710 les pestiférés de la fosse commune pour leur donner des tombeaux individuels[2]. En témoigne également le désir de se soustraire à l'identification et au marquage sanitaire, comme ces femmes mises en quarantaine à Florence qui ameutèrent des bandes de jeunes pour être délivrées. À Salisbury, les femmes mirent le

[1] *Le malheur des temps*, p. 476. On songe à la théorie de Peter Sloterdijk d'une climatisation médicale et culturelle dans des serres aménagées. Lutter contre les épidémies, c'est aménager des « bulles thérapeutiques » où l'eau et l'air seraient strictement contrôlés.
[2] *La peste noire*, *op. cit.*, pp. 80-81.

feu aux maisons réservées à la quarantaine. Être envoyé au lazaret signifiait, en effet, un véritable arrêt de mort et personne ne voulait voir ses biens détruits et brûlés. On cherche alors à dissimuler la maladie et à cacher les décès... L'impossibilité de commercer, par suite des mesures de mise en quarantaine, a également constitué un motif majeur de colère et de vindicte des négociants, prêts à tout pour déjouer les mesures de contrôle. Comme l'épidémie suit les routes humaines, qui sont celles de la circulation à la fois des personnes et des biens[1], les mesures sanitaires ne peuvent qu'affecter le commerce. En réponse, on voit souvent des États assouplir leur réglementation. Les taxes instituées par les administrations pour financer le coût engendré par la quarantaine, qui constituèrent à la fois les prémisses d'une couverture maladie universelle et un moyen de collecter des fonds importants, furent également mises en cause. En réponse, le pouvoir politique pouvait s'emparer de l'épidémie, comme on le vit en Angleterre, pour incriminer la sédition des puritains et des républicains lors des guerres civiles et de la République de Cromwell.

De même, plus tardivement, l'histoire de la syphilis témoigne constamment de l'existence de stratégies destinées à contourner les contrôles sanitaires et administratifs, comme le montrent les « recettes » utilisées par les prostituées pour déjouer la traque médicale du chancre fatal ou encore les difficultés à établir des statistiques fiables en raison de la mauvaise volonté évidente des patients et même de celle des médecins exerçant à titre

[1] On pourrait développer une analyse médiologique, dans le sens proposé par Régis Debray, des épidémies qui suivent étroitement l'essor des possibilités humaines de communication et de circulation. Ainsi le choléra s'est introduit depuis l'Inde, l'Afghanistan et la Russie en Europe en suivant les chemins de fer. Cette épidémie fut clairement favorisée par l'industrialisation britannique et le développement du transport ferroviaire. Dans l'imaginaire du temps, c'est toute la supériorité présumée de la civilisation technique de l'Occident qui fut ainsi mise à mal par ce fléau venu d'Orient. Cf. *Peurs et Terreurs face à la contagion*, *op. cit.*, pp. 109 et 112. On connaît également le cas inaugural de l'introduction du choléra en Guinée par des étudiants en agriculture de retour d'Égypte, *op. cit.*, p. 141.

libéral. Toute tentative de gouvernementalité médico-politique semble ainsi susciter en retour des stratégies de dissimulation et de contournement. En témoigne l'histoire, fort révélatrice, des mouvements de l'anti-vaccination, depuis la *Ligue internationale des anti-vaccinateurs* née en 1880 et la révolte du vaccin au Brésil en 1904[1] jusqu'à la *Ligue nationale pour la liberté des vaccinations* née en 1954 en France[2].

On lisait en 1831, sur les murs de Paris, un appel à prendre les têtes des pairs et des députés pour les faire rouler sur la place de la Révolution, comme le seul remède pour purifier la ville du choléra. La statue d'Henri IV sur le Pont-Neuf fut affublée d'un drapeau noir. On accusait alors les agents de Casimir Perier d'empoisonner les fontaines publiques[3]. L'épidémie fait entrer dans un temps d'exception politique, où l'on voit dans la même dialectique le pouvoir renforcer ses outils de domination et le peuple se tourner vers la sédition et le désordre public. Ainsi, le 18 juillet 1831, le Congrès National attribue en Belgique des pouvoirs exceptionnels au chef de l'État en matière de lutte contre les épidémies. Celui-ci peut, en effet, prendre des mesures exceptionnelles si l'invasion ou même la crainte d'une maladie pestilentielle le rend nécessaire[4]. Il y a bien en ce sens une constante structurelle de l'histoire épidémique, qui répète des scénarios analogues sous des formes évènementielles variables. Toute épidémie s'accompagne d'un vague d'agitation, comme on le voit par exemple en Russie ou dans l'empire des Habsbourg lors du choléra de 1830[5]. En Russie, les paysans attaquent les

---

[1] *Les hygiénistes*, p. 289.

[2] Cf. sur ce point « Mouvements anti-hygiénistes et libéralisme : vers une histoire comparée » de Matthew Ramsey, in *Les hygiénistes*, en particulier pp. 326 et 330.

[3] Voir *Peurs et Terreurs face à la contagion*, p. 37 et suivantes. De même, en 1834, la ville de Madrid fut le théâtre d'émeutes pour l'essentiel dirigées contre les Jésuites et le clergé, p. 54-55.

[4] *Ibid.*, p. 94.

[5] André Siegfried a même proposé une théorie cherchant à démontrer que les idéologies et les épidémies se développent de la même façon. Cf. *Itinéraires de contagion Épidémies et idéologies*, Paris, 1960.

cordons sanitaires. En Hongrie ils s'en prennent aux châteaux dont les caves sont suspectées d'abriter des produits toxiques : comment en effet expliquer les bonds soudains de la mortalité, face à un mal mystérieux révélant l'impuissance des autorités, à la fois politiques et médicales ? Et les médecins ne sauraient qu'être complices des autorités politiques. En Prusse, on pensait qu'ils recevaient jusqu'à trois thalers par victime du choléra[1]. On croyait même, en Angleterre, que les médecins cherchaient à se procurer des cadavres pour leur enseignement. Les mesures prises, à la fois médicales et politiques, heurtent en fait à chaque fois les croyances et les coutumes populaires en matière de maladie, de funérailles, de deuil et de représentation du mal. La thèse du complot exerce alors ses ravages. Dans les esprits, la régulation démographique engendrée par l'épidémie ne peut être que l'effet d'une machination politique. Sur un mode mineur, les mesures prises contre le vibrion cholérique par la direction du P.L.M. qui voulait, en 1911, protéger l'arrière-pays provençal en suspendant les avantages tarifaires pour les « trains de loisir », alimentèrent force récriminations[2].

L'histoire européenne est ainsi traversée de grandes poussées épidémiques : lèpre et peste au Moyen Âge, typhus et syphilis à la Renaissance (elle apparaît à Naples en 1494 dans l'armée de Charles VIII), variole au 17e et au 18e siècle, plus près de nous choléra et tuberculose et aujourd'hui le sida. Un extraordinaire développement de la médecine collective, s'adressant à l'ensemble des populations, en est résulté. La découverte des agents pathogènes des épidémies au 19e siècle a constitué un tournant majeur. Non que le principe lui-même ait été inconnu auparavant : comme nous l'avons vu, Fracastor, le médecin des pères du Concile de Trente, avait avancé en 1546 dans *De contagione et contagiosis morbis* l'idée nouvelle de l'existence de *seminaria* ou petits organismes vivants capables de provoquer la maladie. La syphilis semble avoir joué un rôle important en favorisant l'apparition de ce type d'hypothèse. C'est Fracastor qui en effet

---

[1] *Peurs et terreurs face à la contagion*, *op. cit.*, pp. 124-126.
[2] *Ibid.*, p. 387.

est à l'origine du terme syphilis en 1530 avec le *Syphilis sive morbus gallicus*. La doctrine traditionnelle de l'air souillé[1] fait obstacle à l'hypothèse de la contamination humaine, à l'idée du contage. Frascator décrit correctement le typhus exanthématique. Les petites particules dont il envisage alors l'existence sont dotées des caractéristiques d'un être vivant et capables d'autoreproduction. Néanmoins, sa théorie reste encore prise dans une conception magique du monde, où tout interagit avec tout dans une sorte de sympathie universelle : l'influence des astres était communément admise par les épidémiologistes de l'époque. Le jésuite Athanase Kircher utilisera le microscope pour observer les *minima animalia* à partir de 1648. Il cherchera en ce sens les *morbi pestiferi semina* dans les cadavres de la peste de Rome en 1656. Les observations de Jean-Baptiste Goiffon lors de la peste de Marseille en 1720 contribueront aussi au développement des thèses de la contagion[2]. D'après Henri Mollaret, l'ouvrage de Carlo Francesco Cogrossi, qui étudie en 1714 l'épizootie bovine frappant l'Italie, a constitué une étape importante en identifiant des *atometti animali* pour établir une contagion vivante de la maladie[3]. S'organise alors l'idée de détruire l'agent pathogène.

Les théories de l'infection miasmatique par l'air vicié et celle de la contagion continueront longtemps à s'opposer, ainsi lors de l'épidémie de choléra de 1830. C'est que la théorie de la contagion est étroitement liée à celle du contrôle sanitaire des populations par les moyens de la quarantaine et de la maîtrise de la circulation des biens et des hommes, ce qui ne va pas sans produire des effets à la fois économiques et politiques. Paris

---

[1] Les maladreries sont souvent situées au nord ou au nord-est des villes par peur des effluves malins qu'apportent les vents dominants. Cf. *Histoire des lépreux*, *op. cit.*, p. 184.

[2] Jean-Baptiste Goiffon apparaît comme un précurseur des théories microbiennes qui formulaient l'hypothèse d'insectes venimeux invisibles apportés avec des marchandises dans ses *Observations faites sur la peste qui règne à présent à Marseille et en Provence* de 1720. Voir aussi ses *Relations et dissertation sur la peste du Gévaudan* de 1722.

[3] Cf. Henri Mollaret, « Les grands fléaux », in *Histoire de la pensée médicale*, t. 2, pp. 276-278.

accueillera en 1831 l'épidémie sur la base d'une théorie anti-contagionniste prenant la suite d'un mouvement initié en Russie, avec les thèses du docteur Jachnichen, et de l'échec des mesures de police sanitaire décidées en Angleterre. Velpeau sera même amené à adopter publiquement la thèse de la contagion, explicitant les motivations, notamment politiques et économiques, des autorités médicales[1].

Il est à la fois difficile de se représenter un agent invisible et nécessaire de le faire, car l'imagination humaine a, comme la nature, horreur du vide. Le flot de caricatures qui a accompagné l'épidémie de choléra est à ce titre fort instructif. On trouve ainsi en 1867 une représentation du germe sous la forme d'un petit gnome diabolique au teint bleu-vert, voisin de celui des cholériques, muni d'ailes semblables à celles des chauves-souris pour représenter une propagation pensée encore comme étant aérienne[2]. La première représentation non anthropomorphe[3] est apparue en 1884 sous la forme d'une sorte de punaise ayant des dents de requins, une langue de reptile et les yeux exorbités des

---

[1] Sur cette question, voir *Peurs et terreurs face à la contagion*, p. 20 sqq. L'opposition classique de Brême et de Hambourg et des politiques qu'elles ont adoptées lors de la cinquième pandémie en 1892 montre bien l'efficacité des mesures sanitaires prises par Brême (filtrage de l'eau, information sanitaire de la population, mesures de quarantaine et d'isolement) qui ne connaît que 6 décès, là où Hambourg a subi une très importante mortalité, les autorités de la ville ayant privilégié la prospérité commerciale (p. 26).

[2] "Le miasme du choléra" [*Le hanneton*, Juillet 1867], *Visages du choléra*, *op. cit.*, p. 60. Voir aussi "Le vibrion venant d'Espagne" [*Le Grelot*, juin 1890] où un gnome vert-bleu chevauche une vache, espagnole forcément.

[3] "Le microbe du choléra" [*Le Grelot*, juillet 1884], *Visages du choléra*, *op. cit.*, p. 63. Les caricatures rendent aussi compte de la compétition franco-allemande entre Koch et Pasteur. Les mêmes bacilles que ceux découverts par Koch se rencontrant chez les cholériques de Toulon en 1884, les autorités françaises doivent reconnaître la valeur de la découverte allemande (p. 64). Les points de contact interhumains jouent un rôle essentiel dans la transmission du vibrion, comme la fameuse fontaine de Broad Street dont John Snow établit l'importance en 1854 (p. 79). Voir aussi "La main de la Mort sur la poignée" (p. 78). La plus célèbre caricature reste celle de Daumier "Le choléra de 1832", montrant la ville en proie à l'épidémie (p. 87).

batraciens. De même, dans le champ scientifique, les bactéries ont été nommées par référence à leur morphologie telle qu'elle pouvait être vue au microscope optique : ainsi des vibrions dont l'image vibre, des bâtonnets des bacilles ou de la spirale des spirochètes. La querelle de la théorie des miasmes et de celle de la contagion repose, pour une grande part, sur le fait que le miasme est une catégorie de la perception (mauvaises odeurs des exhalaisons putrides, nourrissant la confusion de l'infection et de la putréfaction, particules en suspension dans l'air, ce qui explique le recours « thérapeutique » aux parfums), voire une catégorie morale (souillure, impureté). Notons cependant qu'une théorie erronée, celle des miasmes, qui attribue aux épidémies une cause assimilée aux poisons résidant dans le milieu, peut produire des effets positifs – en l'espèce sanitaires, avec le développement du mouvement hygiéniste. L'hypothèse de la contagion suppose, quant à elle, le recours à une nouménologie, à la constitution d'objets de pensée par l'entendement scientifique. La surdétermination morale et perceptive de la pestilence a certainement fonctionné comme un véritable obstacle épistémologique par rapport à la constitution d'une théorie authentiquement scientifique de la contagion épidémique. Ainsi, au 18e siècle, l'esprit de la maladie de peste était perçu comme une petite flamme bleue bondissant d'une personne à une autre. Il y a aussi homologie entre la perception du mal et la thérapeutique employée. On sait par exemple que Laennec, atteint de tuberculose, garnissait son logement parisien de varech dans l'espoir de guérir le mal, au nom des vertus thérapeutiques du bord de mer.

Lors de l'épidémie de choléra, les caricaturistes prirent également comme cibles les pratiques médicales du temps[1], depuis les sangsues de Broussais qui tuèrent Casimir Perier jusqu'aux boissons excitantes de Magendie et à la méthode mixte unissant

---

[1] Voir "Les trois traitements", "Le système des brosses magnétiques" ou bien "Les hydropathes", in *Visages du choléra*, pp. 103-105. À l'opposé, on sait que Tchaïkovski utilisa le choléra comme un mode de suicide en consommant de l'eau non bouillie lors de l'épidémie survenue en 1893. Sa mère était morte du choléra, ce qui semblait renforcer l'hypothèse d'une prédisposition.

les deux pratiques. De même, l'épidémie accéléra la transition de l'antique apothicaire au moderne pharmacien, visible dans la caricature de Daumier de 1837, *Apothicaire et pharmacien.* On sait aussi que le phénol découvert par Pierre Alexis Boboeuf joua un rôle important dans la prévention du choléra[1].

Trois critères permettent de rendre un microbe responsable d'une maladie : sa présence constante au microscope, son isolement à l'état pur et sa reproduction en culture, le fait, enfin, de démontrer son pouvoir pathogène en reproduisant chez l'animal la maladie de l'homme. On reconnaît ici les postulats de Koch. L'abandon de la théorie des miasmes consomme l'identification de la contagion et de l'infection. Une maladie contagieuse est due à la présence d'un germe qui en est la cause spécifique[2]. En une quinzaine d'années, les travaux de Pasteur et de Koch permettent d'identifier l'agent causal de bon nombre de maladies infectieuses, tuberculose, choléra, diphtérie, tétanos, peste, etc. Microbes et hôtes sont pris dans un processus de concurrence vitale, de lutte pour la vie. La découverte des agents incriminés ouvre alors la possibilité de thérapeutiques ou de méthodes de prévention inédites : sérothérapies et vaccinations. Quelquefois, un échec thérapeutique pourra s'accompagner d'un succès en termes de diagnostic, comme dans le cas de la tuberculine de Koch. Mais la bactériologie approfondit la séparation entre l'observation clinique du malade et le diagnostic au laboratoire appuyé sur la culture du micro-organisme. On se détourne alors des symptômes pour se tourner vers l'agent envahisseur[3]. Dans un premier temps, les épidémies ont nécessité la mise en place

---

[1] Une caricature représente "L'archange Boboeuf terrassant le choléra" [*Le Hanneton*, juillet 1867], *Visages du choléra*, pp. 154-155. On y voit le phénol répandu par Boboeuf tuer le petit gnome vert du vibrion cholérique. Il y a tout un imaginaire de la médecine et du soin, qui joue un rôle médiateur, schématique, entre la rationalité du discours scientifique de la médecine et l'irrationnel du mal et de la mort.

[2] Voir « La microbiologie médicale » par Bernardino Fantini in *Histoire de la pensée médicale en occident*, t. 3, p 133.

[3] Cf. « L'élaboration du diagnostic » par Steven J. Peitzman et Russell C. Maulitz, in *Histoire de la pensée médicale en Occident*, t. 3, p. 174.

de pratiques sanitaires et donc la constitution d'une vaste biopolitique, sans que l'on puisse articuler réellement ces pratiques avec des connaissances médicales précises. L'ère pastorienne, dans un second temps, a permis la diffusion d'une médecine épidémique de masse, dans un processus de médicalisation de la société centré sur l'hygiène, mais aussi bien d'une médecine individualisée, l'une et l'autre s'articulant désormais avec un savoir microbiologique portant sur les causes des épidémies. À une stratégie collective du type de la quarantaine, effectuée « à l'aveugle » et sans grande efficacité des soins, succède un soin individualisé. Il y aura bien alors une individualisation dans le diagnostic et dans les pratiques de soin.

Les épidémies jouèrent un rôle historique majeur dans un autre contexte historique, qui est celui de la conquête coloniale. La médecine coloniale fut en effet rapidement confrontée à la nécessité de lutter contre les épidémies et les endémies, très nombreuses en climat tropical : paludisme, fièvre jaune, lèpre, maladie du sommeil, onchocercose, dysenterie, etc. De fait, les médecins des colonies jouèrent un rôle essentiel dans la découverte des parasites et des virus incriminés ainsi que dans la mise au point de stratégies thérapeutiques. Par exemple, Alphonse Laveran, médecin militaire, prix Nobel 1907, découvrit en 1880 l'hématozoaire du paludisme en observant le sang des malades fiévreux à l'hôpital militaire de Constantine et en y remarquant des éléments filiformes ressemblant à des flagelles, tandis que l'anglais Ronald Ross, en service au Pendjab, et l'italien Grassi identifièrent le mécanisme de la transmission du paludisme et son responsable, l'anophèle. Les pharmaciens Joseph Bienaimé Caventou et Joseph Pelletier isolèrent, quant à eux, la quinine. C'est aussi un médecin du corps de santé colonial, Alexandre Yersin, qui découvre le bacille de la peste (*Yersinia pestis*) dans la pulpe ganglionnaire d'un pestiféré de Hongkong. Et un autre médecin colonial, Paul Simond, découvre à Mandwi, près de Karachi, le rôle joué par la puce du rat dans la transmission à l'homme de la peste et cela contre les idées reçues dans le cadre de la théorie des miasmes. Il fut sous-directeur et professeur de bactériologie au Pharo. La triade épidémiologique bacille-puce-rat est à cette époque clairement identifiée. Enfin, le médecin général Girard conçoit avec son collègue Robic le vaccin contre la peste en 1934. Deux souches sont retenues, dont la fameuse souche « EV » (du nom de famille de l'enfant européen mort en 1926 de la peste, Évesque). Cette souche est toujours entretenue au laboratoire de la peste de l'Institut Pasteur. Le trypanosome, agent de la redoutable maladie du sommeil, avec son vecteur la glossine ou mouche *tsé-tsé*, avait été identifié en août 1902 par Joseph E. Dutton à l'École de médecine tropicale de Liverpool. On pourrait multiplier les exemples. De même que les premiers progrès de la chirurgie ont très souvent été liés aux combats, des guerres d'Italie jusqu'aux guerres napoléoniennes, l'essor de la médecine tropicale aura procédé des nécessités de l'expansion coloniale. L'histoire des épidémies est intimement liée à la globalisation et à la colonisation. On connaît en ce sens la célèbre formule de Lyautey : « Donnez moi quatre médecins et je vous rends quatre compagnies »[1].

La fièvre jaune représente un cas de figure intéressant dans le cadre d'une analyse biopolitique, de par ses effets directement politiques et stratégiques, ainsi que par le contexte tout à la fois épistémologique et politique de découverte[2] qui oppose (déjà) cubains et américains pour la paternité de la mise à jour du rôle du moustique *culex mosquito* dans la transmission de la fièvre. Les uns attribuent la découverte à Finlay, médecin cubain ; les autres l'attribuent bien entendu à Reed, médecin américain. La querelle subsistera longtemps, jusqu'à provoquer une polémique autour d'un jeu télévisé américain et d'une question à 64 000 dollars : « qui fut le conquérant de la fièvre jaune ? Réponse gagnante : Walter Reed », suscitant les protestations des autori-

[1] Voir sur ce point la synthèse historique de Louis-Armand Héraut, « La médecine militaire coloniale française, Une aventure médicale de trois quarts de siècle (1890-1968) », in *Histoire des sciences médicales*, Tome XL - n°4 - 2006, p. 386.

[2] Cf. l'ouvrage classique de François Delaporte, *Histoire de la fièvre jaune*, Payot, 1989.

tés cubaines[1]. Le virus amaril, le très redoutable *vomito negro*, entraîne une hépatonéphrite mortelle. Il est véhiculé d'un sujet malade à un sujet sain par le moustique *Aedes*. Il est à l'origine de nombreuses épidémies portuaires au 18e siècle, au Havre, à Brest, à Saint-Nazaire, mais aussi de l'invasion de l'Amérique du Nord (Floride et Texas), des épidémies de Cadix (100 000 morts entre 1730 et 1830) et du Sénégal. Un poste infecté devait être interdit d'évacuation, enfermant la population dans un piège mortel[2]. On sait que le général Charles Leclerc, compagnon de Bonaparte, est mort avec un peu plus de 20 000 de ses soldats (sur un effectif de 30 000) à Saint-Domingue. Par ailleurs, entre 1881 et 1889, la fièvre jaune, associée souvent au paludisme et à la fièvre typhoïde, a décimé ingénieurs et ouvriers travaillant à la construction du canal de Panama. Les épidémies ont ainsi joué un rôle important dans l'effondrement financier de la compagnie de construction du canal et dans le scandale qui a entraîné la chute de Ferdinand de Lesseps[3]. Une souche du virus amaril sera isolée à Dakar et un vaccin fabriqué par Laigret en 1926. Il sera diffusé en A.O.F. à partir de 1936.

L'exemple, fort révélateur, de la fièvre jaune n'est pas unique. Les épidémies ont joué un rôle essentiel non seulement dans le cadre de la constitution de la médecine coloniale, mais dans celui de la colonisation elle-même. L'histoire de la médecine en témoigne. Les premiers médecins « des Isles » sont issus des

---

[1] Voir François Delaporte, *Histoire de la fièvre jaune*, *op. cit.*, p. 148. Préfacé par Georges Canguilhem, cet ouvrage propose une analyse structurale fort intéressante d'un vecteur épidémique sans qu'il y ait transmission ou transport au sens strict – ce qui suppose de réunir les notions de véhicule et d'hôte comme dans le cas du moustique incriminé. C'est une histoire des concepts épidémiologiques intéressant la fièvre jaune qui est proposée, avec toutes ses incidences politiques. Delaporte note qu'« avec Laveran, Manson et Finlay, un très vieux symbole enfin s'efface : la mort qui pique se substitue à la mort qui fauche, l'aiguille remplace la faux » (p. 153). La mort qui pique, c'est encore aujourd'hui le paludisme, le sida pour partie et la fièvre jaune.

[2] Léon Lapeyssonnie, *La médecine coloniale, mythes et réalités*, Seghers, Paris, 1988, p. 50.

[3] Voir l'*Histoire des médecins et pharmaciens de marine et des colonies*, sous la direction de Pierre Pluchon, Privat, 1985, p. 57.

troupes des flottes de guerre, comme médecins et chirurgiens de la marine[1]. Au début du 18e siècle furent créées des écoles de chirurgie navale dans l'enceinte des hôpitaux de la marine, telle l'école de chirurgie et d'anatomie de Rochefort en 1722, celle de Toulon en 1725 ou de celle de Brest en 1731[2] – laquelle sera presque totalement désorganisée par une épidémie de typhus en 1758. Répandue alors par l'escadre de Dubois de Lamothe de retour du Canada, la maladie envahit la Bretagne. On sait que Louis XV se faisait réveiller la nuit pour prendre connaissance des bulletins de mortalité, redoutant que l'épidémie finisse par gagner un jour tout le royaume. Cette épidémie a joué un rôle stratégique capital dans la perte du Canada[3].

Les hôpitaux de la marine se doivent de préserver un capital humain rare et précieux. Ils constitueront un véritable foyer de contagion en temps d'épidémie, mais ils assureront la formation des médecins et chirurgiens de la marine et des colonies jusqu'à l'ouverture de l'École de santé navale de Bordeaux en 1890. Un *Corps de santé de la marine* avait été crée le 12 avril 1759. Les

---

[1] Les médecins de la marine sont bien les grands ancêtres des médecins coloniaux. L'évolution du logo de *Médecine tropicale* diffusée par le Centre de documentation de la médecine coloniale du Pharo, dont le premier numéro paraît en 1941, est révélatrice : elle en a changé trois fois comme le Pharo, ainsi que l'a noté L. Lapeyssonnie. Le premier logo représentait un serpent d'Esculape s'enroulant autour d'une ancre de marine ; le deuxième, un serpent lové autour du globe ; le troisième, un phare (*op. cit.*, p. 255). L'histoire de la médecine épidémique va de pair avec la globalisation et la mondialisation, à la fois sanitaire et politique.

[2] Pour cet historique, voir la très bonne présentation de Lapeyssonnie dans *La médecine coloniale, Mythes et réalités*, déjà cité. Volontiers hagiographique, cet ouvrage, sous la plume d'un médecin militaire ayant une connaissance de première main de la médecine coloniale, offre un contrepoint à la lecture de Jean-Paul Bado, *Médecine coloniale et grandes endémies en Afrique, 1900-1960, lèpre, trypanosomiase humaine et onchocercose*, Karthala, Paris, 1996, d'inspiration plus critique.

[3] Les pathologies tropicales seront également à l'origine de la catastrophe du Kourou en 1763 et du projet de colonisation qui impliquera de nombreux affairistes, dont le chevalier de Turgot et la famille de Choiseul, qui usera de sa position dans le royaume pour faire de ce projet une cause nationale. Cette opération coûtera environ 9 000 morts.

médecins et chirurgiens faisaient désormais partie, comme les autres officiers, de l'état-major des vaisseaux. La marine et les écoles de santé navale sont clairement à l'origine des premières recherches en matière de médecine tropicale et de lutte contre les épidémies et endémies « exotiques »[1]. C'est que le navire représente un milieu qui est hautement pathogène, avec son célèbre marais nautique. Il sert fréquemment de transport aux épidémies, dont le typhus ou la fièvre des vaisseaux. Le *Corps de santé colonial* voit le jour le 7 janvier 1890, matérialisant la séparation de la médecine navale et de la médecine coloniale. Progressivement, l'administration des colonies se détachera de celle de la marine. Les médecins coloniaux vont être rattachés au ministère de la Guerre et aux troupes coloniales. Le 3 octobre 1905, l'école d'application du service de santé des troupes coloniales, dite « le Pharo », voit le jour à Marseille. Car les médecins accompagnent les colonnes militaires pour soigner les troupes, payant eux-mêmes un lourd tribut aux endémies tropicales. Ensuite, ils participent à l'édification des postes à la fin de la conquête militaire et à la construction d'un système sanitaire destiné à la fois aux militaires, aux colons et aux autochtones. L'Indochine fait figure de colonie modèle sur le plan sanitaire. Galliéni décide en 1896 de créer une école médicale indigène à Madagascar, elle-même modèle pour la création d'autres écoles et la mise en place d'une Assistance médicale indigène, sur les propositions d'un médecin colonial, A. Lasnet. Albert Calmette, lui aussi médecin colonial, crée un Institut Pasteur à Saigon en 1891. Dans les années suivantes, Yersin ouvre un établissement similaire à Nha-Trang (1894) puis il fonde l'école de médecine

---

[1] L'hôpital de Cherbourg est un bon exemple des aléas de l'histoire des savoirs et des soins. Il faudra attendre 1905 pour que soit ouvert un pavillon destiné aux contagieux. Avant cela, un modeste baraquement en bois était destiné aux maladies éruptives et aux victimes d'épidémies. Pourtant Cherbourg connaîtra de virulentes épidémies au 19e siècle, de choléra en 1892, mais aussi de typhoïde et de tuberculose. Voir l'*Histoire des médecins et pharmaciens de la marine*, p. 173.

de Hanoi (1902). L'Assistance médicale indigène sera créée en 1904. Par ailleurs, l'école de médecine de Dakar ouvre en 1918 et les Instituts Pasteur de Kindia (Guinée) et de Dakar en 1922 et 1923. Dans chaque colonie d'A.O.F. ou d'A.E.F., un directeur de la santé publique fait appliquer la politique sanitaire décidée à Paris. L'institut Marchoux à Bamako est spécialisé dans la lutte contre la lèpre, le centre Muraz à Bobo-Dioulasso s'occupe des épidémies de trypanosomiase et des maladies transmissibles. La Société de pathologie exotique fondée par Emile Roux, disciple de Pasteur, le 15 novembre 1907, jouera également un rôle considérable[1], ainsi que son *Bulletin de la Société de pathologie exotique* ou encore les *Annales d'hygiène et de médecine coloniale* déjà existantes.

Il est difficile de se faire une idée juste des réussites et des échecs de la médecine dans le cadre colonial, du moins en évitant les deux erreurs symétriques de l'hagiographie et de la critique aveugle. Notre hypothèse est d'un ordre différent. Il s'agit bien plutôt de montrer que la médecine coloniale, dans sa lutte contre les épidémies, a joué un rôle majeur dans la mise en place d'une vaste biopolitique coloniale, de la conquête jusqu'à l'administration des colonies. C'est que la médecine coloniale avait à la fois une fonction thérapeutique et technique et une fonction administrative, donc politique. Était en jeu la nécessité de montrer, dans les termes de l'époque, la supériorité de la science – et donc de la civilisation – européenne et de favoriser l'investissement économique dans les colonies en soignant les colons et les colonisés, principalement afin de ne pas faire fuir les investisseurs.

En se confrontant aux épidémies tropicales, la médecine coloniale est entrée en concurrence avec une médecine traditionnelle à la fois empirique et métaphysique, selon le mot de Jean-Paul Bado[2]. C'est qu'il s'agit d'affronter non pas un degré zéro de savoir, mais tout un socle de représentations communes solidement installées, comme celle selon laquelle les sorciers et

[1] Jean-Paul Bado, *op. cit.*, p. 155

[2] *Ibid.*, p. 22.

les mangeurs d'âme seraient à l'origine des épidémies en s'en prenant au double de chaque individu, qui le quitte pendant son sommeil. Ou encore celle qui implique les revenants (les morts criminels qui n'ont pas eu droit aux rites funéraires) ou bien le fluide nocif des énergies malfaisantes des génies ou des esprits. L'épidémie se joue en réalité sur deux scènes bien distinctes. L'une, visible, produit les effets pathologiques connus ; l'autre, invisible, double la première et lui procure à la fois son sens et son étiologie. On connaît aussi le cas des *vodoungan sakpata*, les féticheurs de la variole du Dahomey. Immunisés par un contact antérieur avec la maladie, ils détenaient l'exclusivité de son traitement : ils *variolisaient* leurs clients en leur inoculant le mal avec des croûtes de varioleux et ils les épouvantaient avec des cadavres posés sur des claies à la croisée des chemins ou bien en barrant l'accès aux villages frappés par le destin avec des fétiches[1].

La lutte contre les épidémies semble avoir privilégié la méningite, la fièvre jaune, le paludisme et la variole, reconnus comme priorités, au détriment de la lèpre, de l'onchocercose et de la maladie du sommeil, sans doute pour des raisons plus économiques et politiques que strictement médicales[2]. On sait que la pathologie coloniale faisait l'objet d'une censure administrative de la part du chef du service de santé de la colonie, ce qui obligeait les médecins, pour contourner la censure, à publier leurs travaux dans des revues scientifiques. Logique thérapeutique et impératifs administratifs et politiques ne font pas bon ménage[3] : l'état sanitaire des colonies faisait partie de l'image de grandeur de la France et en outre il ne fallait pas décourager les investissements. Ce qui rend d'autant plus problématique l'étude des statistiques de l'époque et explique sans doute la sous-représentation de la lèpre et de la maladie du sommeil, en

---

[1] L. Lapeyssonnie, *La médecine coloniale*, *op. cit.*, pp. 227-228. On sait que la variole fut déclarée éradiquée le 20 octobre 1977, le vaccin se révélant fort efficace, sans compter l'absence d'animaux relais et de porteurs sains.

[2] J.-P. Bado, *Médecine coloniale*, *op. cit.*, p. 84.

[3] Sur le médico-économique, voir J.-P. Bado, p. 132.

raison de leur impact sur la démographie et l'économie des colonies[1].

Parmi les dispositifs mis en place par la médecine coloniale pour lutter contre les grandes épidémies, il convient de citer les hypnoseries, asiles dévolus spécifiquement à la trypanosomiase et créés sur le modèle des léproseries. On vit aussi apparaître des villages de ségrégation qui fonctionnèrent comme autant de mouroirs, voire de centres d'expérimentation des médicaments[2]. D'autres mesures d'envergure, la déclaration des *sommeilleux*, les campagnes de débroussaillement, l'établissement de postes médicaux afin de filtrer les populations et d'interdire l'accès des districts aux malades infectés, la mise en place d'un « casier sanitaire » dans chaque village[3], se heurtèrent à la résistance des populations, au manque de moyens et à des conflits d'intérêt entre les médecins et les administrateurs coloniaux, à l'image du docteur Jamot confronté aux intérêts économiques des entrepreneurs de Côte-d'Ivoire[4] lorsqu'il voulut mettre en quarantaine les populations infectées de Haute-Volta, qui étaient également des réservoirs de main d'œuvre. Jamot est la grande figure de la

---

[1] *Ibid.*, p. 189.

[2] *Ibid.*, pp. 120 et 125.

[3] À partir de la circulaire de l'inspecteur des services sanitaires et médicaux, Louis Couvy, du 16 novembre 1935, J.-P. Bado, *Médecine coloniale*, p. 312. Le cas de l'île portugaise du Prince dans le golfe de Guinée est un cas d'école. En 1877, l'épidémie de maladie du sommeil s'installe. En 1907, il n'y a plus que 350 habitants, contre 3 000 en 1885. En avril 1914, la dernière glossine est capturée et la maladie éradiquée. Cf. Lapeyssonnie, *op. cit.*, pp. 267-268.

[4] J.-P. Bado, *Médecine coloniale*, p. 299. Le docteur Jamot s'était déjà trouvé confronté aux logiques administratives et diplomatiques avec son rapport qui dénonçait l'incurie de la lutte face au fléau trypanique, présenté à un moment où la France devait présenter une bonne image de l'état sanitaire pour appuyer ses prétentions territoriales sur une partie du Cameroun allemand (p. 309). On sait aussi qu'il fut rendu responsable bien plus tard, en 1930, d'avoir laissé son subordonné, le docteur Monier, soigner des trypanosomés avec de fortes doses de *tryparsamide* qui entraînèrent 700 cas de cécités irréversibles (p. 295, note 29). Après avoir été reçu par le Président Millerand, avoir présenté son film à l'exposition coloniale, être devenu célèbre et pressenti pour le prix Nobel, il sera rapidement déchu. Il reprendra son combat contre la maladie du sommeil en A.O.F. à Ouagadougou en 1932.

lutte contre la trypanosomiase. Reçu au concours latéral d'entrée au Pharo, homme de culture doté d'une énergie à toute épreuve, il organisera la grande lutte contre la maladie du sommeil au Cameroun de 1922 à 1931, sur la base de la constitution de secteurs de prophylaxie. Il avait reçu en 1917 l'instruction de constituer un service spécialisé. Sa mission dans la boucle de l'Oubangui lui permettra de mettre en place sa méthode, dont témoigne son *Essai de prophylaxie médicale de la maladie du sommeil dans l'Oubangui-Chari* présenté devant la Société de pathologie exotique le 12 mai 1920. Une *Mission permanente de prophylaxie de la maladie du sommeil* est logiquement créée en 1926. Comme l'on sait, l'ascension de Jamot fut brutalement interrompue en 1931. Il tenta néanmoins de mettre en place les mêmes stratégies prophylactiques en A.O.F., sans parvenir à se faire entendre. Muraz, une autre grande figure de la geste de la médecine tropicale, prit la relève, Georges Mandel ayant décidé de créer un *Service général autonome de la maladie du sommeil en Afrique occidentale et au Togo* en 1939. Haut en couleur, surnommé *le buffle*, il réussit à mettre en place un fonctionnement administratif rigoureux et à généraliser le recours aux instructions techniques écrites, ainsi qu'un système d'identification des malades par une plaquette d'aluminium qui échappait à l'action destructrice des termites. Il tenta aussi d'appliquer à la médecine de masse les sulfamides, juste découverts lors d'une épidémie de méningite cérébro-spinale en 1938 au Niger[1].

On voit que la lutte contre les épidémies est indissociable d'un polygraphisme et de la constitution d'un vaste « plasma graphique » selon le mot de Foucault, s'emparant à la fois des individus et des populations. Comme Jamot, Muraz fut démis de ses fonctions en 1942[2]. L'action des équipes mobiles fut néanmoins élargie en 1944 à d'autres épidémies comme la lèpre, l'onchocercose, le paludisme, avec la constitution des *Services généraux d'hygiène mobile et de prophylaxie*. Richet appliquera à la lutte contre la lèpre les recettes qui avaient été testées sur la

[1] L. Lapeyssonnie, *op. cit.*, p. 209.
[2] *Ibid.*, pp. 173-207.

maladie du sommeil et il brisera la ségrégation des lépreux en adoptant une méthode ambulatoire de traitement[1]. Comme ses deux prédécesseurs, il sera écarté en 1942 et ne reprendra son combat qu'en 1953, participant à la création du service de lutte contre les endémies, l'O.C.C.G.E., lors des indépendances. Ces grandes figures de la médecine coloniale furent sanctionnées par les pouvoirs en place. Ce n'est évidemment pas un hasard, mais la fin d'une histoire qui illustre l'ambiguïté de l'action médicale, d'un côté vouée au soulagement des populations et à une fonction humanitaire et d'un autre côté prisonnière d'une logique biopolitique dont les buts sont tout différents.

La mise en place de stratégies prophylactiques s'est heurtée à la fois aux intérêts économiques des colonisateurs, aux logiques administratives préférant la médecine curative plus voyante à la prophylaxie et aux populations colonisées elles-mêmes : on a vu les évasions des léproseries se multiplier et les familles soustraire les malades aux soins médicaux.[2] Comme dans chaque épisode épidémique, on a vu apparaître des stratégies populaires de résistance au pouvoir médical et administratif. La mise en place d'une vaste biopolitique coloniale destinée à gérer les populations ne s'est donc pas faite sans résistances, pas plus que la décision de « développer les races indigènes en qualité et en quantité » selon la formule d'Albert Sarraut[3]. Il s'agit bien, selon l'expression consacrée, attribuée au gouverneur général Carde, de *faire du Noir*, de « faire » un indigène de qualité, c'est-à-dire

---

[1] *Histoire des médecins et pharmaciens de la marine*, op. cit., p. 382.

[2] J.-P. Bado, *Médecine coloniale*, p. 143.

[3] Dans *La mise en valeur des colonies françaises*, paru en 1923, cité par J.-P. Bado, *Médecine coloniale*, p. 227. Il s'agissait d'avoir à disposition le meilleur capital humain possible. Les stratégies biopolitiques par lesquelles le pouvoir s'est tourné vers la vie et non plus vers la mort ont sans doute trouvé un terrain d'expérimentation majeur dans les colonies. On y a vu s'exercer à plein une gestion politique et médicale de la population destinée à majorer les bénéfices commerciaux, jusque dans ses ultimes contradictions : minorer intentionnellement certaines endémies pour ne pas décourager les affaires et, ce faisant, finir par porter atteinte à la démographie des colonies et donc précisément à leur économie.

d'améliorer la race[1]. La médecine coloniale des épidémies est ici clairement confrontée à une biopolitique qui est pour le moins problématique, en dépit d'indéniables succès remportés dans le combat sanitaire contre les épidémies, dont témoigne la lutte contre la maladie du sommeil (avec 400 000 malades traités et 40 millions de personnes examinées entre 1934 et 1944), contre la variole[2] et la fièvre jaune, qui avait pratiquement disparu en 1945 après la distribution de 80 millions de doses du vaccin dakarois. Le cas tristement célèbre de la construction du chemin de fer Congo-Océan dans les années 1920, avec son recrutement de travailleurs forcés, ses conditions extrêmes en pleine forêt tropicale, est malheureusement exemplaire. Dénoncé par Albert Londres dans de célèbres chroniques, il avait entraîné un coût humain terrifiant : 13 650 morts à la fin des travaux. On peut formuler l'hypothèse que la colonisation aura servi de terrain expérimental pour des stratégies biopolitiques et la constitution d'une politique de la race que la médecine coloniale a également reflétée.

Les grandes épidémies de peste ont rapidement fait miroiter, nous l'avons vu, la possibilité d'un fonctionnement exhaustif et sans *reste* des disciplines et du pouvoir. Comme si tout contact dangereux, toute communication illicite et toute confusion suspecte pouvaient être exclus de façon définitive de l'espace social et politique. N'est-ce pas déjà le rêve totalitaire d'un pouvoir absolu ? Le modèle de la lèpre poussé jusqu'au bout, c'est le fantasme d'une purification totale du corps social, de même que le paradigme de la peste coïncide avec l'utopie du quadrillage parfait et de la surveillance absolue de la cité.

---

[1] Telles sont les formulations utilisées encore en 1944 à la conférence de Brazzaville par Vaucel. Cf. L. Lapeyssonnie, *La médecine coloniale*, déjà cité, p. 170, note 1.

[2] Un centre de vaccination antivariolique fut créé au Tchad en 1905. Le vaccin ne résistant pas au climat et aux conditions de transport, quatre congolais porteurs de pustules vaccinales transmises de bras à bras réalisèrent la course de 2 500 km depuis Brazzaville pour apporter le vaccin. Voir l'*Histoire des médecins et pharmaciens de la marine*, *op. cit.*, p. 253. Une campagne de vaccination massive fut alors mise en place.

Le cas de la médecine nazie est ici tristement exemplaire. Car il s'agit bien d'un assainissement du corps ethnique (*Gesundung des Volkskörpers*) qui passe par le fait de débarrasser ce corps de ce qui l'encombre : les juifs, les malades mentaux, etc. C'est l'obsession régressive de la pureté et donc de la souillure. Cette véritable hantise du souillé (*verseuchte*), de la contamination et de l'impureté n'a qu'une solution : l'anéantissement. Guérir, c'est donc tuer (*Töten als Heilen*)[1]. Le modèle épidémique alimente la mise en place des structures totalitaires, à mesure qu'il faut à la fois purifier le corps social de tout ce qui peut le contaminer (races inférieures) et tenir le registre précis de la situation de chacun par rapport à la race pure. Il y a bien là une structure névrotique, obsessionnelle, phobique, qui tourne à la psychose politique dans un imaginaire délirant du pur et de l'impur. Le totalitarisme, c'est la biopolitique poussée à sa limite, dans une médicalisation totale du social, qui est en même temps une politisation totale de la médecine. On finit par tuer la vie à vouloir la purifier totalement. Le mythe obscène de la pureté, articulé sur le fantasme régressif de l'impur et du sale, assure le triomphe de la pulsion de mort. Tout semble alors dangereux, porteur de bacilles, de virus ou d'infections : l'épidémie et la contagion guettent toujours…

La politique n'est alors que la guerre continuée par d'autres moyens, biologiques. Le pouvoir d'essence contractuelle et juridique se défait au profit d'un pouvoir historique purement polémique, qui n'est fait que de stratégies de purification et de tactiques d'assainissement. Michel Foucault a montré, en ce sens, que la lutte des classes a fonctionné, dans sa constitution même, comme « un racisme biologico-social ». Le nazisme est un

---

[1] Nous suivons ici l'analyse du vocabulaire allemand proposée par Georges-Arthur Goldschmidt dans *Quand Freud attend le verbe, Freud et la langue allemande II*, Buchet Chastel, 2006, p. 199 et suivantes. On pourra aussi se reporter à la somme de Benno Müller Hill, *Science de mort*, éditions Odile Jacob, Paris, 1988 et à Raul Hilberg, *La destruction des juifs d'Europe*, Paris, Folio, 1991, t. II, « Les expériences médicales », pp. 811-820.

racisme d'État qui voit partout des risques de contagion dont il faut protéger le patrimoine social[1]. Ce racisme établit un grand partage entre qui doit vivre et qui doit mourir, entre qui est sain et qui est infecté. Le vieux modèle de la lèpre trouve là une réactivation inédite et monstrueuse dans une figure extrême et biopolitique du partage. Il faut tuer la mauvaise race au nom de la vie saine, ce qui explique la fonction meurtrière de l'État. Comme dans les épidémies, les plus aptes doivent survivre[2]. Ce racisme biopolitique s'alimente à une pensée évolutionniste falsifiée qui néglige l'effet réversif de l'évolution découverte par Darwin (dans le cas de l'homme, la nature favorise les comportements solidaires et altruistes dont elle a besoin). On peut se demander si le totalitarisme politique ne suppose pas, comme condition de sa possibilité, une médicalisation totale du social. L'affaire Lyssenko, dans l'ancienne U.R.S.S., se comprend alors aisément : si le social est d'essence biologique, la biologie elle-même ne peut être que politique et donc prolétarienne (et vraie) ou bourgeoise (et fausse).

Le biopouvoir comporte, comme sa propre tentation, le désir de tuer la vie elle-même en l'éradiquant (le pouvoir atomique) ou en la faisant proliférer de façon monstrueuse ou bien encore en créant des virus meurtriers.

---

[1] Cf. « Il faut défendre la société », in *Cours au Collège de France. 1976*, Hautes Études / Gallimard / Seuil, Paris, 1997, p. 52.

[2] Sur la généalogie monstrueuse du nazisme et de la guerre des races, voir « Il faut défendre la société », *op. cit.*, p. 226 et suivantes.

VI

L'ÉTHIQUE AU MIROIR DE L'ÉPIDÉMIE LA FUITE, LA SOLITUDE, LE SECRET

Une épidémie peut susciter, selon la distinction classique proposée par J.-N. Biraben, trois grands types de réactions, l'agression, la projection, dont nous avons vu de nombreuses illustrations historiques, et la fuite[1]. Le Collège médical de la Sorbonne recommandait instamment la fuite, suivant le vieux conseil hippocratique *Cito, longe fugas et tarde redeas* (pars vite et loin et reviens tard). On connaît également l'électuaire du médecin Rhasis : « Ces trois petits mots chassent la peste, Vite, loin et longtemps, où que l'on soit. Partir vite, aller loin et droit devant, Quant au retour, le remettre au plus tard »[2]. La littérature de peste, qui se multiplie au fil des épidémies récurrentes, n'a eu de cesse de préconiser la fuite comme remède, à l'instar d'Étienne Binet conseillant de ne revenir que le tout dernier[3]. Fuir est le meilleur remède, peut-être le seul. Daniel Defoe dans son *Journal de l'année de la peste* évoque la théorie de camions et de charrettes emportant meubles, enfants et domestiques ainsi que les carrosses des gens de qualité se pressant aux sorties de la ville ou auprès du lord-maire pour obtenir les laissez-passer et certificats de santé nécessaires au voyage. Son journal décrit

---

[1] J.-N. Biraben, « Essai sur les réactions des sociétés éprouvées par de grands fléaux épidémiques », in *Maladie et société XIIe-XVIIIe siècles*, sous la direction de N. Bulst et R. Delort, Paris, 1989, p. 372. Cf. *supra*, p. 30, note 2.

[2] Johannes Nohl, *La mort noire Chronique de la peste*, déjà cité, p. 95.

[3] Étienne Binet, *Remèdes souverains contre la peste et la mort soudaine*, 1629.

l'étonnante odyssée de trois frères qui fuient la peste de la ville pour vivre de façon itinérante en forêt avec un groupe d'autres fuyards rencontrés par hasard[1]. La thématique de la survie et de l'autarcie est constante chez Defoe, qu'il s'agisse de la maison en ville, close sur elle-même en temps d'épidémie, du campement en forêt, dans des cabanes ou des huttes improvisées, de ceux qui se réfugient sur des bateaux pour tenter de se prémunir de l'infection ou, bien entendu, de Robinson Crusoé lui-même. Le thème de la fuite devant l'épidémie donne lieu à autant de variations sur la figure matricielle de la robinsonnade.

Il faut pourtant se méfier de la peur. Car invoquer le mal, c'est aussi le faire venir. Comme le mâtin qui vous poursuit précisément parce que vous le fuyez, la peur attire la peste parce qu'elle affaiblit votre chaleur vitale[2]. Ici encore, la situation se révèle paradoxale. Avoir peur, c'est attirer l'épidémie, mais ne pas en avoir peur, c'est tomber dedans par imprudence, tels ces hommes qui se rengorgent devant leurs glaces de leur bonne santé pour tomber peu après raides morts. Montaigne semble s'être inspiré du principe d'éloignement en refusant de revenir à Bordeaux alors infectée, et ce en dépit de ses fonctions de maire et d'une élection qui requérait sa présence. À la fin des lettres envoyées de sa retraite, il souhaite comme à son habitude une longue et heureuse vie à tous ses correspondants. Comme les

---

[1] Le narrateur se trouve lui-même confronté à la nécessité du choix : faut-il rester ou bien partir ? Faut-il privilégier la poursuite des affaires ou tout miser sur la conservation de la vie ? Cf. Daniel Defoe, *Journal de l'année de la peste*, Folio, 2003, pp. 37-38. La solution s'impose, même si le narrateur ne pourra pour son compte la mettre en pratique, ce qui nous aurait privé de son journal : « le meilleur remède contre la peste, c'est de s'enfuir », *op. cit.*, p. 296. Il s'agit de la grande peste de 1665 pendant laquelle Defoe n'avait en fait que cinq ans. L'ouvrage, qui date de 1722, repose sur un travail documentaire minutieux. On sait aussi qu'il a été écrit en écho à l'actualité du temps, à savoir la peste de Marseille en 1720. On y trouve d'étonnantes considérations sur ce qu'on nommerait aujourd'hui les « porteurs sains » et l'incubation muette de la maladie (p. 303). Defoe note également que les émeutes populaires auraient pu dévaster totalement la ville, ce qui explique l'importance des mesures que la municipalité prenait pour les plus pauvres (p. 159).

[2] P.-J. Fabre, *Remèdes curatifs et préservatifs de la peste*, 1652.

protagonistes du *Décaméron* de Boccace, fuir à la campagne, si on le peut, semble de bon sens. La description de la peste à Florence en 1527 par Machiavel insiste sur le fait que tous les Florentins qui le pouvaient s'étaient réfugiés dans des villas à la campagne, disant : « le présent est tourment, le futur menace, alors nous luttons contre la mort et ne vivons que dans la peur et le tremblement »[1]. À défaut, on peut aussi chercher à s'isoler du reste de la ville en créant à domicile une insularité artificielle, ce qui suppose des préparatifs minutieux destinés à rendre cette situation d'autarcie possible. Rousseau préconise la fuite, s'il est besoin, dans son portrait à charge de l'homme riche, prisonnier de ses biens comme de son amour-propre : « Une épidémie, une guerre, une révolte me chasse-t-elle d'un lieu, je vais dans un autre, et j'y trouve mon hôtel arrivé avant moi »[2].

Il arrive aussi qu'il soit trop tard et que l'on se trouve pris dans les rets d'une mesure de quarantaine, comme Rousseau en porte lui-même témoignage dans ses *Confessions* : il fut en effet consigné au lazaret de Gênes dès son débarquement en 1743. Ayant eu le choix entre rester à bord dans une felouque ou être placé au lazaret, Rousseau choisit le lazaret, où il se trouve seul, tel, nous dit-il, un nouveau Robinson servi pour ses repas par des gardes armés[3]. Seule l'intervention de M. de Joinville va abréger sa réclusion, Rousseau lui ayant écrit une missive vinaigrée, parfumée et à demi brûlée… Un autre philosophe pratique l'art de la fuite, Schopenhauer : il quitte Berlin pour Francfort

---

[1] Machiavel, *Description de la peste à Florence en 1527*, cité par J. Nohl, *La mort noire*, p. 240. Machiavel nous décrit une journée typique en temps de peste, dans laquelle l'élément érotique est fort présent, comme si l'omniprésence de la mort suscitait par réaction la convoitise et le désir. En témoigne en particulier l'extraordinaire scène de badinage amoureux dans l'église Santa Maria Novella avec une belle inconnue qui vient de perdre son mari. Le désir érotique est attisé par le spectacle constant de la mort, comme si la vie ne demandait qu'à retrouver ses droits. Machiavel souligne cette omniprésence de la concupiscence jusqu'aux membres du clergé, de sorte que la ville en temps de peste semble marquée exclusivement par ces deux éléments entremêlés : la peur de la mort et la violence du désir sexuel.

[2] Jean-Jacques Rousseau, *Émile ou de l'éducation*, Garnier, 1964, p. 434.

[3] Rousseau, *Confessions*, II, 7.

en 1831, au motif que Francfort allait résister au choléra. Il vit reclus dans un meublé de l'*Untermainquai*, ne quittant plus sa chambre[1]. Schopenhauer était également réputé pour sa manie de nettoyer ses couverts au restaurant, de peur de la contagion. On sait aussi que son grand adversaire, Hegel, mourra quant à lui du choléra en 1830.

La crise épidémique semble réactiver à chaque fois les mêmes stratégies fondées sur l'éthique d'Épicure. C'est que la fuite et le vivre caché (« pour vivre heureux vivons cachés », dit Florian) constituent des leitmotivs de l'injonction épicurienne. La sécurité est un motif fondamental pour les épicuriens, du fait qu'elle rend possible la paix de l'âme (*ataraxie*). On voit ainsi Lucrèce, au livre VI de son poème *De la nature*, souligner comme des symptômes de la peste « le trouble d'un esprit livré à la douleur et à l'effroi » ainsi que « l'anxiété, leur [des hommes] compagne assidue »[2]. Lucrèce note que le mal s'en prend à la langue, et par conséquent à la pensée et au cœur, et ainsi aux deux grands soutiens de la vie humaine. Ce que le mal épidémique altère, c'est à la fois la raison de l'homme et son courage, à savoir les parties noétique et irascible de l'âme selon Platon. Pour les épicuriens, l'épidémie condense donc tout le mal : le trouble de l'âme, peut-être le plus grand qui existe, associé à la souffrance du corps. Elle constitue un contre modèle absolu, comme une quintessence de ce qui est le plus négatif dans le collectif, du déchaînement de la superstition à ce qui en est la conséquence, la peur collective, jusqu'à l'intensification des passions de la

---

[1] Cf. Rüdinger Safranski, *Schopenhauer et les années folles de la philosophie*, Paris, P.U.F., 1990, p. 354.

[2] Lucrèce, *De la nature*, GF-Flammarion, 1964, pp. 228-229. Lucrèce note que le remède qui conserve l'un tue l'autre, que celui qui se protège meurt d'autant plus vite, dans une confusion universelle des signes, qu'ils soient ceux du savoir, de l'éthique ou bien de la vie sociale. La peste, c'est la répétition du même, celle des bubons, des miasmes et des causes. La vie est une déclinaison atomique, comme l'inclination de l'amour, l'interruption de la mauvaise chaîne épidémique, l'évolution du vivant vers autre chose. Voir aussi l'ouvrage que Michel Serres a consacré à ce sujet, *La naissance de la physique dans le texte de Lucrèce Fleuves et turbulences*, Les éditions de minuit, 1977, p. 137.

foule. Et comme la médecine, « muette de crainte, ne sait que dire », note Lucrèce, elle ne saurait aider à dissiper la crainte. Or telle est bien la vocation du savoir pour les épicuriens, comme le montre leur méthode des explications multiples, où la vérité épistémologique compte moins que l'effet thérapeutique et éthique souhaité. Mais comment expliquer ce qui semble se dérober totalement au savoir médical du temps ? De ce que l'on ne comprend pas et à quoi l'on prête toutes les identifications superstitieuses possibles (il faut bien donner un visage à ce qui n'en a pas et donc une figure au mal), on ne peut qu'avoir peur. On comprend alors que le tableau apocalyptique de la peste soit placé par Lucrèce à la fin de son poème. Il constitue ce qu'il faut fuir absolument, l'extrémité même du mal, le point ultime de la souffrance humaine. Mais ce faisant, l'œuvre négative de la pulsion de mort qui clôt le poème fait écho au début, qui avait montré Mars vaincu par Vénus présidant à la perpétuation de l'espèce. La fin du texte, dans son pessimisme, invoque Mars et le déchaînement mortel de l'épidémie qui ravage l'espèce.

Aussi faut-il fuir la cité où règne le malheur de l'histoire pour vivre le plus caché possible dans de petits conventicules d'amis, comme autant d'atomes *déclinant* à plusieurs. Il s'agit de maximiser le plaisir possible et donc, à proportion, de réduire au plus le déplaisir, en définissant par contrat des règles de vie partagée avec ses amis, loin de la cité, dans une mise en commun de ce qui est utile à tous. Ce thème épicurien de la constitution de petits cénacles se retrouve fréquemment en temps d'épidémie, à l'exemple de ces *Confréries de la Chambre Politique* formées pendant la peste de Milan en 1586 ou encore de l'*Accademia d'amore* : de jeunes nobles se retirent dans un château pour se raconter des histoires sur le modèle du *Décaméron*, jouer et se livrer aux plaisirs de l'amour[1]. Faire sécession, se retrancher du collectif (selon le précepte *Lathè biosas*) pour reformer une communauté réduite sur d'autres règles, est un grand principe épicurien, récurrent en temps de crise et de catastrophe. Car la cité expose à la contagion, qui n'est pas simplement celle de la

---

[1] Voir Johannes Nohl, *La mort noire Chronique de la peste*, *op. cit.*, p. 231.

maladie, mais aussi celle de la peur. Les médecins du temps évoquaient souvent la nécessité de se prémunir de l'épidémie par des pensées joyeuses, par la musique et les arts – ce qui est peut-être moins absurde qu'il n'y paraît. Les protagonistes du *Décaméron* appliquent à la lettre ces conseils prophylactiques. La ville, c'est la mauvaise circulation des signes de la peur et de la superstition, propre à une « imagination populaire renouvelée dans toutes les contagions », comme le souligne Chateaubriand dans ses *Mémoires d'outre-tombe*[1]. Rares sont les critiques de la fuite. En terre musulmane, on fait pourtant référence dans les traités de peste à un *hadith* qui interdit de fuir la ville où apparaîtrait une épidémie. Les victimes restées chez elles sont assimilées à des combattants tués au *Jihad*. Mais bien entendu cela ne signifie nullement qu'il faille entrer dans une ville infectée : ne forçons pas le destin.

« Chacun marche isolé »[2], note Machiavel, et quand on se revoit, l'entremetteuse, c'est la mort. En temps de peste, il y a ceux, fort rares, qui parviennent à continuer la course[3] et ceux qui vont manquer à l'appel journalier. C'est qu'il faut pouvoir répondre chaque jour que Dieu fait, sous peine de voir murer sa propre maison. On a donc ici quelque chose comme une scène d'interpellation, au sens d'Althusser, où il s'agit de répondre à l'injonction du pouvoir sanitaire comme sujet (encore) sain. L'interpellation biopolitique constitue l'individu en sujet sain.

---

[1] Chateaubriand, *Mémoires d'outre-tombe*, Gallimard, Bibliothèque de la Pléiade, 1988, t. II, p. 532. Il donne une description hallucinée de l'épidémie de peste à Marseille en 1720 : « Sur cette surface de chairs liquéfiées, les vers seuls imprimaient quelques mouvements à des formes pressées, indéfinies, qui pouvaient avoir été des effigies humaines » (pp. 533-534). Il décrit aussi l'épidémie de choléra (« fléau sans imagination », dit-il), dans un contexte tout différent, celui d'un siècle très matérialiste, incrédule, surtout préoccupé de l'administration matérielle. On lève alors son verre à *Morbus* (pp. 535-536).

[2] Machiavel, *Mémorial de chronologie* t. II (la peste de 1527), in Monique Lucenet, *Les grandes pestes en France*, *op. cit.*, p. 114.

[3] En temps de peste, on voit certains hommes ne cessant pas de courir, comme si s'arrêter, même un petit instant, c'était déjà mourir. On parle aussi d'un roi portugais lançant sa cour dans une sorte de fête perpétuelle. Il s'agit en somme de danser pour ne pas mourir.

Ne pas répondre à l'appel, c'est se trouver marqué comme sujet malade et par conséquent exclu. Et la situation prend la forme d'une injonction contradictoire, d'un *double bind.* Seul, on ne pourra que mourir isolé ; ensemble, on sera contaminé. Tels les hérissons de Schopenhauer, qui se blessent quand ils s'approchent les uns des autres, ce qui les oblige à s'éloigner, jusqu'à ce que le froid les pousse de nouveau à se rassembler afin de sentir la chaleur du groupe, les hommes que révèle l'épidémie ne peuvent vivre ni seuls ni ensemble. L'épidémie métaphorise ainsi l'insociable sociabilité humaine. « La conservation de soi-même semblait la règle primordiale », notait Daniel Defoe dans son *Journal de l'année de la peste*[1].

Au final, on voit apparaître de véritables spectres humains, lazaréens, ni vivants ni morts car, ainsi que le montre l'histoire, l'homme s'accoutume à tout. Il y a là une étonnante ontologie spectrale de l'épidémie à son paroxysme, où se dessine une sorte d'entre-deux de la vie et de la mort. Sans être mort, on n'est plus tout à fait vivant. L'histoire humaine parviendra, hélas, à créer ce que seule la nature avait pu faire, avec les camps de la mort offrant, comme dans *Nuit et Brouillard* d'Alain Resnais, l'image insoutenable de ces spectres aux regards hallucinés dont on a essayé de retrancher l'humanité. L'épidémie, comme d'autres situations d'exception, montre combien l'homme peut s'habituer aux conditions les plus extrêmes, ainsi que Dostoïevski l'avait magnifiquement montré dans ses *Souvenirs de la maison des morts*. Il faut vivre à toutes fins, ce qui peut d'ailleurs précipiter dans la mort par fureur de vivre, comme ces femmes qui se cautérisent elles-mêmes brutalement. À Avignon, selon le récit de Michelet, les filles de joie exerçaient leur métier grimées en pestiférées et quelquefois même sur des tombes. On ne saurait mieux exprimer l'intrication de la vie et de la mort[2]. Guy de Chauliac comparait dans la *Grande Chirurgie* le bubon pesteux

[1] *op. cit.*, p. 184.

[2] G. Didi-Huberman, *Mémorandum de la peste*, Christian Bourgois éditeur, 2006, p. 117. Toujours à Avignon, on voyait les infirmières jouer « à saute-mouton » avec les cadavres.

au sein gonflé de lait. On donnait d'ailleurs à la peste les noms de la *Belle*, la *Mère voyageuse*, ou la *Mère peste*[1]. La peste est maternelle, elle est substance féminine – donc diabolique, selon la conviction du temps.

Daniel Defoe en déduit des conséquences radicales dans ses *Préparatifs convenables pour la peste*[2]. Il y décrit l'autoséquestration volontaire d'un bourgeois de 48 ans à Londres, avec sa femme et ses cinq enfants. Il faut à cet effet pouvoir stocker des vivres livrés de nuit à la maison, dans le plus grand secret. Le mieux est aussi de faire croire à un départ. Puis on reste enfermé pendant un an s'il le faut, attendant le temps nécessaire dans la plus stricte réclusion. Il est fait interdiction à toute la famille de sortir, sous peine de ne plus pouvoir revenir à la maison. Dedans ou dehors, il faut choisir : l'un se paie, dans une espèce de disjonction absolue, de l'impossibilité de l'autre. Cette surprenante robinsonnade urbaine, utopie de la survie par temps difficiles, est à bien des égards symptomatique. Il s'agit de se protéger au maximum de toute influence extérieure en vivant en circuit fermé, mais cette monade leibnizienne « sans portes ni fenêtres » ne saurait fonctionner comme telle : il faut aménager au moins une ouverture, en l'espèce une fenêtre munie d'une poulie afin de recevoir le courrier désinfecté par un gardien extérieur à l'aide de vinaigre, de soufre et de poudre. Pour lire ce redoutable courrier, il faut encore être muni de gros gants de fourrure. La contagion allant de plus belle, on finit par se passer de courrier, et d'ailleurs le portier a dû finir par mourir… Mais comment savoir si l'épidémie est terminée ? Le chef de famille se risque un 1er décembre dans la ville, ayant fait interdiction à sa famille de sortir, ne faisant que regarder ce qui se passe, sans parler à personne. Pur regard, à la fois présent et absent.

Ce texte remarquable, qui décrit minutieusement la constitution d'une véritable bulle autistique, nous montre bien comment l'*autre* devient, tout comme l'extérieur en général, un vecteur d'infection et de corruption. Survivre, c'est constituer un *dedans*

---

[1] *Ibid.*, p. 152.

[2] *Ibid.*, pp. 86-91.

pur de toute contamination extérieure. Mais la faille est présente dès le début : il faut concevoir une ouverture *a minima*, comme l'être énigmatique du *Terrier* de Kafka qui passe son temps à aménager un intérieur mortifère. Le courrier reçu, fût-il désinfecté par toute une théorie de rituels obsessionnels, constitue une brèche. L'autre est dès le départ présent en soi, le dehors travaille à son insu un dedans qui voudrait officiellement n'en rien savoir. Instituer une identité à soi indemne de toute impureté et de toute contagion, c'est en réalité laisser libre cours à la pulsion de mort. La leçon est donc claire : la vie est impureté et contagion dans son essence même, travail de la différence en soi et de l'autre en moi. Aussi bien, la vie et la mort sont mêlées indissolublement. Vouloir retrancher la mort de la vie en niant notre finitude essentielle, c'est faire le jeu de la mort. Plus, c'est être déjà mort de son vivant. Il faut bien *sortir*…

La situation épidémique agit ainsi comme un extraordinaire révélateur de la nature humaine, comme une sorte de situation expérimentale qui par ses caractères excessifs fait paraître des traits de la psychologie humaine qui sont d'ordinaire masqués. On comprend alors pourquoi l'épidémie, comme l'ont si bien compris tant d'écrivains, de Thucydide à Daniel Defoe, joue le rôle d'un miroir grossissant. La réflexion éthique et politique peut y trouver un matériel irremplaçable. La description de la peste à Florence sous la plume de Boccace[1] apparaît, et ce n'est pas un hasard, comme une espèce de typologie fine des comportements humains. C'est que tout devient urgent, à mesure que la mort rôde. Il faut choisir un mode de vie tout de suite, alors que d'ordinaire nous ne cessons de renvoyer à plus tard la réflexion éthique. De plus, la situation épidémique est extraordinaire, au sens où les lois civiles et morales sont suspendues et bafouées, comme toutes les grandes analyses l'ont souligné. Chacun est ainsi rapporté à lui-même et à sa solitude essentielle. Il lui faut prendre une décision, sans que la tradition ou les lois ordinaires puissent l'aider, puisque les normes habituelles n'ont plus cours. On n'est ainsi jamais aussi libre qu'en temps d'épidémie, pour

---

[1] Cf. Nohl, *La mort noire*, *op. cit.*, pp. 25-34.

reprendre la formule de Jean-Paul Sartre à propos de la période de l'Occupation. Chacun doit alors se donner à lui-même sa propre règle de vie, dans une situation d'autonomie radicale. C'est aussi, au sens kantien, une situation réfléchissante, où il faut juger seul, sans que les règles ordinaires de vie puissent s'appliquer d'une façon déterminante. En temps de crise, chacun doit juger en produisant sa propre règle de pensée et de vie. Aussi bien la crise est étymologiquement le temps où on juge : *krisis*, de *krinein*, juger.

Ce que l'on voit apparaître, c'est la déclinaison de tous les types de comportement humain possibles. Certains font le choix de la réclusion dans leurs maisons, se groupant en brigades dit Boccace, recherchant la bonne chère et les bons vins, et ainsi une vie d'agrément maîtrisée, où tout ce qui rappelle la maladie et la mort se trouve proscrit. C'est ce que l'on pourrait nommer avec Kierkegaard le choix d'une vie esthétique, où la musique et les arts sont présents. C'est précisément la situation qui sert de cadre au *Décaméron*, où un groupe de jeunes gens oppose à la mort le raffinement infini et cultivé en commun. Comme pour la Shéhérazade des *Mille et une nuits*, raconter sert à ne pas mourir, comme si le récit de vie constituait le seul moyen de lutter contre la mort en la retardant. D'autres font le choix de la débauche et de la jouissance brutale. Boccace remarque que les jeunes femmes seules cherchent par tous les moyens un appui et n'hésitent plus à offrir leur corps à des inconnus. Le caprice individuel règle alors en maître, à mesure que se délitent toutes les règles collectives. Chacun se sert du bien d'autrui, qui est de toute façon vacant, puisque sans lois il n'y a plus de propriété. Le principe de plaisir effréné est ainsi opposé à la pulsion de mort. D'autres encore choisissent un moyen terme entre ces deux premières formes de vie et se promènent en ville munis de parfums qui les « protègent ».

Le rapport imminent à la mort semble rendre nécessaire et urgente la définition d'un rapport au plaisir et donc la définition d'une pratique de l'existence. Mais, note aussi Boccace, chacun n'en est pas moins confronté, au total, à son destin. Et le plus souvent, le souci de l'autre se perd au profit du seul égoïsme, détruisant de ce fait toutes les relations familiales et amicales usuelles[1]. Une minorité fait le choix de la solidarité et de la maîtrise de soi, d'une vie éthique ou religieuse. Chaque nouveau contexte épidémique montre la fermeté d'âme dont savent faire preuve certains, même s'ils sont peu nombreux.

La question de la contagion pose de redoutables problèmes à la fois éthiques et juridiques. Érasme s'en était déjà emparé[2], en se demandant si un mariage régulièrement contracté pouvait être rompu dans le cas où il apparaît que l'homme avait caché sa syphilis. Et tout un débat se noue entre Gabriel et Pétrone, les personnages d'Érasme, selon que le mariage était régulier ou non ou encore de par le fait qu'il n'y a de mariages qu'entres vifs et que dans ce cas, c'est un mort que l'on avait en fait épousé. Par ailleurs, la syphilis pose la question du secret médical. Faut-il dire la vérité aux nourrices quand elles allaitent des enfants syphilitiques ? Faut-il autoriser le mariage en cas d'infection et si oui dans quel délai ? Et faut-il informer le conjoint et les parents des enfants ? Il y a d'un côté le droit de connaître la vérité et de l'autre le fameux secret médical qui s'impose[3]. On

---

[1] C'est aussi le rapport ordinaire à la mort qui se trouve radicalement modifié. Chacun est alors confronté à ce qu'il ne veut pas voir, le caractère inéluctable de sa disparition, sans pouvoir renvoyer sa propre mort à l'anonymat rassurant du « on meurt ». À mesure que la perspective de son propre néant devient plus concrète, c'est au contraire la mort de l'autre qui se trouve affectée par la déritualisation apportée par chaque époque d'épidémie. L'heure est en effet à la mort de masse, anonyme, avec les « fosses communes ». Et plus l'épidémie avance, moins la mort fait l'objet des divers rituels symboliques qui marquent pourtant l'humanité de l'homme. C'est tout le temps long, celui de la culture, qui se trouve alors menacé, au profit de l'animalité de la jouissance présente.

[2] Erasme, *Seu conjugium impar ou L'union mal assortie*, 1524, cité par Claude Quétel, *Histoire de la syphilis*, p. 87 et suivantes. Ce colloque contient aussi d'intéressantes remarques sur la nécessité d'interdire par la loi de boire dans un gobelet commun ou de dormir, dans les hôtelleries, dans des draps ayant déjà servi, ou encore de saluer par un baiser.

[3] Voir Claude Quétel, *Histoire de la syphilis*, p. 186 et suivantes. Cf. aussi l'ouvrage de Raymond Villey, *Histoire du secret médical*, Seghers, 1986.

voit que ce problème n'est pas neuf et demeure toujours aussi épineux. On sait que certains vénérologues allaient jusqu'à ne jamais dire bonjour les premiers à un patient.

L'épidémie renvoie le plus souvent, comme nous l'avons vu, à la mort en masse, anonyme et aveugle. C'est la généralité du « on meurt » qui l'emporte, puisqu'un corps en vaut un autre, comme une victime statistique pèse le même poids qu'une autre. Néanmoins, le cas particulier de la tuberculose introduit une différence majeure. C'est que la tuberculose laisse une pleine conscience au malade, qui a tout loisir de méditer sur son destin propre. Elle s'installe également dans la durée avec des manifestations physiques qui n'interdisent pas le travail de l'esprit. Bien au contraire, la tuberculose a longtemps été perçue comme une sorte de stimulant intellectuel. Qui ne connaît, en ce sens, les joutes intellectuelles si délectables de Settembrini et de Naphta dans *La montagne magique* de Thomas Mann ? Elles font apparaître la microsociété du sanatorium comme un haut lieu de production intellectuelle. On connaît les cycles de conférences organisés à Saint-Hilaire du Touvet, sanatorium pour étudiants qui fit inviter Claudel et Giono, qui était pourvu d'une riche bibliothèque et recevait les cours de la Faculté de Grenoble.

La tuberculose a contribué à mettre en place tout un style de vie, un *éthos* spécifique, à la fois pour les pratiques du corps (rapport à l'alimentation, à la promenade, au grand air) et de l'esprit. Car la maladie marque une sorte de transition entre la médecine rationaliste des *Lumières* et la médecine scientiste du laboratoire, le moment d'une médecine centrée sur la personne et d'un dialogue constant, dans la maladie, entre le spirituel et l'organique.[1] Dans cette conception romantique de la médecine, la maladie ne saurait être purement corporelle. La confrontation à la mort, l'angoisse nocturne de l'étouffement rendent nécessaire toute une méditation sur soi et sur son destin propre. Elles imposent aussi un réaménagement de l'existence, qui passe par la mise en place d'une manière de vivre particulière. On peut faire l'hypothèse que la tuberculose fut à l'origine de la mise en

---

[1] Voir *Du désespoir au salut*, *op. cit.*, p. 96.

place de nouvelles pratiques de soi. La maladie engage en ce sens tout un mode de subjectivation. Le nouveau rapport à soi s'installe sur la base des rituels si originaux du sanatorium. La maladie apparaît ainsi comme une pratique neuve de l'existence dans un rapport spécifique au temps, à la souffrance et à l'autre.

La tuberculose fut aussi à l'origine d'un investissement neuf de la maladie par le malade lui-même et à ce titre elle est bien une épidémie résolument moderne. Car le malade a le temps de prendre connaissance de sa maladie, des pratiques médicales en cours, des évolutions possibles. Un dialogue original entre le malade et le médecin (avec la figure singulière du médecin de sanatorium, souvent ancien tuberculeux[1]) se met en place, où le malade peut s'approprier les informations médicales et où le médecin doit intégrer la psychologie spécifique de son patient. En témoignent les rituels de la mesure de la température ou de la prise du poids dans les sanatoriums. On y voit les malades tracer eux-mêmes leurs courbes et s'alarmer d'un dixième de degré en plus, consulter les indications du pèse-personne[2]. Le malade développe ainsi tout un souci de soi et de sa maladie, dans une pratique constante d'auto-observation. La tuberculose a permis la mise en place de toute une variété de stratégies d'appropriation de la maladie, comme le sida aujourd'hui[3].

L'épidémie apparaît ainsi comme un opérateur de la transformation de l'individu en sujet, à la fois en un sens disciplinaire

---

[1] Le médecin de sanatorium constitue une figure assurément singulière. Souvent ancien malade, il est celui qui est *passé de l'autre côté*. L'épreuve subjective précède ou accompagne ici le travail scientifique de la preuve dans l'identification du bacille tuberculeux. La pratique du soin en sanatorium conjugue objectivité (*to cure*) et subjectivité de la prise en charge (*to care*).

[2] *Du désespoir au salut*, *op. cit.*, p. 262.

[3] Voir S. Epstein, *Histoire du sida*, vol. 2, *La Grande Révolte des malades*, Les Empêcheurs de penser en rond, Paris, 2001. Dans un autre registre, le livre de Vincent Ravalec, *Hépatite C* (Flammarion, 2007), hésite constamment entre des genres aussi différents que la chronique de maladie, le récit, la notice d'information. On trouvera à la fin de l'ouvrage une intéressante fiche sur l'hépatite C qui montre bien comment ce type de maladie induit des stratégies spécifiques d'appropriation de l'information médicale et scientifique par les patients.

(constitution d'un sujet obéissant dont le comportement peut être contrôlé) et éthique (apparition d'un mode de subjectivation spécifique). Les rituels du sanatorium sont autant de pratiques d'interpellation de l'individu en sujet pathologique (le tuberculeux avec sa psychologie et sa sociologie spécifiques). On peut y voir également un contre-investissement de l'individu dans sa tentative de constituer à nouveaux frais une subjectivité neuve, sous la contrainte de la maladie[1]. On comprend alors pourquoi la littérature s'en est emparée avec autant d'empressement. La microsociété du sana, dans son espace clos sur le vieux modèle conventuel, est un formidable révélateur, à la fois du jeu des normes sociales et médicales, en tant qu'il peut s'emparer des individus, et de la capacité concurrente de l'individu à créer des normes propres. Le sanatorium est un lieu où interagissent la normalité sociale et la normativité individuelle, la politique, avec ses outils disciplinaires, et l'éthique, créatrice de subjectivité. Le malade est à la fois un sujet, comme effet de pouvoir médical et social, et une subjectivité, comme fruit d'un mode de subjectivation spécifique. On sait que la frontière entre le soin thérapeutique et l'impératif moral était pour le moins floue. Que l'on songe à la séparation des sexes ainsi qu'au discours sur la sexualité du tuberculeux, à l'interdiction de boire et de fumer, à la réglementation stricte des visites, à l'interdiction des jeux et des sorties, avec tous les effets que cela pouvait entraîner sur une population souvent jeune[2].

Il reste que dans le contexte brutal des épidémies de masse, souvent foudroyantes, la tuberculose constitue à coup sûr un hapax, sauf à considérer que le sida devient à son tour, de plus en plus, une maladie chronique dont le devenir s'inscrit dans le

[1] Sur la tuberculose comme genre de vie et mode d'existence, presque comme choix, cf. l'analyse du cas de Roland Barthes, in Louis-Jean Calvet, *Roland Barthes*, Flammarion, 1990, p. 68.

[2] Ces interdictions ne pouvaient qu'alimenter les conduites de transgression (allant de la recherche d'alcoolisation, des fugues et violences individuelles ou collectives, aux stratégies de toutes sortes qui permettent de contourner les règlements).

long terme. Bien avant le développement des trithérapies, on trouvait dans les romans d'Hervé Guibert l'exemple d'une écriture de soi qui devient le lieu spécifique d'un procès de subjectivation. On suit le parcours d'un malade, depuis l'angoisse des résultats jusqu'à l'hospitalisation, en passant par l'assaut récurrent des infections opportunistes : « Je n'ai jamais si peu souffert que depuis que je sais que j'ai le sida, je suis très attentif aux manifestations de la progression du virus, il me semble connaître la cartographie de ses colonisations, de ses assauts et de ses replis, je crois savoir là où il couve et là où il attaque, sentir les zones encore intouchées [...] Et c'est vrai que je découvrais quelque chose de suave et d'ébloui dans son atrocité, c'était certes une maladie inexorable, mais elle n'était pas foudroyante, c'était une maladie à paliers, un très long escalier qui menait assurément à la mort, mais dont chaque marche représentait un apprentissage sans pareil, c'était une maladie qui donnait le temps de mourir, et qui donnait à la mort le temps de vivre, le temps de découvrir le temps et de découvrir enfin la vie, c'était en quelque sorte une géniale invention moderne que nous avaient transmis ces singes verts d'Afrique »[1].

L'épidémie de sida met en évidence comment les malades peuvent développer des stratégies de lutte et d'appropriation des connaissances scientifiques pour défendre leurs droits. C'est que la question de l'accès aux médicaments et aux nouveaux traite-

---

[1] Hervé Guibert, *Á l'ami qui ne m'a pas sauvé la vie*, Folio, 2006, pp. 48 et 192-193. Le monde du malade du sida est magnifiquement décrit, de la fatigue (« Ce n'est pour l'instant qu'une fatigue inhumaine, une fatigue de cheval ou de singe greffée dans le corps d'un homme, qui lui donne envie à tout instant de fermer les paupières et de se retirer de tout et même de l'amitié, sauf de son sommeil », p. 69) à l'obsession du sang à découvert (« Il me fallait vivre, désormais, avec ce sang dénudé et exposé, comme le corps dévêtu qui doit traverser le cauchemar. Mon sang démasqué, partout et en tout lieu, et à jamais, à moins d'un miracle sur d'improbables transfusions, mon sang nu à toute heure, dans les transports publics, dans la rue quand je marche, toujours guetté par une flèche qui me vise à chaque instant », p. 14). Dans le personnage du roman qui se nomme Muzil, on pourra aisément reconnaître Michel Foucault. On pourra lire, dans le même cycle, *Le protocole compassionnel*, *L'homme au chapeau rouge* et le journal d'hospitalisation *Cytomégalovirus*.

ments représentait pour la plupart d'entre eux une question de vie ou de mort. On a vu se développer des filières clandestines d'approvisionnement en médicaments, comme la *Ribavirine* à partir de 1985, non pourvue d'autorisation de mise sur le marché et qui s'achetait dans les pharmacies des villes frontalières du Mexique. Des clubs d'acheteurs (*buyers clubs*, *guerilla clinics*), se constituent alors et des actions médiatiques sont entreprises contre la F.D.A[1]. Des lettres d'information sur les traitements sont rapidement crées, comme A.T.N[2]. Il s'agit en fait de court-circuiter les réseaux institutionnels et de répandre l'information, y compris sur les traitements alternatifs. Tout un activisme à la fois médical et politique se développe ainsi. La recherche et le processus de mise sur le marché des traitements deviennent l'objet d'interactions et de négociations avec les associations et les groupes de pression.

On voit alors une série d'oppositions apparaître, dans l'institution de la recherche comme science et de la médecine comme pratique de soin, ou bien au sein même de l'individu, du patient et de l'objet d'étude[3]. Une étude réussie suppose en effet qu'un nombre significatif d'individus meure dans le groupe placé sous placebo. C'est bien tout le problème éthique posé par les études randomisées en double insu contre placebo. On voit des patients échanger leurs pilules entre groupes, goûter les médicaments (l'A.Z.T. a un goût plus amer que le placebo, ce qui conduit les chercheurs à rendre le placebo aussi amer). Le droit naturel de la conservation de soi entraîne une « non-compliance » de la part des patients, qui s'oppose à l'intérêt collectif, même si on ne peut en faire reproche à personne. Faire partie de l'expérience doit donner des droits. Le temps long de la mise au point et de la vérification scientifique de l'innocuité (relative) d'un traite-

---

[1] Steven Epstein, *Histoire du sida 2, La grande révolte des malades*, *op. cit.*, p. 70.

[2] *Ibid.*, p. 26. Sur les déclarations des droits des malades, les guides de survie, les articles destinés à « gérer son médecin », cf. pp. 42-43. Sur la constitution d'associations de médecins et sur *Act Up*, voir ch. 2, « Mettre les médicaments dans les corps ».

[3] *Ibid.*, p. 37.

ment s'oppose au temps court et à l'urgence du soin pour des malades en train de mourir. Des laboratoires clandestins produisaient par exemple de la ddC de contrebande, alors que celle-ci n'était pas autorisée sur le marché[1]. Certaines personnes mettent en place des stratégies d'appropriation de l'information, comme Mark Harrington, obtenant au fil du temps une reconnaissance des médecins et des experts en titre[2]. Ils jouent alors le rôle de « pollinisateurs » en assurant une fonction de médiation entre chercheurs spécialisés[3]. Des représentants de différents groupes de malades sont intégrés à des réunions institutionnelles[4], aux conseils de surveillance du N.I.H. et de la F.D.A. ainsi qu'aux commissions de contrôle des hôpitaux. Une véritable politique du corps se met en place, opposant une recherche centrée sur une dimension *in vitro* à une prise en compte de l'aspect *in vivo* (selon le mot d'ordre « *in vivo veritas* »)[5]. C'est donc un rapport nouveau à la maladie comme lieu d'une subjectivation, à la fois en termes de savoir et de pouvoir, qui se met en place[6].

Cette « maladie métaphore qui, par ses liens avec le sexe, le sang, la drogue, l'informatique et la sophistication de son évolution et de sa stratégie exprime notre époque », selon la formule synthétique de M. D. Grmek[7], renouvelle ainsi les conditions du

---

[1] *Ibid.*, p. 132.
[2] *Ibid.*, p. 79. Des glossaires sont distribués aux malades. L'appropriation cognitive commence par le lexique. C'est en fait un démontage minutieux de la science en train de se faire dans toutes ses dimensions, y compris sociales, économiques et politiques, qui est proposé et diffusé (réputation des centres de recherche, valeur des différentes publications, par exemple).
[3] *Ibid.*, p. 214.
[4] Sur la formation du C.G.C., Groupe Consultatif Communautaire, *ibid.*, pp. 160-161. Le taux de T4 n'aurait pas été accepté comme marqueur de substitution, et donc la combinaison d'A.Z.T. et de ddC, sans l'« activisme » des associations.
[5] *Ibid.*, pp. 210-211. L'auteur revendique une inspiration foucaldienne tant au niveau de la méthode archéologique que de la généalogie. La médecine aux prises avec le sida est en effet aussi bien un savoir (archéologie) qu'un pouvoir (généalogie), favorisant l'apparition de stratégies de résistance (p. 261).
[6] Sur le sida comme maladie de rupture, cf. *supra*, chapitre II, pages 78 à 82.
[7] Mirko D. Grmek, *Histoire du sida Début et origine d'une pandémie actuelle*, Payot, Paris, 1995, p. 21.

questionnement éthique : l'épidémie n'est plus seulement ce qui affecte le *démos*, la référence unificatrice d'un fléau frappant un élément de l'espace-temps, sur le modèle de la peste longtemps souverain, mais un mal radical potentiellement destructeur de l'humanité au double sens du terme, population de la planète et appartenance au genre humain. Aussi sa propagation et son incidence renvoient-elles, au-delà de questions scientifiques et techniques d'une rare complexité, à une problématique qui est celle des droits de l'homme. Leur non-respect contribue en effet à propager la maladie et à en exacerber l'incidence et, dans un mouvement inverse, la maladie s'oppose aux progrès réalisés dans la mise en œuvre des droits de l'homme. La difficulté d'exercer ces droits – civils, politiques, économiques, sociaux, culturels – comme par exemple le droit à la liberté d'association ou à l'accès à l'information, rend plus vulnérable voire désarmé devant l'infection du V.I.H. Au plan mondial, la prévention des risques, le dépistage, le recours aux thérapies antirétrovirales et aux traitements contre les affections opportunistes sont corrélés avec le statut personnel et social, qui est souvent défavorable aux femmes, aux enfants et aux jeunes adultes[1].

Surtout les droits des personnes qui vivent avec le sida sont parfois ignorés du seul fait de leur séropositivité présumée ou connue. La stigmatisation et la discrimination qui en résultent peuvent empêcher l'accès au traitement, avoir des répercussions sur l'emploi, sur le logement, sur la vie quotidienne. Elles ont aussi pour effet indirect de dissuader les personnes à risque[2], ou

---

[1] Les statistiques font surtout apparaître, comme l'on sait, des déséquilibres considérables au niveau mondial. Le nombre de personnes qui vivent avec le V.I.H. était estimé en 2006 à 39,5 millions dont 24,7 millions étaient en Afrique subsaharienne et 7,8 millions en Asie du sud-est (Source : rapport ONUSIDA/O.M.S. du 21 novembre 2006).

[2] Les groupes vulnérables sont conduits par la stigmatisation et la discrimination à se réfugier dans la clandestinité, ce qui rend plus malaisées les actions de prévention et favorise l'extension de l'épidémie. Sur l'ensemble de ces questions, cf. M. Tournier, P. Verspieren, P. Tort et D. Defert, *SIDA'venture Sida, éthique, discriminations*, Syllepse, Paris, 1989.

séropositives, ou déjà pénalisées en raison de la maladie, de se faire connaître et donc de les priver des services, quand ils sont disponibles, dont elles auraient le plus besoin. La protection et la promotion des droits de l'homme sont indispensables, pour ces raisons, à toute politique visant à empêcher la propagation de la pandémie et à réduire autant que possible ses conséquences socioéconomiques, ce dont en retour dépendra la riposte que les hommes opposeront à la progression du mal.

Au terme d'une longue marche, les attitudes et les mesures non discriminatoires se sont souvent imposées : « les gestes à l'égard des personnes infectées [...] montrent combien le mal appartient à un autre univers culturel que celui des anciennes épidémies », souligne G. Vigarello[1]. Elles attestent, tout comme le faisaient en négatif celles qu'elles ont remplacées, du lien essentiel qui existe, sur le plan éthique, entre cette épidémie en quelque sorte absolue et l'humanité, que l'on parle d'y accepter ceux que la maladie semble en exclure ou de réaliser à travers le soin les valeurs de l'humain.

---

[1] *Le Sain et le malsain*, *op. cit.*, p 107.

VII

ÉPIDÉMIE ET ÉMERGENCE
L'ACTUALITÉ DE L'AVENIR

Toute l'histoire des hommes est rythmée par des épidémies si différentes qu'elles donnent leur teinte originale et irremplaçable aux époques où elles surviennent, à l'exemple de ces *années sida* qu'évoque le film d'André Téchiné *Les témoins*. Et en même temps, il y a une unité de l'épidémie comme structure de discontinuité revenant sans cesse, au point de créer l'illusion « qu'il existe un objet naturel qui serait toujours le même à travers les âges »[1]. Chaque épisode épidémique génère une crise, provoque l'entrée dans un monde neuf, dépourvu de certitude et basculant dans la défiance envers la gestion de la santé publique, la continuité du progrès et le pouvoir de la science. Toute maladie est déjà par elle-même une rupture dans le cours du temps, un moment qui fait date, une irruption brutale de la finitude : l'épidémie donne à ces traits leur dimension collective et elle assure à partir d'eux la représentation symbolique de la maîtrise perdue de la nature. Elle constitue en ce sens l'épreuve majeure non du danger isolé et complètement identifiable mais d'un ensemble complexe de périls qui sont à la fois sanitaires, économiques, géographiques, climatiques, politiques, moraux, dans une interaction d'aspect souvent désordonné : elle dépasse le cadre de la simple actualité comme séquence intrinsèquement limitée, parce que sa fin ne se prête pas plus que son commencement à la prévision.

---

[1] F. Delaporte, article « Épidémie », *Dictionnaire d'histoire et de philosophie des sciences* sous la direction de D. Lecourt, P.U.F., Paris, 2004, p. 363.

Le mécanisme de la crise est en réalité la cristallisation, autour de quelques faits porteurs d'alerte, d'éléments intervenant en confirmation et en aggravation jusqu'à l'installation de la peur[1]. À cet égard, le processus de médiatisation, qui est prédominant dans l'épidémie moderne, était présent sous des formes anciennes dans toutes les épidémies passées : la standardisation de l'opinion par des « armes de communication massive destinées à frapper les esprits »[2] n'en est que la modalité contemporaine exacerbée. Il est difficile, en toute hypothèse, de faire la part de la peur, surtout médiatisée à l'extrême (comme dans la cas de l'E.S.B., par exemple) et de l'inquiétude fondée. Les épidémies restent un aspect de cette création d'imprévisible nouveauté qui fait la vie même, si l'on en croit Bergson. Le mouvement rétrospectif du jugement vrai joue alors pleinement On part du constat de la réalité traumatisante de l'épidémie, qui a surpris tout un chacun et qui est seul disponible, pour lui assigner de manière en quelque sorte rétroactive ses conditions de départ comme autant de « possibles », depuis la constellation astrale funeste d'autrefois jusqu'à telle ou telle mutation virale ou bactérienne d'aujourd'hui.

Tout ce que nous pouvons faire, c'est tenter un diagnostic de notre présent historique, s'il est vrai – comme l'avait fortement souligné Michel Foucault – que la philosophie doit se montrer attentive à l'actualité, au titre d'une véritable ontologie du présent. Or la hantise de l'épidémie ainsi que les stratégies biologiques et sanitaires que les hommes cherchent à mettre en place pour garantir leur existence sont bien, à l'évidence, au cœur de ce présent. Quels sont les facteurs en jeu ? D'un point de vue épistémologique, l'épidémie suppose, on l'a vu, l'intrusion d'un agent infectieux dans l'organisme (bactéries, virus, prions ou parasites). La maladie infectieuse peut alors soit se développer à bas bruit soit apparaître de manière aiguë et la contagion être directe (par l'intermédiaire d'un véhicule inerte, tel qu'aliment

---

[1] Sur la fonction de la peur dans l'épidémie, cf. Gérard Fabre, *Épidémies et contagions, l'imaginaire du mal en Occident*, P.U.F., 1998.

[2] Paul Virilio, *Ville panique, ailleurs commence ici*, Galilée, 2002.

souillé, salive...), ou indirecte (par l'intermédiaire d'un animal vecteur)[1]. L'épidémie suppose ainsi l'articulation de quatre éléments : l'homme infecté, un microbe spécifique, un vecteur et un réservoir. Dans le cas de la peste, exemple bien connu, il s'agit de l'homme infecté, du bacille de Yersin, de la puce et du rat. Il arrive aussi que l'homme soit à la fois réservoir et vecteur, comme dans le cas de la grippe. Chacun de ces éléments peut contribuer à favoriser le développement d'une pandémie. Les facteurs importants à cet égard sont l'état immunitaire de la population concernée, la situation sanitaire, elle-même fonction du contexte historique et social, les données écologiques, relatives aux réservoirs et aux vecteurs potentiels et la virulence du germe. Il est donc clair que le savoir disponible est impuissant à prévoir la survenance d'une épidémie, car cela supposerait que l'on intègre toute la complexité des facteurs en jeu et de leurs combinaisons dans tout ce qu'elles ont d'aléatoire. Et en même temps, un examen attentif de chacun de ces quatre facteurs ne peut qu'alimenter l'inquiétude.

Il faut souligner, en premier lieu, l'importance du facteur immunitaire et génétique, qui peut concerner des situations tout à fait différentes. La mémoire immunitaire du groupe concerné par une épidémie peut s'affaiblir au fil des années et réintroduire une vulnérabilité par rapport aux germes. Elle peut également être inexistante et s'accompagner d'un taux de létalité extrêmement élevé (l'exemple classique des amérindiens) ou bien, tout à l'inverse, protéger la population (le cas des Pygmées face à la fièvre Ebola, de la drépanocytose par rapport au paludisme ou encore de l'anomalie génétique du CCR5 qui protége du sida un européen sur dix environ). On sait que les caractères H.L.A. (*Human Leukocyte Antigen*, système décrit par Jean Dausset à la fin des années 50) sont associés à des résistances ou bien des

---

[1] La relation des virus et des bactéries peut être déterminante dans l'apparition d'une épidémie. On a observé qu'un nombre élevé de bactéries dans le Gange accompagné d'un faible nombre de virus bactériophages favorisait l'apparition des épidémies « saisonnières » de choléra. La compétition des virus et des bactéries peut par conséquent se révéler favorable à l'espèce humaine.

sensibilités aux épidémies[1], de même que les deux systèmes de groupes sanguins, le système Duffy et le système A.B.O. L'épidémiologie génétique des maladies infectieuses joue ainsi un rôle fondamental.

L'humanité et les microbes infectieux semblent lancés dans une course commune, dans laquelle le microbe et son hôte ne cessent de s'adapter de manière compensatrice aux évolutions de l'autre. C'est le fameux modèle de la *Reine rouge* inspiré à Leigh Van Valen par Lewis Carroll. Ainsi, la pression des traitements induit une résistance compensatrice des agents infectieux. Réciproquement, la mémoire immunitaire du groupe intègre les stratégies d'adaptation des hommes. La culture humaine avec ses pratiques spécifiques (vaccination, thérapie génique de demain) peut être pensée comme une vaste stratégie biologique d'adaptation de l'humanité aux agents infectieux. L'incertitude réside dans la capacité du milieu microbien à intégrer la réponse humaine, à s'adapter à ses outils thérapeutiques, comme dans le cas du *Plasmodium falciparum* du paludisme. D'une certaine manière, la qualité croissante de la réponse technique augmente le danger infectieux lui-même. En témoignent les mutations du virus grippal, qui change de protéine H et N, ou encore sa capacité à échanger du matériel génétique avec d'autres virus grippaux venus d'autres espèces (les volailles ou les porcs) pour constituer un virus aviaire « humanisé », comme dans le cas du virus H5N1. Et comment riposter de manière efficace, s'il faut entre trois et six mois pour identifier la souche incriminée et fabriquer le vaccin adéquat[2]? Le médicament ou la stratégie thérapeutique, le véritable *pharmakon*, peut tout à la fois servir

---

[1] Voir le tableau proposé par Norbert Gualde, *Comprendre les épidémies, La coévolution des microbes et des hommes*, Les empêcheurs de penser en rond, 2006, p. 69.

[2] Le cas du SRAS est pourtant encourageant, au sens où ce virus nouveau a été très rapidement identifié, son génome déchiffré et des tests de diagnostic mis au point. Fort heureusement, car les particules de Pflügge véhiculant le virus sont contagieuses, comme en témoignent les *super-transmetteurs,* ces malades en cause dans la contamination de nombreux individus. Cf. Gualde, *op. cit.*, pp. 176-177.

à soigner le malade ou à renforcer la virulence et l'adaptation d'un agent infectieux. En ce sens chaque agent infectieux devient un hybride, selon la catégorie proposée par Bruno Latour, mixte de nature et de culture, puisqu'il inclut la mutation naturelle d'un germe et la réponse artificielle des hommes.

Il est clair que l'environnement socio-culturel joue également un rôle majeur. En effet, les crises historiques s'accompagnent classiquement de l'apparition d'épidémies, comme en témoigne le fait que la diphtérie, par exemple, concernait en 1995, pour 85 % des cas mondiaux, les pays de l'ancienne U.R.S.S. plongés alors en pleine crise socio-politique[1]. On peut songer aussi aux ravages du typhus dans les armées communistes en 1918, ce qui explique que Lénine ait alors présenté le pou comme l'ennemi du communisme. La pauvreté sans cesse croissante et le sous-développement favorisent la résistance de souches bactériennes, l'émergence de nouvelles infections et la constitution de niches virales. La campagne d'éradication de la poliomyélite lancée par l'O.M.S., en dépit d'incontestables succès puisqu'on est passé de 125 pays touchés en 1988 à 10 en 2001, se heurte à des foyers de résistance en Inde et au Nigeria, à Kano, où une partie de la population musulmane refuse la vaccination, assimilée dans le premier cas à un moyen de stérilisation utilisé par le gouvernement et dans le second à un complot américain. La culture et le contexte socio-culturel peuvent aussi influer sur la perception de l'épidémie. Ainsi la bilharziose, maladie parasitaire des voies urinaires, présente en Afrique notamment, ne fut pas ressentie comme une anomalie par les populations concernées : l'apparition de sang dans les urines des adolescents était considérée comme tout aussi normale que dans les règles des jeunes filles. Inversement, la vague de gastro-entérite survenue au Japon en 1996, et qui était due au bacille O-157 véhiculé par des aliments

[1] Les taux de syphilis et de blennorragie étaient aussi dix fois supérieurs à ce qu'ils étaient au début de la décennie. La Tchétchénie a dû faire face également à une flambée de poliomyélite, en raison de l'interruption des campagnes de vaccination, et l'Albanie a subi une épidémie de choléra entre 1991 et 1995. On pourrait aisément multiplier les exemples.

consommés crus, fut ressentie comme une véritable indignité nationale, compte tenu des normes d'hygiène du pays. On peut aussi voir s'engager une vaste campagne de lutte sur la base d'une crainte qui ne se révèle finalement pas fondée, comme dans le cas de l'épizootie de fièvre porcine en 1976 et de la politique de vaccination de l'ensemble de la population envisagée sur deux années, où le président Ford sera montré en train de se faire vacciner en direct à la télévision.

Le facteur écologique joue également un rôle important. La modification des écosystèmes ou bien encore le réchauffement climatique favorisent incontestablement l'apparition de germes inconnus ou la mutation des microbes déjà connus. Un changement d'environnement peut rendre pathogène un germe qui est habituellement anodin, comme dans le cas de la légionellose en 1976 (suite au congrès de l'*American Legion* à Philadelphie), où la bactérie devient nocive en milieu aqueux. On sait aussi que le phénomène climatique *El Niño* modifie l'occurrence du paludisme, de la fièvre de la vallée du Rift et du choléra. Le paludisme est devenu, avec le réchauffement climatique, une maladie des montagnes au Rwanda et en Éthiopie. La mystérieuse suette qui frappait l'Angleterre avant de disparaître en 1551 sans que l'on sache pourquoi était probablement liée, nous l'avons vu, à un déboisement, celui des forêts du Shropshire, dans l'ouest du pays. De la même façon, le virus Nipah est lié à la déforestation de l'Asie du Sud-Est et à la migration des chauves-souris qui en constituent le réservoir naturel[1].

Le dernier facteur en cause concerne la virulence du germe infectieux lui-même. Or, comme l'on sait, les bactéries sont de plus en plus résistantes aux antibiotiques, comme le montrent par exemple la multi-résistance du BK, la résistance de la peste (comme à Madagascar en 1997) ou bien celle du staphylocoque doré. Différents types de bactéries peuvent aussi échanger des

---

[1] Voir « L'émergence du virus Nipah » de Vanessa Guillaume et Fabian Wild, in *Les Virus ennemis utiles*, Dossier Pour la science, avril-juin 2007, p. 79. Voir aussi le dossier du *Monde* « Réchauffement climatique, Un risque accru de pandémies » (20 avril 2007) de Paul Benkimoun.

informations génétiques et faciliter l'apparition d'une résistance pour d'autres bactéries. Par exemple on s'alarme de la résistance en France, depuis la fin de l'année 2003, d'entérocoques à la *Vancomycine*, l'antibiotique utilisé en dernier ressort. Les agents infectieux présentent également des mutations génétiques et il peut arriver que l'éradication d'un micro-organisme pathologique ouvre la voie à l'apparition d'une autre maladie jusqu'alors inconnue. Par exemple, la disparition de la variole[1] a coïncidé avec l'apparition du sida[2]. De nouveaux bacilles peuvent aussi apparaître, tel un bacille du choléra avec les souches 0139 en Asie du sud-est en 1992 ou la souche El Tor O1 en Amérique latine. Le temps du triomphe de la science et de la technique sur l'infection laisse place, dès lors, à une inquiétude et à des peurs nouvelles[3].

La quatrième transition épidémique, liée à la globalisation des échanges et à la mondialisation, fait redouter le développement de pandémies elles-mêmes globalisantes, le retour de certaines épidémies que l'on croyait disparues ou bien l'émergence de virus inconnus. On s'attend ainsi à une recrudescence de la dengue (ou maladie du *dandy* en raison de la démarche manié-

[1] L'O.M.S. a mené campagne de 1967 à 1977 pour d'éradiquer la variole. Le dernier cas mondial est celui d'un jeune adulte somalien, Ali Malo Maalin, en octobre 1977 (cas d'Alastrim). La dernière forme majeure concerne un enfant, Rachina Banu, au Bangladesh, en octobre 1975. Cf. N. Gualde, *Comprendre les épidémies*, *op. cit.*, p. 91.

[2] Sur la part de la médecine (par la transmission facilitée du germe et le fait d'avoir supprimé des maladies qui barraient sans doute la route au sida) et celle des changements de civilisation dans cette rupture de la pathocénose, voir M. Grmek, *Histoire du sida*, Payot, 1995, p. 20.

[3] Ainsi, des bacilles de la peste peuvent se révéler multirésistants aux antibiotiques, comme en témoigne une souche isolée en 1995 sur un malade de Madagascar. Cette résistance est due à un plasmide très proche de celui qui est responsable de la résistance de la salmonelle. Cf. « La peste imite la salmonelle pour résister aux antibiotiques » de Paul Benkimoun, in *Le Monde* du 23 mars 2007. Sur les menaces liées à la peste, le rôle des rats et de leurs puces comme agents propagateurs de l'épidémie (plus que les puces de l'homme) et donc la nécessité de dératiser l'habitat, voir l'enquête de Frédérique Audoin-Rouzeau, *Les chemins de la peste, Le rat, la puce et l'homme*, Tallandier, Texto, 2007, p. 404.

rée du malade) et de la tuberculose ainsi qu'à un grand retour de la peste (résistante aux antibiotiques), du choléra (avec ses nouvelles souches), de la fièvre jaune, ou encore à un essor des fièvres hémorragiques, souvent considérées comme les « pestes rouges » de demain (Ebola, fièvre de Lassa, de Hantaan ou de la vallée du Rift, Machupo)[1].

En ce qui concerne les réponses actuelles en matière de gestion des situations de crises épidémiques et d'apparition de maladies émergentes, on observe une multiplication révélatrice des dispositifs établis sur le modèle quasi militaire d'une guerre contre les agents infectieux. Aux États-Unis, le C.D.C. (*Center of Disease Control*) d'Atlanta est destiné à surveiller et à dépister les maladies infectieuses[2]. Une revue, *Emerging Infectious Diseases*, leur est tout spécialement consacrée depuis 1995. Par ailleurs, l'*International Clinical Epidemiology Network* est de son côté spécialisé dans les recherches sur les infections spécifiques du tiers-monde. On peut penser aussi à *Pro Med* créé en

---

[1] Sur les facteurs d'émergence des maladies virales (liés aux modifications écologiques, à l'urbanisation, aux politiques de santé et aux pratiques médicales, aux migrations, aux données socioculturelles, aux climats, etc.), voir J.-F. Saluzzo, P. Vidal, J.-P. Gonzalez, *Les virus émergents*, I.R.D. Éditions, Paris, 2004.

[2] Sur le *FBI de la médecine*, voir le commentaire de M. D. Grmek, *Histoire du sida*, *op. cit.*, p. 43. Notons que les métaphores du renseignement militaire et de la guerre rapportées aux épidémies sont constantes. Elles sont du reste dans la tradition guerrière du langage médical : il s'agit toujours de *lutter contre la maladie*. « Le médecin est le serviteur de l'art, le malade doit s'opposer à la maladie avec le médecin », disait déjà Hippocrate (*Épidémies*, I, 5). Le modèle biomédical alimente cette posture de combat qui est souvent celle du médecin s'adressant à ses patients – et que pendant une épidémie on invite la population à partager, pour des raisons évidentes. Les allusions et références à l'activité militaire sont fréquentes, de la notion-clé de *stratégie* aux appels à la *mobilisation*, sans parler des emprunts au lexique du combat (« ne pas baisser la garde ») et de manière plus générale à tout ce qui évoque la situation d'un affrontement armé. Ce langage est conforme à une conception ontologique de la maladie, où celle-ci est tenue pour une entité à abattre, justifiant le recours à un « arsenal thérapeutique », à des « traitements d'attaque » ou « de deuxième ligne ». On utilise l'image de la « fenêtre de tir » et on dit même qu'il faut « taper fort ». La tradition de l'allopathie renvoie toujours à des médicaments de combat, à des *anti* : antibiotiques, antipyrétiques, etc.

1994 par la fédération américaine des scientifiques. L'O.M.S. a constitué trois réseaux de surveillance, *Flu Net* pour la grippe, *Rabnet* pour la rage et ARN, consacré aux résistances des antibiotiques. Le projet IDA-HCSSCD, initié en 1998, est centré sur l'échange d'informations concernant les épidémies entre les administrations nationales. L'O.M.S. dispose de systèmes d'alarme, les EWS, qui recourent à la standardisation des diagnostics et aux outils mathématiques et météorologiques de prévision, et d'une infrastructure opérationnelle, le S.H.O.C., centre stratégique d'opération. Le renseignement épidémique international est basé sur le *Global Public Health Information Network*, créé en partenariat avec le ministère de la Santé du Canada, qui gère au fil du temps toutes les données disponibles. En France, le réseau *Sentinelle*, qui est alimenté par des médecins référents, permet la surveillance épidémiologique hebdomadaire de la grippe, des diarrhées, de la rougeole, de la bronchite, du sida, des hépatites. On peut songer aussi, pour ce qui concerne la constitution de réseaux de médecins, au G.R.O.G., un groupe centré sur la surveillance de la grippe ou aux réseaux de laboratoires et enfin aux centres nationaux de référence. Pour déceler l'émergence d'agents pathogènes a été créé aussi, en 1998, l'*Institut National de Veille Sanitaire*. La gestion des épidémies demeure nationale en France, même après les grandes lois de décentralisation : les facteurs décisifs sont la rapidité de réaction des autorités politiques et sanitaires et la mise en place de vaccinations ciblées et de quarantaines, ainsi que le montre le modèle épidémiologique *EpiSims*[1].

L'homme est la victime des épidémies, le concepteur de stra-

---

[1] Conçu à l'origine pour la ville de Portland, ce modèle épidémiologique travaille sur l'extension d'une épidémie dans le réseau social d'une ville virtuelle, sur la base de plusieurs hypothèses différentes. Dans le cas de la variole, on découvre ainsi qu'une politique de vaccination ciblée est tout aussi efficace qu'une vaccination de l'ensemble de la population. Voir « Épidémie en marche dans une ville virtuelle » de C. Barrett, S. Eubank et J. Smith, in *Les virus, ennemis utiles*, déjà cité, p. 108-109. De la possibilité abstraite de la simulation au réel de l'épidémie, la conséquence, épistémologique et pratique, n'est pas nécessairement toujours bonne.

tégies de lutte contre les maladies et aussi le possible agent des pandémies. La guerre bactériologique et le bioterrorisme font planer sur le monde une menace épidémique permanente : on se souvient, par exemple, de l'utilisation de la toxine botulique ou du bacille du charbon (anthrax) ou encore du bacille de la peste pulmonaire. On sait que la *Compagnie de la Baie d'Hudson* faisait commerce, au 17ème siècle, de couvertures *variolées* dans le but de décimer les indiens. La vaccination ayant été supprimée en 1984, les autorités françaises ont craint une attaque bactérienne, ce qui a conduit à la mise au point du plan Biotox[1]. Aux États-Unis, 500 000 militaires et autant de personnels de santé sont vaccinés, le but à longue échéance étant de vacciner dix millions de personnes contre la variole.[2] Une simulation connue sous le nom de *Dark Winter* existe aussi, destinée à prévoir les conséquences d'une attaque. Chacun connaît l'envoi de courriers contaminés par l'anthrax aux États-Unis ou encore la production d'armes biologiques redoutables par l'*Unité 731* japonaise pendant la guerre avec la Chine[3]. Des mesures de mise en quarantaine sont prévues par le *Model State Emergency Health Powers Act* des C.D.C. en cas d'attaque bio-terroriste[4]. Par ailleurs un autre type de virus, inattendu, inquiète : le virus

---

[1] Officiellement, le virus de la variole est conservé, avec l'accord de l'O.M.S., au Centre d'Atlanta et dans un centre russe (*Vektor* à Koltsovo). Le virus devait être détruit en 1999, mais son maintien temporaire a été décidé. De nombreux pays travaillent à la mise au point d'armes bactériologiques. En Russie, le programme *Biopreparat* avait été prolongé jusqu'en 1990 et par ailleurs les cadavres pris dans le permafrost contiennent toujours des stocks viraux. Cf. Norbert Gualde, *op. cit.*, pp. 92-93. Voir également « Microbes et terrorisme » d'Yves Buisson, in *Le monde face aux microbes*, Géopolitique, Revue de l'Institut International de Géopolitique, n° 95, sept-nov 2006.

[2] Cf. N. Gualde, *op. cit.*, p. 245.

[3] Les manufactures japonaises dans la Mandchourie occupée auraient produit 300 kg de bacille de peste et 1 tonne de bactéries diverses (choléra, typhus, dysenterie). Cf. N. Gualde, *op. cit.*, p. 249.

[4] Des pratiques de quarantaine contrainte ont existé au 20ème siècle (30 000 prostituées incarcérées entre 1917 et 1919 afin de lutter contre la propagation des maladies vénériennes en temps de guerre, 200 tuberculeux forcés de séjourner en services hospitaliers sécurisés en 1990 à New York, en raison de l'apparition de formes multi-résistantes de la maladie).

informatique, programme qui s'exécute une fois entré dans un système, comparable en cela à un virus biologique, composé d'un filament d'acide nucléique correspondant à une séquence de lettres codant des fonctions précises. Les virus informatiques se reproduisent et ils mutent indéfiniment, comme le font leurs homologues biologiques, en détournant les ressources informatiques de leurs hôtes.[1]

L'émergence d'une épidémie suppose ainsi la rencontre de séries causales indépendantes dont la prévision est en pratique impossible. La stabilité des lois et des principes biologiques paraît reposer sur une sorte d'instabilité essentielle, sur un fond de contingence absolue. Chaque situation épidémique se révèle originale et constitue un cas unique, résultant d'une rencontre d'éléments hétérogènes. L'épidémie est ainsi une conjoncture singulière : quelque familière qu'elle ait pu à certains égards devenir, elle reste toujours une sorte de commencement absolu. Aussi nous sentons-nous à chaque fois aussi démunis face à ce surgissement, en dépit des promesses renouvelées de la science et de la technique[2]. À l'échelle individuelle, la rencontre avec le risque, par laquelle chacun scelle son destin, se révèle encore plus aléatoire, et c'est aussi une des significations de l'exemple sartrien du condamné à mort contaminé par la grippe espagnole qui lui sera fatale[3]. Dans ce monde de rencontres et d'aléas, dont l'épidémie est moins le dérangement que l'emblème, chaque situation apparaît neuve. Il faut à chaque fois tout réapprendre et réfléchir à neuf et c'est sans doute ce qui donne tout leur prix

---

[1] Voir l'article stimulant d'Éric Filliol et Jean-Yves Marion, « La virologie informatique », in *Les virus ennemis utiles*, *op. cit.*, p. 117. Il y a bien une épidémiologie informatique, ce qui démontre, s'il était besoin, la prolifération de la notion d'épidémie hors de son strict champ de référence biologique et médical. Outre la facilité d'usage de l'épidémie comme métaphore, que nous avons déjà soulignée (cf. plus haut, ch. II, p. 37), le fonctionnement en réseau de nos sociétés se prête *effectivement* à la diffusion des épidémies.

[2] Le plus archaïque cohabite alors avec le plus moderne. On a vu apparaître dans les discothèques d'Abidjan une *danse de la grippe aviaire*, comme dans la chorémanie médiévale.

[3] Nous avons cité plus haut, ch. I, p. 7, ce texte qui a valeur de parabole par rapport à la condition de toute l'humanité.

à la vie et à la philosophie. L'univers de l'émergence est, en ce sens, à l'échelle de nos ignorances, paradoxalement accrues par l'extension continuelle de la science. Il y a trente ou quarante ans, il s'agissait de surveiller la peste, le choléra, la fièvre jaune et la variole, éradiquée depuis. Plusieurs dizaines de nouveaux agents pathogènes pour l'homme sont apparus depuis, parmi lesquels les virus du sida et du SRAS. La connaissance des virus à elle seule est une introduction à « la découverte d'un nouveau monde »[1]. La santé est donc plus que jamais exposée à ce phénomène et l'émergence est d'une certaine manière son avenir, considéré dans son indétermination même : l'existence du temps, dit Bergson dans *La pensée et le mouvant*, s'exprime dans le fait « qu'il y a de l'indétermination dans les choses ».

De fait, l'émergence, concept transversal sous lequel peuvent être pensés des phénomènes physiques, économiques, sociaux, biologiques ou écologiques dans des systèmes dynamiques, est l'expression à la fois du réel et de sa provisoire absence. D'un côté, « l'émergence est un fait », elle est le processus par lequel advient « l'avènement du nouveau » : *incoming of the new* ou *advent of novelty* dans le lexique émergentiste[2]. D'un autre côté, l'émergence apparaît comme une modalité de l'absence ou une présence absente. Pour cette raison, la veille sanitaire est une sorte d'observation singulière, qui a la propriété de se faire par anticipation et si « dans les épidémies, l'émergence *épistémique* (la prise de conscience de l'épidémie) est toujours postérieure à l'émergence *ontologique* (les premiers cas réels de la maladie) », l'émergence « première », celle qui les précède toutes les deux, est marquée par sa radicale « imprédictibilité »[3].

---

[1] Voir sous ce titre l'étude de Claude Chastel, Dossier pour la science d'avril-juin 2007 sur *Les virus, ennemis utiles*, déjà cité, pp. 7-13.

[2] Cf. *Emergent Evolution* de C.L. Morgan, Williams et Norgate, Londres, 1923 et l'analyse d'Anne Fagot-Largeault dans « L'émergence », *Philosophie des sciences*, t. II, Folio-essais, Gallimard, Paris, 2002, p. 992 et suivantes.

[3] Anne Fagot-Largeault, *op. cit.*, pp. 1026-1028. Cf. p. 1029, le caractère pour le moins fluctuant du facteur d'émergence : « Il arrive qu'on explique la poussée d'une maladie par un facteur d'émergence sans être capable de prédire une autre poussée sur la base des mêmes facteurs ».

L'émergence, on le sait, est un processus où l'ensemble est davantage que la somme de ses parties, ce qui fait qu'on ne peut en prédire le comportement à partir de la seule analyse, même savante et détaillée, des parties prises séparément. En outre, à partir d'un certain seuil critique de complexité de cet ensemble apparaissent des propriétés nouvelles, qui sont dites elles aussi émergentes. La nature révèle là sa dimension créatrice. Ce qui fait avancer la science est précisément ce qui la défie : avec l'émergence explorée par la modernité, l'énigme qui était déjà présente dans le concept antique d'épidémie trouve sa fonction heuristique[1]. On redécouvre alors que l'exercice de la médecine a pour cadre l'univers, qu'elle est comme disait Hippocrate une tentative pour rétablir l'harmonie du monde, que « le médecin ne doit pas se contenter d'agir lui-même comme il convient mais […] faire en sorte que le malade, son entourage et même les influences extérieures concourent à la guérison »[2].

La situation épidémique met aussi en lumière plusieurs paradoxes de la médecine, tour à tour dénigrée et célébrée, dissoute et refondée pendant les crises sanitaires. D'un côté, l'urgence la fait voler en éclats, dispersée par ses incertitudes du moment entre des orientations paraissant contraires, la technique efficace et l'humanisme contemplatif, selon les termes d'un débat très ancien. De l'autre, elle est réunifiée par sa confrontation avec un adversaire qui lui fait mobiliser les trois modèles entre lesquels elle est si souvent écartelée : le modèle biologique, qui est au centre de la recherche et du savoir, le modèle empirique qui est celui du savoir-faire, le modèle psychosocial, porteur de la dimension relationnelle qui est au centre de l'univers du soin. L'épidémie requiert une science totale qui est par définition indisponible et une pratique entièrement rationnelle du soin, qui est peu concevable sur fond d'incertitude du savoir. En cela, elle mobilise en même temps dans une exigence radicale toutes les vertus de la *technè* médicale.

---

[1] Sur l'idée d'émergence dans le domaine épidémique, voir aussi plus haut, ch. II, p. 53 et suivantes.

[2] Hippocrate, *Aphorismes*, première section, § I.

L'épidémie de la modernité s'articule ou est perçue comme s'articulant à la problématique de l'environnement. Elle est à ce titre un raccourci symbolique des malheurs de l'humanité menacée d'autodestruction, à la fois cause et victime de ce qui lui arrive. Les risques associés en sont, dans la longue lignée biopolitique que nous avons tenté de retracer, la médicalisation de l'existence, qui « rend la santé malade » disait Montaigne, le renforcement de la *société de la surveillance* au nom de la santé publique, la mise au pas sanitaire. C'est alors la liberté même qu'atteignent les contagions. À travers l'émergence, l'épidémie redit à quel point déjouer le destin est une belle entreprise sans fin.

VIII

ÉPIDÉMIE ET MONDIALISATION *COVID-19* OU L'HORIZON PANDÉMIQUE

Symboles d'une paradoxale continuité de l'exceptionnel et instruments du règne conjoint de l'éphémère et du récurrent, les épidémies imposent de loin en loin leur éternel retour tout en conservant leur immuable pouvoir de sidération[1]. À travers elles s'expriment le désordre du monde et l'énigmatique nouveauté qui sans cesse défient le savoir. Questionnées comme structures du devenir, les crises épidémiques sont révélatrices de l'articulation du réel et du fatal, des éclipses de la science et de l'imaginaire du désastre. Laboratoires biopolitiques depuis la construction en Occident des deux grands modèles qu'ont été l'exclusion de la lèpre et le quadrillage de la peste, elles sont à présent au centre du vaste débat éthique, épistémologique - et pour finir politique - de l'*émergence*[2]. De fait la pandémie dite COVID 19[3], qui a donné une forme aiguë et une intensité si particulière à ces problématiques, s'est présentée d'emblée avec ce

[1] De *siderari*, « subir l'action funeste des astres ».

[2] Sur l'*émergence* et sur ce que nous avons appelé en sous-titre du chapitre précédent « l'actualité de l'avenir » (dont la crise sanitaire COVID 19 aura été le premier grand évènement planétaire), voir ci-dessus, VII, pp. 175-188. On notera que cette crise d'une ampleur exceptionnelle n'a jamais semblé, à quelque moment que ce soit, devoir conduire à une modification du texte initial de *Philosophie de l'épidémie* paru en 2007. Il a donc été repris tel quel et sinon *complété*, puisque l'issue - et même la suite - de cette pandémie restent encore indéterminées, du moins *prolongé* par le présent chapitre sur l'horizon pandémique redessiné par le coronavirus, d'où la mention « édition 2020 » qui a été simplement ajoutée au titre de l'ouvrage.

[3] Sur les aspects essentiels de cette pandémie à ses débuts, cf. « Covid-19, chronique d'une émergence annoncée » de Philippe Sansonetti, dans *La Vie des idées* (Collège de France), 19 mars 2020 (consultable en ligne).

3trait caractéristique de toute épidémie d'apparaître à la fois comme étonnamment identique à celles qui l'ont précédée, en nouvelle incarnation d'un modèle épidémique préexistant[1] et d'autre part, sous d'autres rapports, mais parfois aussi sous les mêmes, comme le surgissement d'une nouveauté radicale, le déploiement d'un monde que rien ne permettait de concevoir.

Tel est en effet « COVID-19 »[2]. D'un côté, un épisode après tout presque banal au regard de l'histoire des pandémies et qui entre parfaitement dans les habits coupés pour des épidémies déjà décrites, un phénomène en tout cas que l'on peut aisément ramener aux catégories et aux problématiques du savoir épidémique savamment accumulé. Et d'un autre côté, à l'inverse, une épopée étrange, unique, subite malgré la discrétion de sa venue avec ces « signes déconcertants »[3] évoqués par Camus dans *La*

---

[1] Sur l'idée d'un « modèle épidémique » remontant à l'Antiquité et sur sa modification conceptuelle à travers la construction du savoir, cf. *supra*, I (pp. 7-33), puis III et IV (pp. 59 à 104).

[2] Compte tenu de l'avis de l'Académie en date du 7 mai 2020, nous avons évité quand c'était possible de dire *le* ou *la* COVID, faisant de l'acronyme une sorte de nom propre, mais nous n'avons pas tranché entre le féminin venu de *disease* et le masculin associé à *coronavirus,* nous en remettant à l'usage.

[3] Cf. *supra*, p. 49 n. 1 et aussi, p. 20 sq., les litotes des premières lignes de *La Peste* et le rythme caractéristique qu'installe l'épidémie, avec les réactions à ce fléau (cf. *supra* p. 21, n. 4). On trouvera, en relisant le roman de Camus - ce qu'a fait le public depuis le début de la pandémie - une observation à valeur quasi scientifique sur la marche des épidémies. Le médecin chinois « lanceur d'alerte » Li Wenliang, qui avait le tout premier perçu des « signes déconcertants » n'est pas sans rappeler le Dr Rieux de *La Peste,* tout comme l'Oran fantomatique de Camus n'est pas si différente de l'image qu'on s'est faite de Wuhan confinée sous le regard angoissé du monde. Le roman contient tout ce qui permet de dire la *banalité* du COVID 19 : les problèmes de décompte (p. 1248 sq.), de sous-équipement ou approvisionnement (absence de sérum, pp. 1256-1263 puis pp. 1359-1361), « les bavardages qui exagèrent tout », la sous-estimation du danger (p. 1266), les problèmes de confinement et d'« exil chez soi » (pp. 1278, 1301 et 1358 sq.), l'épidémie ressentie comme « une interminable défaite » (p. 1324), les contrecoups économiques (p. 1442, avec l'effet de la crise sur les prix), les rythmes à nouveau (« l'allure patiente et décidée » du mal, p. 1430), l' « incendie des esprits » (p. 1358) et l'épidémie qui « s'emploie à étonner » (p. 1454), etc. La pagination utilisée ici est celle du volume *Théâtre, récits et nouvelles* d'A. Camus chez Gallimard (*op. cit.*).

Peste, une aventure humaine d'une singularité absolue, si neuve que dès ses débuts le monde ancien a semblé à beaucoup ne pas pouvoir lui survivre.

Une pandémie virale qui n'est même pas la première de son siècle puisqu'elle fait suite comme SARS 2 au SARS 1 de 2003 et qui en fin de compte n'a « rien de bien exceptionnel », si ce n'est qu'elle frappe « à grande échelle l'assez confortable monde dit occidental »[1], telle est, tout au moins au premier abord, la « crise sanitaire », selon l'appellation en usage, que traverse le monde en 2020, autour d'une structure épidémique organisée selon les axes habituels : un désordre du monde selon l'espace-temps[2], un déficit du savoir et un silence épidémique[3], enfin les fondamentaux des épidémies que sont le retour de la peur et de « l'état de nature »[4] et surtout le « grand retour de la mort », puisque cette épidémie ébranle notre « société post-mortelle »[5] et retarde ses plans. Même la dimension mondiali-

[1] Alain Badiou, *Sur la situation épidémique,* Tracts de crise, Paris, Gallimard, 27 mars 2020. La filiation avec le SARS 1 justifie, note l'auteur, les critiques d'imprévision et d'impréparation adressées aux autorités. Cette analyse de Badiou insiste aussi sur les constantes épidémiques : dissolution de « l'activité intrinsèque de la raison » et donc retour à l'irrationnel sous toutes ses formes (p. 5), entrecroisement « des déterminations naturelles et des déterminations sociales », contradiction entre les réponses locales de santé publique et l'expansion « transversale » du mal. S'y ajoutent les conséquences de la mondialisation accélérée, le marché étant désormais plus que jamais mondial et les politiques, au contraire, nationales (pp. 7-9).

[2] Cf. *supra*, pp. 38-47 (trajets dans l'espace), pp. 48-57 (temporalité).

[3] Cf. *supra*, pp. 29-33, 74-81 (dont 76 sq. sur la construction du savoir épidémique et ses apports à la science), ainsi que la page 9 et sa note 1. Sur ces aspects, voir aussi J. Lombard « Désordre du monde, défi au savoir et urgence éthique. Petite philosophie de l'épidémie », in *Ethica Clinica, Revue francophone d'éthique des soins de santé* (Belgique), n° 78, août 2015, pp. 7-10.

[4] Cf. *supra*, IV, p. 83 sq.

[5] L. Chavanette, « Les plans de la société post-mortelle retardés », *Causeur,* 10 avril 2020. COVID-19 rappelle sa condition mortelle à une humanité que les avancées de la médecine rendaient oublieuse. La pandémie comporte en effet une réapparition « soudaine et exceptionnelle de la mort ». La dénomination de « société post-mortelle » vient du titre du livre de Céline Lafontaine (Paris, Seuil, 2008).

sée qui frappe les esprits en 2020 est une donnée déjà observée et même devenue classique dans le tableau épidémique depuis les « grandes découvertes »[1]. Enfin, l'impression d'avoir à faire à une épidémie *comme une autre* est amplement justifiée par les contradictions et paradoxes dont elle semble faite, qui traduisent ce pouvoir épidémique toujours si particulier de désorganisation du cours des choses.

Pour n'en citer que quelques-uns, d'abord le choc entre les libertés, tenues pour le bien le plus précieux en démocratie, et les deux limites qui les enserrent et les restreignent pendant la crise sanitaire, les obligations et leurs contraires les interdictions, dont l'accroissement et la multiplication accompagnent le combat contre le virus ; puis la contradiction béante qu'amène avec lui le *manque*, qu'il soit voulu ou imposé par les circonstances, dans un monde qui était jusque-là fait de surabondance ou essayait sans cesse d'y tendre, au point qu'on pourrait parler du resurgissement d'un idéal d'autarcie dans un système fondé jusque-là sur l'hyper-échange ; ensuite, l'idée d'une « guerre » à mener contre le mal et le fait d'être par définition sans armes au moment de livrer ce combat - et paradoxalement, moins il y a d'armes et plus il y aura à « faire la guerre » ; de même, les deux types de survie recherchée en urgence sont à la fois synonymes et opposées, à savoir survivre dans l'immédiat (et donc être actif afin de conserver un revenu) et survivre en vue d'un avenir véritable (et donc cesser l'activité pour ne pas s'exposer), avec en arrière-plan les deux objectifs vitaux mais contraires d'arrêter le monde ou de le continuer, qui sont les deux modalités possibles de toute forme de guérison ; opposition radicale également entre la distance et le contact, puisqu'il va s'agir très vite d'établir un nouvel équilibre entre la distanciation et la proximité, la première étant l'indispensable moyen de se soustraire au mal qu'on ne sait pas combattre de façon directe et la

---

[1] Sur l'espèce de mouvement de bascule qu'a provoqué la mondialisation des échanges dans la très longue histoire des épidémies, voir l'article synthétique de J.-L. Miège sur « Les épidémies des temps modernes » dans *Encyclopaedia Universalis*.

seconde ayant été jusque-là la valeur de référence constamment célébrée[1]. En effet, plus que toute autre sans doute, cette crise sanitaire est une crise du contact, opposé désormais au *sans-contact* qui connaît là son heure de gloire, en même temps qu'il renvoie au concept d'épidémie moderne centré sur la *contagion,* du verbe *tangere*, toucher, avec l'idée d'un mode de transmission où un élément toujours identique « ne fait que se transporter d'un individu à un autre »[2] - et de fait COVID-19 est une crise du toucher en plein règne de la marchandise et du profit.

Quoi qu'il en soit, la crise épidémique est le moment de tous les changements d'équilibre survenant entre sécurité et risque, sociabilité et isolement (ou esseulement ou solitude)[3], activité productive et repli prudent, extériorité et intériorité, monde virtuel et monde réel. C'est à une inversion presque complète des fins et des moyens et du possible et du nécessaire que conduisent la pandémie et les défenses que lui opposent les hommes. Selon une inversion du même type, « l'état d'excep-

---

[1] Sur la *proximité* comme néo-valeur, cf. J. Lombard, *Philosophie de la démarche éthique. Anti-manuel d'éthique pour l'ère des néo-valeurs*, L'Harmattan, Paris, 2020, pp. 68-70.

[2] Article « contagion » de Nacquart, *Dictionnaire des sciences médicales.* Jusqu'au début du 19ème siècle la contagion (processus dans lequel le mal survient par *contact*) a été tenue pour le pendant de l'infection (ce qui est véhiculé *sans contact*, dans l'air : est *infect* ce qui sent mauvais et ce qui vient par effluves, exhalaisons, miasmes). La révolution pastorienne a regroupé plus tard infection et contagion. Sur les origines de l'idée de contagion, cf. *supra*, pp. 10-12.

[3] Cf., sur ce point, la distinction de Hannah Arendt entre la solitude, l'esseulement et l'isolement dans « Questions de philosophie morale » (in *Responsabilité et jugement,* Payot, p.125 sq). L'esseulement est un sentiment plutôt douloureux de déconnexion des autres et de soi. L'isolement est une concentration dans une activité qui coupe les liens avec les autres. La solitude enfin permet d'être dans un état positif de « deux en un ». Le confinement renvoie aussi, bien entendu, à la problématique pascalienne du divertissement (texte fondamental sur « rester une heure dans sa chambre », dans l'édition de Port-Royal ch. XXVI : *Misère de l'homme,* et dans l'édition Brunschvicg n° 139).

tion » visant à « suspendre la vie pour la protéger » auquel nous amène l'épidémie va devenir « la condition normale », comme le remarquait Giorgio Agamben[1]. Et si importante est l'espèce de *dilatation* par laquelle, nous l'avons vu[2], une épidémie évolue en pandémie, que des traits communs avec d'autres épidémies subissent finalement un changement de nature et non plus seulement de degré et rejoignent alors les traits spécifiques qui font de la crise pandémique, ici celle qui est due au coronavirus SARS-CoV-2, une absolue et saisissante nouveauté.

D'où l'impression de rupture totale ressentie spontanément, et que traduit l'évocation immédiate d'un « monde d'après »[3] qui serait fondamentalement différent de celui d'avant : la crise se voit ainsi créditée d'une sorte de pouvoir créateur[4] et même réformateur, au sens où ce que les hommes et la politique n'ont pas réussi à faire (la « bifurcation » écologique par exemple, ou le retour à une « vie simple », symboliquement réussie pour un

---

[1] Cf. la tribune « Coronavirus et état d'exception » publiée par Agamben dans *Il Manifesto* le 26 février 2020. L'état d'exception comme système de gouvernement est exposé dans son *Homo Sacer* (Paris, Seuil, 1997-2005).

[2] Cf. *supra*, p. 38. La pandémie COVID-19 a suivi un déplacement classique d'est en ouest (cf. sur ce point pp. 40-43), avec une origine qui est encore, et comme toujours, en bonne partie énigmatique, autour d'un laboratoire et d'un marché de Wuhan, objets d'innombrables supputations et mises en cause.

[3] Sur le délire interprétatif du *monde d'après* et sur « l'inflation des discours obsessionnels », cf. B.-H. Lévy, *Ce virus qui rend fou*, Paris, Grasset, 2020.

[4] Penser *ce qui arrive*, et notamment l'action politique du moment - ou la communication qui en est faite et à laquelle elle se réduit souvent - comme séparant un *avant* et un *après* radicalement distincts, c'est-à-dire concevoir l'actualité comme une ligne de démarcation entre un passé imparfait et un futur porteur d'espérance en liaison avec ce qui est annoncé est, il est vrai, un trait constant de l'ère médiatique. La gravité de la crise sanitaire du COVID justifie cette séparation avant-après mais l'abus qui en est fait d'habitude jette un doute sur sa portée au moment où elle semble se justifier le plus. Pour une analyse éclairante des « défis de l'après-corona », cf. Edgar Morin, *Changeons de voie, les leçons du coronavirus*, Paris, Denoël, 2020. Sur la manière dont la crise, interférence du biologique et du socioculturel, exprime les tensions internes préexistantes et nouvelles de la société, cf. P. Gaboriau et C. Ghasarian, *Le virus, le pouvoir et le sens*, Paris, L'Harmattan, 2020.

temps par le confinement, etc.), le virus s'en serait chargé en imposant à la planète une régulation « naturelle », au sens presque mythique donné au terme « nature » dans un monde jugé au plus haut point « artificiel ». Ce qui rend compte de la façon la plus exacte du fait que cette pandémie est comme toutes les autres et néanmoins totalement différente, c'est sa constitution duelle qu'exprime l'étymologie. Dire *épidémie,* c'est évoquer un processus complexe, en effet : *épi* désigne ce qui *agit sur*, ce qui s'applique *du dessus*, ce qui en même temps *parcourt* et *affecte*. Et d'autre part, il y a *ce sur quoi* cette action opère, le substrat sur lequel l'action s'exerce et produit des effets : ici le *démos,* en grec d'abord territoire, ensuite population. Le *démo*s représente ce qui est atteint, menacé, modifié, attaqué ou même détruit : à l'évidence la réalité des épidémies ne dépend pas de leurs seuls agents, causes et circonstances (ici le coronavirus, les climats, les saisons) mais aussi de l'état de ce *démos* sur lequel ils s'abattent. Si l'épisode COVID-19 est tout à la fois familier et sidérant, c'est parce qu'il correspond à une relation subitement inversée entre l'*épi* et le *démos* : jusqu'alors, c'était la pandémie qui par son extension planétaire créait une forme de mondialisation et pour la première fois avec autant de netteté c'est la mondialisation préexistante qui à bien des égards *fait* la pandémie, maladie du village planétaire et qui lui doit tant.

C'est que le monde est devenu un « espace de transaction de l'humanité »[1], faisant plus que jamais de la crise épidémique un évènement *total*[2], à la fois sanitaire, social, économique, culturel, éducatif, politique, scientifique, où chaque dimension interfère avec toutes les autres. Elle a envahi un ensemble interdépendant dont l'économie de marché et la finance sont à présent les seuls moteurs et dont les échanges, les technologies et les

---

[1] La formule est d'Olivier Dollfus, *La mondialisation*, Presses de la Fondation Nationale des Sciences politiques, Paris, 1997. Des pandémies majeures ont précédé le COVID-19 à des époques où la « mondialisation » n'était pas comparable à ce qu'elle est devenue au 21ème siècle : pour une mise en perspective sur ce point, cf. F. Vinet, *La Grande Grippe. 1918. La pire épidémie du siècl*e, Paris, Vendémiaire, 2018.

[2] Cf. *supra,* p. 8.

transports libéralisés et planétarisés font de la *circulation,* sous toutes ses formes, la substance même de l'activité des hommes. Or la pandémie interrompt cette circulation dans nombre de domaines, alors même qu'on mesure tout d'un coup, à travers les conséquences infinies de sa perte, ce qu'elle avait d'indispensable. Le monde est *à l'arrêt* : la production est stoppée et, ambigu et éphémère bénéfice de cette étrange cessation, la pollution s'efface, laissant voir peu à peu ce que d'habitude elle dissimule[1] et soulignant le lien direct entre le virus et la crise éco-logique, entre le risque infectieux et le dérèglement du monde. Sous les yeux de l'humanité, la globalisation marchande et la diffusion de la pandémie se renforcent et s'accélèrent l'une l'autre, émettant un signal d'alerte nouveau qui vient redire que c'est tout ce qui devait nous sauver qui nous perd et nous perdra. La pandémie invite à redéfinir l'altérité : l'*arrêt du monde* fait repenser sa marche, dont on entrevoit dans un moment très « foucaldien »[2] qu'elle ne peut pas avoir pour fin ultime le profit, mais seulement la vie elle-même.

Cependant, ce monde à l'arrêt laisse place à l'irruption d'un monde virtuel déjà prêt à lui succéder. Une nouvelle existence dématérialisée se révèle disponible : une existence par écrans interposés, à distance[3], et en un certain sens par procuration, où *internet* est le vecteur maître et le seul chemin dans un système sans contact. Les services, organismes et commerces se numérisent et toutes choses prises dans ce qui survient *épi* trouvent

---

[1] Des sommets himalayens cachés à la vue depuis 30 ans sont réapparus.

[2] Cf. la tribune d'Annie Cot dans *Le Monde* (publiée le 30 avril 2020) : le moment « foucaldien » est celui qui renvoie aux analyses que Michel Foucault a consacrées aux concepts de biopouvoir et de biopolitique au milieu des années 1970 (*La Volonté de savoir*, Paris, Gallimard, 1976, et les deux cours prononcés en 1976-1977 et 1977-1978 au Collège de France, *Il faut défendre la société,* Gallimard, 1997, et *Sécurité, territoire, population*).

[3] Cf. l'article de Julien Brygo « Travail, famille, Wi-Fi » paru *dans Le Monde diplomatique* de juin 2020, pp. 1 et 18-19. Ce même numéro aborde aussi la géopolitique dans un article de Ph. S. Golub sur la «rRecomposition planétaire après la pandémie », celle-ci étant en quelque sorte une « onde de choc à double sens », p. 6.

leur voie d'accès selon un autre terme grec, *télé, au loin.* Tout devient *télé,* même et surtout ce qui semblait le plus supposer le contact, comme la médecine, où l'idée de *clinique* indique sans ambiguïté la présence du malade alité, et l'éducation, dont le premier acte s'appelle toujours *aller à l'école.* En témoignent le *télé-travail*, la *télé-consultation* médicale, le *télé-enseignement* et la classe en *distanciel* opposée au *présentiel* : tout un lexique nouveau dit la manière dont la crise accélère l'établissement d'un nouveau rapport au monde, à partir d'un mouvement qui était engagé mais qui se trouve soudain encouragé et même justifié par l'évènement. Pour autant, ni une médecine ni une école rénovée ne sont encore construites : c'est plutôt un test grandeur nature qui est en cours, largement improvisé et ne répondant, au moins pour l'heure, qu'aux nécessités de l'urgence épidémique.

Des problèmes complexes se posent pour ces actes de base que sont pour la médecine la *consultation* et pour l'éducation la *leçon.* L'examen médical à distance répond certes à des besoins évidents mais il a des limites qui le sont tout autant - et pas seulement sur le plan technique. Quant à l'enseignement, si une partie du travail scolaire se fait assez bien par *internet,* la leçon que conduit un maître en entrecroisant les programmes et les instructions en fonction de la classe réelle, des niveaux et parcours des élèves et des vertus de l'échange pédagogique peut difficilement être remplacée par des séries de cours déclinant le savoir en feuilleton - sans parler du creusement des inégalités liées aux difficultés plus ou moins grandes d'accès à l'informatique et au *travail autonome.* Et même à la supposer réalisable demain, la société *ultra-connectée* soulèvera beaucoup d'autres problèmes, médicaux ou pédagogiques, pour ne considérer que ces deux champs et ne rien dire de l'irrémédiable perte de la dimension relationnelle qui est leur substance même.

De fait la promotion du *télé-travail* est le révélateur de toute une problématique complexe. S'il est d'abord, à l'évidence, un moyen de lutte contre la pandémie, il est aussi une façon de promouvoir la numérisation de l'économie, de la société et plus généralement de la vie humaine. Il est également un facteur de déliaison sociale supplémentaire dans une confusion de l'espace de travail et de l'espace privé confondus dans une même unité domestique. L'atomisation de la société ne peut dès lors que s'accroître, chacun étant de plus en plus réduit à une unité monadique élémentaire productrice de données, élément infime de l'hyper-calcul mondial et de la mise en réseau numérique[1]. Ce faisant chacun devient aisément remplaçable, car la qualité du savoir-faire laisse la place à la quantification qui est à l'œuvre tant dans l'acte « productif » lui-même que dans son évaluation, de sorte que tout le monde est potentiellement surnuméraire, « en trop » et substituable, et tout travail précaire. La précarité (de *precari*, demander en priant) devient ainsi la norme et non l'exception, l'individu se confondant de plus en plus avec le suppliant de la grande tragédie moderne de l'économie politique pour qui la survie est l'enjeu essentiel.

Une des leçons de cette pandémie est de montrer que pour une large part de l'humanité, il ne s'agit plus tant de *vivre* que de *survivre,* biologiquement, économiquement, socialement. Nous sommes entrés dans une grande politique de la survie, chacun étant de plus en plus réduit à sa *vie nue* (*zoè*), à l'animalité de ses fonctions biologiques dans un processus de naturalisation[2] et

---

[1] De sa naissance à sa mort, l'individu ne cesse en fait d'alimenter des flux de données : qu'il travaille, consomme ou simplement *vive*, l'homme numérique n'est que le porteur de fonctions calculatoires dans une productivité sans commencement ni fin propre à la nouvelle vie algorithmique. La boucle de rétroaction du calcul réalimente en effet sans cesse le calcul par les données qu'il engendre, dans l'illimité d'un calcul de plus en plus déconnecté d'un réel qu'il ne cesse d'évacuer et de liquider. Tout ce qui existe n'est que de l'information calculable et donc numérisable. La puissance du calcul, qui fait à la fois sa grandeur et sa misère, c'est son indifférence au contenu, tout comme l'argent. Toute pandémie devient un moment du calculable puisque réductible à un flux d'informations mathématisable et numérisable.

[2] Ainsi de la réduction de l'homme à ses fonctions neurologiques ou biochimiques dans le scientisme contemporain. La pandémie du Covid-19 n'est guère pensable autrement que comme un moment du vaste processus de naturalisation de l'homme dont témoigne la promotion de l'animal, du végétal ou encore du chamanisme comme nouvelles idoles philosophiques, dans une sorte de phénoménologie de l'esprit à rebours.

de déhistoricisation où l'institution d'un *bios* authentique, d'une *forme de vie*, véritable matrice de la culture occidentale (le *bios* de *biographie*), n'est plus vraiment de saison.

Par ailleurs, le *télé-travail* montre aussi ses limites, le réel de la production (par exemple des chaînes de production agro-alimentaire, de logistique ou de distribution) n'étant pas « substituable » et remplaçable par une transmission d'informations à distance. On a vu ainsi apparaître deux économies possibles, avec le vocabulaire neuf du « présentiel » et du « distanciel », et aussi bien deux grands types de travail, celui qui requiert une présence physique et celui qui peut s'effectuer à distance par *télétransmission.* Ainsi s'engage le problème de la *présence.* Qu'est-ce qu'être « présent » ? La question est de savoir si un enseignement à distance est le même qu'un enseignement en présentiel, ou bien si une téléconsultation peut remplacer tout à fait le « colloque singulier » du médecin et de son patient. N'est-ce pas en réalité faire disparaître le corps et donc aussi bien la parole au profit d'un discours désincarné, de plus en plus « hors-sol » ? Le psychanalyste Jacques Lacan ne cessait de dire qu'il parlait avec son corps et qu'il disait donc *plus qu'il n'en savait.* Ne risque-t-on pas d'entrer dans ce qui n'est plus qu'un semblant, un « tenant-lieu », chacun devenant alors le lieutenant de lui-même dans ce qui n'est jamais qu'un simulacre informaique ? Le virtuel devient le réel tandis que le réel est de plus en plus virtuel dans une sorte d'inversion dialectique des propriétés et des valeurs. S'il y a une place à interroger dans le cadre de cette grande crise pandémique, c'est bien celle du *corps*, non pas le corps de la science ou de la technocratie, mais le corps-propre, *Leib* et non *Körper*, le corps vécu.

C'est ainsi la présence à soi et aux autres qui devient problématique et ce n'est pas par hasard qu'elle est placée au cœur de notre société dépressive et de la symptomatologie psychopathologique de notre temps. Les outils de télécommunication (qui sont liés aux GAFA) et de réunion ont montré à la fois leur intérêt et leur limite et un besoin de retrouver une présence, une dimension de « corps à corps » seule à même de donner du poids et du sens à la vie des hommes. Qu'implique la substitution d'une économie de la représentation numérique à une économie de la présence « en chair et en os » ? Qu'est-ce qu'apparaître et se manifester aux autres ? Chacun donne à voir quelque chose de lui-même dans le petit carré de la fenêtre numérique par laquelle il participe à une réunion en *télé-travail,* une certaine image de son corps, de sa voix, mais qui se révèle considérablement réduite, normalisée et appauvrie, en même temps que redoutablement révélatrice de détails habituellement inobservés. Pourtant, le dispositif économique et informationnel demande-t-il autre chose, a-t-il *besoin* d'autre chose ? On peut se demander si tout cela ne ramène pas la réunion en question à ce qu'elle est, à savoir le simulacre d'elle-même, à son rien ou à son vide constitutif, à sa vérité performative : il suffit qu'elle se tienne et qu'elle ait lieu, le fait que si peu de choses voire rien du tout n'y soit dit ou acté n'ayant au fond aucune importance. Sans doute la logique de la mondialisation béate se satisfait-elle, en effet, de ce faux-semblant numérique.

Enfin, au-delà de ces processus de virtualisation que la pandémie accélère, on voit que c'est la crise sanitaire tout entière qui est dominée et même à bien des égards générée par le système médiatique. La circulation du virus, les comptages locaux et mondiaux, les prévisions et classements de tous ordres, par pays, par région ou par continent, les franchissements de seuils symboliques en nombre de cas ou de décès et leurs évolutions quotidiennes, les commentaires sans fin sur ces données et sur beaucoup d'autres sont chaque jour et chaque heure au centre de l'information, devenue le spectacle obligé du monde confiné : les médias ont « fini par absorber la réalité »[1]. Même l'intérieur confiné qui a été le nôtre était connecté en permanence à l'extériorité par les images des chaînes d'information ou les réseaux sociaux, chaque monade leibnizienne « sans portes ni fenêtres » étant prise dans un réseau d'entre-expression. Le COVID est devenu, comme toute chose, un moment de l'économie du spectaculaire qui règne sur nos sociétés (rituels médiatisés d'applau-

[1] Denis Duclos, dans un article nommé « Confinés dans la matrice » paru dans le numéro du *Monde Diplomatique* déjà cité.

dissements aux soignants, décompte des morts dans la litanie funèbre du soir, images de transfert de patient dans des trains médicalisés, de services de soins intensifs ou de réanimation, de centres-villes vides. Le virus a en somme été fait spectacle, avec ce que cela suppose de mises en scène réglées soigneusement et de répétitions incessantes. Comme l'avait noté Gilles Deleuze, dans les sociétés de contrôle on n'en finit jamais avec rien, et c'est ce que montre la répétition névrotique des délicieux débats sans fin sur l'*Hydroxychloroquine*, sur le port du masque ou sur la « deuxième vague ».

Ce spectaculaire angoissant n'a eu de cesse d'alimenter, dans un perpétuel ressassement, les peurs, les névroses individuelles et collectives et les pulsions scopiques. On songe à Karl Kraus et à sa lutte contre le verbiage médiatique dans *Die Fackel* (le flambeau) au nom du « droit des nerfs », contre l'expropriation de l'intimité dans une société de maisons de verre où tout doit être transparent et accessible à la vue[1]. Le message est alors l'événement lui-même[2], dans une zone d'indiscernabilité entre le médium et ce dont il est supposé rendre compte, ce qui rend difficile la distinction entre réalité et simulacre. En témoigne l'impossibilité d'évaluer l'ampleur de la catastrophe, de mesurer ou de cerner ce qui est vraiment en jeu. Entre crainte et espoir, chacun ne cesse de passer dans un tourniquet dialectique de la sous-estimation (ce n'est rien, juste un méchant rhume) à la surévaluation (une peste est à nos portes) dans un dérèglement où le réel se perd dans ce qui n'est plus qu'un reflet fantasmatique. Pour pasticher Kraus[3], plus on regarde une image de près

---

[1] Cf. Walter Benjamin, « Karl Kraus », in *Œuvres II*, Paris, Gallimard, 2000, pp. 238-239.

[2] « La presse est-elle un messager ? Non : c'est l'événement même. Est-ce un discours ? Non, c'est la vie même. Elle ne prétend pas seulement que ses informations sur les événements sont les véritables événements, mais produit cette inquiétante identité qui donne toujours l'impression que les faits sont transmis avant d'être accomplis ; elle les rend souvent possibles... » (*Ibid.*, p. 241).

[3] « Plus on regarde un mot de près, plus il vous regarde de loin », avait dit Karl Kraus, cité par Walter Benjamin, *ibid.*, p. 265.

et plus elle vous regarde de loin. La dépendance du public, angoissé et pris de peur, à des médias insistants qui sont ou qui semblent être la seule source d'information, de réflexion et de lien, atteste que c'est l'évènement lui-même qui est d'essence médiatique et qu'un *média-monde* en a été le producteur, lui donnant peu à peu son lexique, son contenu et sa formulation en termes « scientifiques ». La découverte progressive de ce virus, l'expérience balbutiante des soins à prodiguer aux malades, le savoir médical qui prend ou reprend la parole en ordre dispersé se mêlent dans une sorte de cours polyvalent et en continu qui serait donné dans une espèce d'université populaire mondiale. L'incompétence plus ou moins informée des commentateurs ajoutant aux divergences des « sachants » - pour reprendre un mot qui a encore prospéré dans des moments où précisément on ne savait guère - la bataille a fait rage mais il n'est pas difficile pour la presse de faire prévaloir les thèses officielles ou d'en justifier les variations, les contradictions ou les manques et de les orienter dans un sens plus ou moins rassurant ou inquiétant, selon les besoins momentanés du pouvoir en place.

Ainsi, c'est *à la face du monde* qu'a lieu le débat, que se construisent au jour le jour les épisodes suivants et que, tant bien que mal, semble se faire la science ou ce qui pour un temps en tient lieu. Car les choix scientifiques se confondent peu à peu avec des choix politiques, qui seraient à définir *démocratiquement* : on mesure l'état de l'opinion à leur sujet comme si le savoir relevait d'un vote. La réalité se confond entièrement avec sa représentation lorsque tenter de limiter la diffusion de la maladie finit par s'appeler d'unc formule technocratique s'il en est *aplatir la courbe*[1]. Et dans ce monde neuf qui est entrevu, les citoyens sont rangés par classes d'âge et en fonction de leur espérance de vie, des capacités du système hospitalier à les soigner et de leur l'utilité sociale. Ils tiennent leurs libertés d'aller et venir d'une règlementation inspirée par la circulation virale et des stratégies arrêtées pour l'endiguer et les prescriptions médi-

---

[1] Cf. à ce sujet Hugo Jalinière, « Aplatir la courbe : l'enjeu des prochaines semaines face au coronavirus Covid-19 », *Sciences et avenir*, 10 mars 2020,

cales et les soins qui leur sont destinés s'ils sont malades sont sinon décidés du moins délimités de façon collective et dans un étonnant débat public, bien loin de la « rencontre d'une confiance et d'une conscience »[1] et beaucoup plus près de « la prise en compte de la vie par le pouvoir » dont parlait Foucault[2].

Dans cette crise sanitaire, c'est en effet l'existence elle-même qui est affectée. Menacée par la contagion, elle est en outre *confinée,* d'un terme qui aura rarement connu une pareille fortune, et confrontée aux limitations qu'impose sa protection, à partir de mesures les plus classiques de la santé publique et nées d'autres épidémies, la distanciation, l'isolement et la quarantaine. Une étape de plus est franchie, cependant, par rapport à la société disciplinaire qui avait été décrite par Foucault avec ses établissements d'enfermement et ses dispositifs de surveillance. Elle a évolué dans le sens d'un *contrôle* accru et qui de plus en plus l'emporte sur l'aspect disciplinaire : la société de contrôle annoncée par Gilles Deleuze remplace la société *disciplinaire*[3]. Elle est numérique et non plus analogique, elle génère une sorte de médecine idéale « sans médecin ni malade », fondée sur les chiffres, elle assure un contrôle presque insaisissable et qui peut se passer d'enfermement, elle prospère à partir d'injonctions - à travailler ou à rester chez soi, à être masqué ou non, à respecter tel conseil diététique ou sportif, à adopter telle ou telle « bonne pratique », car la pandémie, objet d'un comptage mondial sans précédent, produit un *éthos* spécifique, une sorte de nouvel *être-ensemble,* un mixte de méfiance et de solidarité soumis à une surveillance constante. Comme première pandémie des sociétés de contrôle[4], le COVID-19 révèle le *démos* à lui-même en des termes neufs, où dominent la *distance* et le *confinement.*

La distance à l'autre, tout d'abord, dont les anthropologues

---

[1] Le mot est prêté à Louis Portes, président du Conseil de l'Ordre des Médecins dans la première moitié du 20ème siècle.

[2] Cours du 17 mars 1976 au Collège de France.

[3] Cf. Gilles Deleuze, « Post-scriptum sur les sociétés de contrôle », *L'autre journal*, n°1, mai 1990. Sur ce « remplacement » voir ci-après, p. 205 et suiv.

[4] Cf., sur cet aspect, Alexandre Klein, « Une épidémie du contrôle », *Histoire engagée*, 2020 (www.academia.edu).

et sociologues n'ont pas manqué de montrer qu'elle est culturellement déterminée et réglée, comme le rappelle la proxémie (ou proxémique) proposée par Edward T. Hall dans *La Dimension cachée*[1]. Les interactions sociales règlent la distance à l'autre qui est acceptable ou souhaitable, la frontière entre l'intime et l'extime, bien différente en Grèce, en Suède ou en Chine, par exemple. La façon d'aborder l'autre, la distance à laquelle se placer par rapport à lui, le fait de se toucher ou non, de s'embrasser, de se serrer la main, tout ce qui semble relever de l'évidence du quotidien est culturellement institué et représente un facteur de risque ou au contraire de protection dans le cadre d'une crise pandémique. Curieusement, cette norme biopolitique de la distanciation a été présentée comme étant *sociale* et non pas comme ce qu'elle est en réalité, à savoir *physique* : car il ne s'agit pas, pour éviter la contagion, de s'éloigner des autres socialement mais bien physiquement. Cependant, n'est-ce pas renforcer l'atomisation des sociétés de marché, dont la cible essentielle reste l'individu consommateur réduit à son unité ?

La société masquée n'est pas sans poser question, du simple fait qu'on ne voit plus, derrière le masque, le mouvement des lèvres ni la physionomie des personnes, qui sont pourtant partie prenante de toute communication. C'est ainsi le rapport à l'autre qui se trouve fondamentalement réaménagé dans le cadre des préconisations normatives véhiculées par les messages d'information sanitaire : ceux-ci représentent de nouvelles normes comportementales, tout l'enjeu étant de montrer qu'une sociabilité réussie reste possible en intégrant ces *habitus* nouveaux. On voit alors se multiplier les stratégies visant à promouvoir d'autres formes de contact, comme remplacer le fait de se serrer la main par un « check » avec le coude ou le pied ou *a contrario* des formes de résistance à ces nouvelles manières d'être au nom d'un « savoir-vivre à la française » tout à coup redécouvert dans le cadre d'une proximité de bar ou de restaurant et d'un besoin de contact et de convivialité. Les *gestes-barrières,* quant à eux, participent d'une économie de la représentation qui est celle de

[1] Edward T. Hall, *La dimension cachée*, Paris, éditions du Seuil, 2014.

la clôture, de la fermeture d'un espace propre, d'une intégrité corporelle menacée par l'infection dans une sorte de redécouverte des principes d'hygiène pasteuriens du 19ème siècle : ainsi du fait de se laver les mains après avoir touché un objet potentiellement contaminé ou une poignée de porte. La barrière, en effet, comme le rappelle Littré, est une enceinte fermée ou un obstacle matériel : on se souvient que la barrière représentait autrefois la porte d'entrée d'une ville.

C'est une nouvelle sémantique qui est apparue, ayant valeur sémiologique de signal, dans le but d'installer un nouveau style de comportement : la cible, est le corps-propre de l'individu et donc ce qu'il y a de plus intime et de plus *propre à chacun*. Les gestes les plus naturels, comme le fait de se toucher le visage ou de toucher son masque sont ainsi reprogrammés pour répondre à de nouvelles attentes normatives[1]. Les sociétés du COVID sont ainsi plus que jamais des sociétés de contrôle des individus, selon la forte intuition de Gilles Deleuze : contrôle de leurs manières d'être et de faire, de leurs déplacements, de leurs façons d'occuper l'espace, de leur position et de leurs interactions. Deleuze avait anticipé dès 1990[2] ce remplacement du moule disciplinaire par la modulation ultrarapide du contrôle et l'émergence d'une langue numérique de ce contrôle, le continu du contrôle se substituant alors au caractère discontinu des anciennes disciplines et majorant de ce fait la domination des

---

[1] Il serait intéressant de rapprocher ce type de discours et de pratiques de l'analyse sémiologique proposée par Roland Barthes dans ses célèbres *Mythologies (1954-1956)*, Paris, Seuil, 1957, dans lesquelles il décode le culte de la francité à l'exemple de la boisson-totem qu'est le vin, des fromages, du bifteck-frites et de sa mythologie sanguine, bref de tous ces symboles nationaux. Il faudrait sans doute écrire de nouvelles *Mythologies*, celles de notre temps, signifiants et signifiés ayant pour une part changé. Le mythe naturalise l'histoire et dépolitise. Voir Julia Kristeva, *La révolte intime, pouvoirs et limites de la psychanalyse II*, Le livre de poche, 1997, chap. VI « Barthes : la saveur du désenchantement », p. 147. Il y a là un *éthos* fondamentalement ambigu puisque participant à la fois d'un discours « réactionnaire » et d'une logique de résistance à l'uniformisation engendrée par la mondialisation.

[2] Voir Deleuze, *Pourparlers 1972-1990*, Paris, Les éditions de Minuit, 2003, « Post-scriptum aux sociétés de contrôle ».

individus et des populations. En effet, contrôler, c'est pouvoir moduler de manière continue et ultrarapide les comportements. Au collier électronique évoqué par Deleuze font étrangement écho les applications des *smartphones* qui rendent possible dans certains pays la circulation d'un individu (porteur de la norme biopolitique d'un test négatif au COVID) ou au contraire font imposer une quarantaine, à domicile, à l'hôtel ou à l'hôpital : on doit pouvoir localiser à chaque instant une personne contaminée, décrire dans une modulation fine les interactions entre les malades et les personnes saines, etc. On mesure à quel point tout ce que cela représente d'enjeux majeurs de pouvoir, dans le déploiement de nouvelles technologies et du maillage toujours plus fin du tissu social qu'elles permettent désormais.

En témoigne le *confinement,* image dominante de cette crise et grand moyen de la stratégie de « guerre » contre le coronavirus. Le confinement, comme le rappellent les dictionnaires, est l'action de *reléguer* : c'est même un terme de droit criminel qui désigne l'isolement d'un condamné, assimilable à une véritable mort civile, car reléguer, c'est frapper de bannissement et dans *re-legare*, on trouve bien *lex*, la loi. Toute cette sémantique renvoie à la souveraineté de la loi dans son exercice même, dans un lexique dont la généalogie est à l'évidence disciplinaire. *Confiner* est le fait du souverain : il s'agit d'isoler, de bannir, d'exclure, de reléguer dans un monastère, un lieu clos ou une province éloignée aux confins d'un territoire. Le confinement renvoie de par l'étymologie à la limite (*finis*) et se confiner, c'est bien se retrancher du corps social, être assigné à résidence, dans une séparation fondamentale entre l'intérieur et l'extérieur, toute sortie en dehors de l'espace autorisé supposant une autorisation, comme en a témoigné l'apparition de formulaires administratifs de sortie pour les courses, les visites médicales ou la promenade hygiénique, avec la distance autorisée à partir du domicile.

Chaque grande pandémie, nous l'avons vu, semble réactiver les deux grands modèles biopolitiques, l'exclusion de la lèpre et l'intégration par quadrillage disciplinaire de la peste[1]. La mise à

[1] Cf. *supra*, p. 105 sq.

l'écart et l'instauration d'une distance (isolement d'un *cluster*, quelquefois avec le recours aux forces de police ou à l'armée) renvoient d'un point de vue généalogique au modèle de la lèpre, tandis que l'intégration disciplinaire et normalisatrice dans les pratiques d'examen (signalement des cas aux autorités sanitaires, identification par des applications à l'aide des téléphones portables) réactive le vieux modèle du quadrillage de la peste. L'enjeu est bien de contrôler un territoire donné ainsi que tous les déplacements qui y sont possibles.

De ce que peut représenter un confinement, nous possédons des témoignages littéraires précieux, notamment le confinement volontaire de Proust dans sa chambre tapissée de liège du boulevard Haussmann à Paris[1]. La maladie, le travail de l'écriture, peut-être aussi sa psychologie propre ont fait de Marcel Proust un confiné avant l'heure. Son père, le docteur Adrien Proust était d'ailleurs un spécialiste des questions d'hygiène et des épidémies (de peste et de choléra) en tant qu'inspecteur général des services sanitaires - et historien des épidémies à ses heures. Et Marcel Proust lui-même passait les lettres de ses correspondants dans une machine à vapeur et ne chauffait pas sa chambre pour éviter les poussières de charbon[2]. De même, le personnage d'Albertine est reclus, confiné lui aussi par la jalousie du narrateur dans *La prisonnière*.

Le confinement revêt en réalité toute une dimension névrotique, de l'ordre de la phobie ou de la paranoïa, dans la constitution d'un intérieur clos, protégé de l'extérieur comme une enveloppe maternelle. Le *trauma* et l'interruption des activités

---

[1] Proust décrit minutieusement les bruits de la vie extérieure, tels qu'ils parviennent aux deux confinés, le narrateur et Albertine, la prisonnière. Chacun a pu faire l'expérience de la sensibilité accrue aux bruits, de la nature ou de ce qui subsistait de vie sociale, lors de la période de confinement au printemps 2020 : « j'entendais en eux comme le symbole de l'atmosphère du dehors, de la dangereuse vie remuante au sein de laquelle je ne la laissais circuler que sous ma tutelle, dans un prolongement extérieur de la séquestration, et d'où je la retirais à l'heure que je voulais pour la faire rentrer auprès de moi », *A la recherche du temps perdu*, Paris, Gallimard, 1954, t. III, p. 126.

[2] Voir Gérard Macé, *Le navire Arthur et autres essais*, Arléa, 2000.

sociales et économiques, au moins sur le mode physique de la « sortie », pour une part importante de la population, a favorisé l'apparition de nombre de symptômes psychopathologiques ou de décompensations, comme l'ont noté les psychiatres au cours de leurs consultations d'après confinement. C'est aussi ce dont témoigne l'extraordinaire récit *Le terrier,* modèle expérimental de confinement extrême où Kafka décrit minutieusement la vie quotidienne d'une créature qui reste indéterminée - sans doute un animal mais ce pourrait être tout aussi bien un homme - dans ses aménagements et réaménagements successifs d'un terrier. Cette créature est obsédée par sa sécurité et la nécessité de protéger son habitation souterraine avec son labyrinthe de galeries (image de l'inconscient ?) d'un ennemi invisible et pourtant impitoyable. « Je suis mortellement vulnérable »[1], déplore cette créature confrontée aux risques que sans cesse elle encourt ou croit encourir. C'est que la porte d'entrée, absolument indispensable au demeurant, représente néanmoins un risque constant en cas de découverte, si la mousse protectrice venait à tomber. Le fantasme de cet être est de construire « un endroit protégé de toutes parts », une citadelle imprenable[2]. Sa jouissance est de contempler ses stocks de provision (on songe à la constitution de « réserves » lors de la crise pandémique en cas de pénurie) : « c'est le grand entassement des vivres qui me séduit ».

Cependant, aucune tranquillité n'est jamais réellement possible, tant le terrier, en dépit des aménagements défensifs qui sont faits, se révèle vulnérable, avec tous ses points faibles. Quant à la sortie, à la fois nécessaire et particulièrement risquée, la créature ne l'aborde jamais sans unc grande crainte : « Je sens toujours une certaine solennité quand je m'approche de la sortie »[3], car cela fait « sentir le vent du danger, d'un grand danger »[4]. Comment en effet quitter « un tout si bien isolé », dans

---

[1] Kafka, *Le Terrier*, in *Œuvres complètes*, tome II, Paris, Gallimard, 1997, p. 738 et suivantes.

[2] *Ibid.*, p. 741.

[3] *Ibid.*, p. 744.

[4] *Ibid.*, p. 746.

« une aventure audacieuse », pour se retrouver comme à l'étranger ? Et l'habitant du terrier d'épier de l'extérieur l'entrée de son antre dans une schizophrénie par laquelle il a l'impression sécurisante de veiller sur soi, la maison n'étant alors au fond que lui-même. L'idéal serait d'être à la fois à l'intérieur et à l'extérieur, en dedans et au dehors pour pouvoir contrôler l'entrée, mais comment faire ? Le dehors a pour vocation de démontrer à quel point on est en sécurité quand on est dedans, mais on ne peut y être par définition, sauf à avoir le don d'ubiquité. Cette sécurité est au final mensongère : sortir est un problème, rentrer l'est tout autant, faute de méthode infaillible.

Ce texte magnifique démontre les impasses d'un enfermement névrotique dans une intériorité close, entre la sécurité du terrier et les « incertitudes du dehors »[1]. Ce qui n'est pas sans trouver de larges échos dans une société paranoïaque comme la nôtre, obsédée par la sécurité sanitaire et sociale (constituer des ilots résidentiels clos et protégés de toute agression et de toute délinquance, voire de toute mixité sociale) et l'illusion d'une sûreté ne laissant aucune place au risque, lequel est pourtant consubstantiel à la vie même. Sortir lors du confinement ne s'est pas fait sans crainte, tout de même que rentrer chez soi (comment ne pas « rapporter » l'infection à la maison par ses vêtements, ses achats, ses mains ?). C'est bien la limite entre dedans et dehors, intérieur et extérieur, le chez soi et la rue qui fait alors problème et l'apologue de Kafka a poussé à l'extrême ce que chacun peut vivre à une échelle réduite à certains moments de sa vie. Cette clôture est mortifère : l'ennemi, dans le récit kafkaïen, ne vient jamais et la créature reste réduite à elle-même. Ne pourrait-elle *faire confiance* et faire rentrer quelqu'un ou lui demander de faire le guet à sa place ? Mais non, il ne faut se fier qu'à soi et à son terrier[2] pour s'éviter des ennuis.

Le texte interroge ainsi, comme le confinement lui-même, notre relation aux risques constitutifs de la vie. La paranoïa ou le repli dans une intériorité close n'est jamais que la mort psy-

---

[1] *Ibid.*, p. 750.

[2] *Ibid.*, p. 751.

chique, tant il est vrai qu'il n'y a pas de même sans autre, d'intérieur sans extérieur et de circulation de l'un à l'autre sans risque. En témoigne la schizophrénie de l'habitant du terrier, qui finit par faire exister un *autre* fantasmatique en lui-même, faute de pouvoir se confronter à une altérité réelle, mais il est très vite repris par le fantasme du terrier idéel, de la sécurité absolue et sans faille, car dans le terrier on se roule comme un enfant dans une paisible chaleur[1]. Ce récit permet de se représenter ce que peut être, jusqu'à la folie, le repli sur le même et l'intériorité close, ainsi que le fantasme d'une sécurité totale[2].

À l'inverse, il ne manquera pas de témoignages pour dire les aspects positifs du confinement et la possibilité de « retourner le confinement en liberté de faire une expérience », selon l'analyse qu'a faite Bernard Stiegler, pendant le confinement de 2020, de ses souvenirs de détention, du « programme quotidien » qui lui avait alors permis d'accéder au « troisième monde », selon le mot de Karl Popper, et surtout de son appréhension à la veille d'être libéré[3], toutes choses qui pourront sans nul doute trouver un large écho chez bien des confinés du COVID-19.

Il y a ainsi une ontologie et une pathologie de la distance et du confinement, qui appellent « une philosophie de la liberté et des valeurs », autrement dit une éthique et une épistémologie en tant qu'éthique de la vérité. La pandémie ravive le questionne-

---

[1] Pourtant l'angoisse d'une intrusion revient sans relâche et elle convoque de nouvelles ruminations sécuritaires et défensives dans le silence et le vide du *Terrier* (ne pourrait-on d'ailleurs créer un espace vide autour du terrier qui soit un dehors qui donnerait la jouissance de contempler le dedans sans être pourtant tout à fait dehors ?). On le voit, le *Terrier* se clôt sur le vide de la mort, comme une enveloppe ceinturant ce qui n'est jamais que le néant. En effet un bruit se manifeste régulièrement, indice s'il en est de la présence d'une altérité menaçante. Mais ce bruit procède-t-il vraiment de l'extérieur ?

[2] Le *Terrier* représente, comme souvent chez Kafka, une expérience éthique, une expérience de pensée porteuse d'une riche grille de lecture, comme celle de *La Métamorphose,* figure inversée d'une altérité poussée à l'extrême.

[3] *Le Monde*, 15 avril 2020. Cf. aussi la manière dont « la neutralisation, la suspension ou l'interruption de la relation à ce que Popper appelle le premier et le deuxième monde (états physiques du monde et états mentaux du sujet) favorise ce que la psychanalyse appellerait la sublimation ».

ment éthique sans créer de problématique spécifique, si ce n'est, signe des temps, une insistance sur les *néo-valeurs* telles que la transparence, la proximité, le partage, etc.[1] Pour l'essentiel, il s'agit de repenser à propos des actions à conduire le classique affrontement des *moyens* et des *fins*. Ainsi l'économie et la prospérité supposée en découler, qui sont habituellement tenues pour la principale fin de ce monde, apparaissent tout à coup comme de simples moyens en partie nécessaires certes, mais aussi dérisoires par rapport à la vie et à l'existence, qui semblent soudain à préserver pour elles-mêmes. Nombre d'activités qui étaient jusque-là objets de fierté à l'aune du profit sans limite sont subitement *en panne* et ne paraissent plus que ce qu'elles sont, inutiles ou superflues ou, selon une catégorie à explorer, *non vitales*. À l'inverse, d'autres appellent un respect qui leur est dû en tout temps mais qui semble être devenu une véritable ferveur, tant leur utilité concerne les fins suprêmes que sont la vie et la santé - d'où peut-être l'idée de destiner aux soignants des bravos réservés en d'autres temps à de plus futiles spectacles ou loisirs, soudain remis, comme tant d'autres choses en temps de véritable crise, à leur juste place : une crise est après tout par excellence un moment où la place des choses est *en question* et l'épidémie institue le désordre qui la pose.

Ce faisant, ce sont aussi bien les rapports sociaux de production qui se trouvent fugitivement interrogés : combien gagne une infirmière en réanimation ? La grande misère du monde du soin est-elle légitime ? Quelles activités sont réellement utiles à

---

[1] Sur la notion d' « ère des néo-valeurs », voir *Philosophie de la démarche éthique*, *op. cit.* , pp. 67-73. Sur l'éthique comme « philosophie de la liberté et des valeurs », *id.* p. 55 et suivantes. Sur le lien entre les valeurs et la gestion de la crise pandémique en tant que champ de la démarche éthique, on pourra consulter utilement le document « Cadre de réflexion sur les enjeux éthiques liés à la pandémie » qui a été publié par l'Institut de Santé Publique du Québec au 2ème trimestre 2020, assorti de fiches-synthèse sur les « enjeux éthiques » de l'accès aux services de santé, de la communication à la population, de la distanciation sociale, du confinement, etc.

une société et comment doivent-elle être rémunérées ? Pourquoi ceux qui produisent la vie matérielle peinent-ils à gagner leur vie, tandis que ceux qui ne produisent rien - ou si peu - sont si opulents ? Il y avait là une occasion d'interrompre la police ordinaire de nos sociétés au profit d'une authentique *politique*[1].

La politique suppose en effet la reconnaissance d'un tort, d'une mésentente, d'un point de vue qui est celui de l'*égalité*. En ce sens, ce sont bien les « valeurs » de la liberté, de l'égalité et de la fraternité[2] qui ont ou qui auraient dû être interrogées à la faveur de la crise pandémique. La politique apparaît quand peut se manifester le compte des incomptés, la part des *sans-part*, bref une certaine idée de l'égalité des êtres parlants[3], comme l'a montré Jacques Rancière. C'est bien l'existence d'un mécompte fondamental, d'une certaine mésentente qui est ici en jeu, dans une configuration du sensible qui fait que certaines activités sont visibles ou non et certaines paroles entendues ou pas[4]. En ce sens, la crise a engendré une situation proprement politique dans laquelle quelque chose a été vu et dit de cette configura-

---

[1] La *police* est, selon la distinction de Jacques Rancière dans *Aux bords du politique*, *Paris,* Gallimard, 2004, la gestion ordinaire des communautés et des situations sociales acquises, là où la *politique* fait nécessairement intervenir une présupposition égalitaire et une remise en cause des rapports sociaux de production et de la logique sociale de la distribution des places.

[2] La crise engendrée par la pandémie interroge ainsi fondamentalement notre rapport à l'autre dans le cadre d'une atomisation généralisée des rapports sociaux, l'individu monadique de l'hyper-capitalisme étant la seule vraie cible du procès de consommation et de communication. Comment entretenir un rapport à l'autre en plein confinement ? On a vu ainsi se multiplier des micro-stratégies ou tactiques visant à reconstituer un lien social et humain de balcon à balcon, de maison à maison, ou à partir de spectacles improvisés. De même, des aides concrètes se sont mises en place pour secourir tel ou tel, voisin ou autre. Comme à chaque fois, cela procède d'initiatives spontanées témoignant d'une créativité et d'une inventivité sociales réelles, mais aussi d'une logique de captation par les dispositifs spectaculaires de la médiatisation (télévision, réseaux sociaux, etc...), ainsi du « rituel » de l'applaudissement aux soignants, pour le moins ambigu par certains aspects.

[3] Jacques Rancière, *Aux bords du politique*, *op. cit*, p. 235.

[4] Jacques Rancière, *La Mésentente, Politique et philosophie*, éditions Galilée, 1995, p. 52.

tion, relativement à la visibilité ou à l'invisibilité des places, des torts, des activités et la légitimité des paroles. Cela, pourtant, ne peut s'actualiser et se réaliser que si des processus de subjectivation politique viennent ensuite à se développer dans le cadre d'une lutte historique et citoyenne qui fait le réel de l'histoire.

D'autre part, le contrôle sous ses différentes formes et la mise en place de réglementations *ad hoc* soulèvent jour après jour la question des libertés et de la compatibilité des objectifs de gestion avec les valeurs[1]. La problématique du choix étant essentielle dans toute démarche éthique, la délibération sur les décisions à prendre tient une place centrale[2] : il appartient aux instances éthiques et surtout aux acteurs du soin de conduire la réflexion qui s'impose sur l'équilibre à établir entre préserver les libertés (ou telle ou telle valeur) et limiter ces libertés (ou sacrifier telles valeurs) pour sauver des vies et pour combattre l'épidémie. Rien ne peut mettre davantage l'éthique en danger qu'une sorte de réglementation généralisée écartant les *choix en conscience,* qui sont les garants de la recherche du bien dans les circonstances concrètes de l'action : la vocation de l'éthique est d'être un pouvoir de dire non et d'opposer une force de refus à la rigidité contraignante de la règle, au moralisme ambiant, aux contraintes matérielles et même à la loi et à la déontologie si c'est au nom de valeurs plus hautes. Au plus fort de la crise, dans l'attente du pic, la situation a souligné les trois niveaux de moralité que sont la morale, lieu et conservatoire des idéaux (le « royaume des normes », disait Paul Ricœur), la déontologie, code professionnel de l'interdit et de l'obligatoire et l'éthique,

---

[1] Dans un entretien au *Monde* le 24 mars 2020, G. Agamben analyse les politiques sanitaires comme moyens d'étendre indéfiniment et au-delà de toutes limites les mesures d'exception qui avaient été justifiées antérieurement par le terrorisme et peuvent évidemment recouvrir une expérimentation de politique liberticide.

[2] Cf. par exemple les avis de Conseil National Consultatif d'Ethique, notamment du 13 mars 2020 (« La contribution du CCNE à la lutte contre COVID-19 : « Enjeux éthiques face à une pandémie ») ou du 4 mai 2020 (« Enjeux éthiques lors du déconfinement : Responsabilité, solidarité et confiance », en réponse à la saisine du Conseil scientifique).

enfin, en tant que démarche d'émancipation dans laquelle tout, jusqu'aux règles de la déontologie, aux usages et aux prescriptions de la morale établie peut et doit être remis en cause. Par exemple, ce qu'on a appelé le « tri des patients » - à admettre ou non en réanimation, compte tenu de l'insuffisance la limitation voire du manque de lits - a mis en lumière la manière dont, même dans l'urgence épidémique, se construit la dialectique de la moralité sous la conduite de l'éthique.

Quand la pénurie menace, il faut en effet rationner et peut-être *prioriser*. Jusqu'à un certain point, la priorité à établir n'est pas très différente du choix reposant sur la notion de « bénéfice-risque » qui vaut en tout temps pour certains types de traitement ou d'intervention hors urgence, en fonction des « chances » de guérison ou d'amélioration et des conditions de rétablissement et de retour à une vie normale ou acceptable. Un tri est en ce sens toujours nécessaire par rapport à l'opportunité thérapeutique et donc à des critères qui relèvent de la déontologie. Mais la déontologie ne comporte ni ne peut comporter aucune règle permettant de répondre à la question *qui soigner* : tout patient doit être soigné et rien ne justifie jamais d'abandonner qui que ce soit ou d'agir conformément à une règle inverse qui dirait *qui ne pas soigner*. Il n'est tout simplement pas possible, d'un point de vue éthique, de donner des instructions allant dans ce sens et même à supposer qu'une telle instruction soit formulée, elle s'exposerait, chez celui qui la reçoit, au devoir de dire non et de *passer outre* qui est le propre de l'éthique. Mais le débat peut s'engager autour des deux grandes orientations de l'éthique déontique kantienne, qui recommande de « sauver chaque vie côute que coûte, rejetant toute autre considération fatalement délétère » et de l'éthique utilitariste[1], qui « régit d'ordinaire les politiques de santé publique » et vise « à maximiser le nombre de vies sauvées en fonction des ressources disponibles et de l'espérance de vie supposée, quitte à sacrifier les plus vulnéra-

---

[1] Cf. l'analyse de Valérie Kokoska, dans *La Libre Belgique*, 24 mars 2020 (www.lalibre.be). L'éthique utilitariste ou conséquentialiste est dans la ligne de Jeremy Bentham.

bles ». On remarque pourtant que la thèse utilitariste elle-même repose sur la valeur suprême donnée à la vie et à sa sauvegarde, de sorte qu'elle rejoint finalement, même dans une situation d'urgence, les promesses du *Serment d'Hippocrate,* modèle de toute éthique, en les assortissant d'une prise en compte des limites bien humaines de l'action. L'éthique repose d'ailleurs sur l'idée que le possible ne s'identifie pas au souhaitable et qu'il existe une différence essentielle entre *être en mesure* de faire ceci ou cela et *pouvoir en répondre*. On peut en ce sens définir la démarche éthique comme une certaine forme d'interpellation du possible, ainsi que les « soignants » n'ont cessé de le démontrer dans ces circonstances[1].

Le *tri des patients*, qui remet en cause le principe d'égalité[2], illustre évidemment un glissement, pendant la crise, du centre de gravité de la médecine de l'individuel vers le collectif mais il vise, malgré l'apparence, des valeurs de justice et d'équité et il laisse toute leur place aux décisions prises *au cas par cas* et donc aux engagements du *Serment d'Hippocrate* : soigner *selon l'art*, c'est-à-dire au nom du savoir et du savoir-faire disponibles, *dans le seul intérêt du malade*, donc au seul bénéfice du patient en tant qu'il accorde sa confiance et non de soi ou de quelque tiers ou organisme intéressé et enfin par un *investissement personnel et individuel*[3], ce qui veut dire sans dilution d'aucune sorte dans quelque responsabilité collective que ce

---

[1] Sur les trois niveaux morale-déontologie-éthique, cf. J. Lombard et B. Vandewalle, *Philosophie pour les professionnels de santé,* Paris, éd. Seli Arslan, 2010, ch. 4, « Les règles de l'art », pp. 122 à 131. Le contexte pandémique actualise, réoriente et intensifie le débat éthique sans en modifier, la plupart du temps, la structure ni le sens.

[2] Le tri est d'autre part une pratique habituelle en réanimation et services d'urgence ainsi que dans les greffes et dons d'organes. Sur les notions de *score de fragilité* et d'*utilité sociale*, cf. l'analyse de Marine Le Breton « Le tri des patients, un dilemme moral bien connu des soignants », *Huffpost,* 4 avril 2020, avec le renvoi à la « Décision d'admission des patients en unités de réanimation et unités de soins critiques dans un contexte d'épidémie à COVID 19 » et au texte du *New England Journal of Medicine* du 23 mars 2020.

[3] Cet inaltérable noyau de l'éthique médicale a été exposé dans une intervention d'Armelle Debru aux *Rencontres Hippocrate* du 13 février 2012.

soit (d'une équipe, d'une institution, d'une corporation et encomoins d'une administration). Le vécu difficile des soignants, souvent placés devant d'authentiques dilemmes, a témoigné de leur engagement, au-delà des circonstances, de l'urgence et de toutes les contraintes liées à l'insuffisance des moyens : il y a là une sorte d'*éthique de l'extrême* née de la crise pandémique et qui en portera à jamais la marque[1].

Extrêmes au même titre sont les défis épistémologiques que conduit à relever la pandémie qui, comme toute épidémie, se présente d'abord comme une absence de science, un étourdissant silence du savoir biologique et médical[2]. Si nous savons par l'histoire des sciences tout ce que la médecine et la biologie doivent aux épidémies en termes d'avancées de la connaissance et de progrès thérapeutiques, la crise épidémique elle-même est surtout une longue attente qui fait régner une paralysante ignorance, retarde le combat et renforce les peurs. Certes, on a pu se réjouir de l'identification rapide du coronavirus aux premiers temps de sa propagation, notamment en Chine : elle atteste de la capacité accrue par l'expérience des épidémies antérieures de saisir plus vite le mécanisme des épisodes nouveaux. Pourtant l'urgence pandémique aura cette fois encore mis en évidence les effets dévastateurs de l'éclipse du savoir, colportée jour après jour par l'information médiatisée. Dès les premiers temps de la crise, l'insistance sur les conduites à tenir et l'assurance tout au moins apparente des autorités de santé et des pouvoirs publics contrastent avec les contradictions, les choses tues, les non-dits ou les mal-dits, les hésitations, les retours en arrière incessants

---

[1] Cf. une analyse fondée sur l'expérience de la grippe H1N1, « Épidémie : un défi pour la pratique et l'éthique médicale » de Bernard Hanson dans *Ethica Clinica* n° 78 de 2015, pp. 13-15. A noter que l'article qui la suit immédiatement, « La gravité insoupçonnée des enjeux éthiques posés par les vaccins », de M.-R. Cavalier, S. Meulemans et M. Desclée, pp. 16-35, aborde plusieurs aspects essentiels du questionnement éthique dans les crises sanitaires (par exemple la marchandisation de la science et le dévoiement par l'utilitarisme).

[2] Sur le silence du savoir et le « retour à l'empirisme », cf. *supra*, p. 74 et suiv. ainsi que *L'Epidémie moderne et la culture du malheur, op. cit.*, ch. III, « Des éclipses du savoir. Figures du silence », pp. 43-60.

sur quantité de sujets essentiels : la symptomatologie, les modes d'action du virus, les modes exacts de contagion, les traitements et mesures à arrêter qui en résultent, en termes de vie collective. La presse conserve la trace de ces ignorances ou incertitudes ou errements, dont on comprendra encore mieux après coup les conséquences entrecroisées, car le propre d'une pandémie est de dépendre d'interactions d'une complexité vertigineuse entre les facteurs constitutifs d'une telle crise.

On constate ainsi une espèce de déstabilisation pandémique de l'idée de vérité et, sous l'effet de la médiatisation et de la politisation incessantes du débat, une altération de la possibilité même d'un discours vrai sur l'épidémie et une remise en cause des dimensions scientifique, thérapeutique et pharmaceutique de la pratique médicale et du soin en pareille situation. Des questions de méthode essentielles se trouvent posées et d'abord celle de la connaissance vraie qui est supposée diriger l'action, puisque c'est de *santé publique* qu'il s'agit et qu'aucune mesure ne peut être généralisée si elle n'est pas fondée sur une certitude ou une preuve. Loin d'aboutir à un affranchissement de cette règle, l'urgence épidémique renforce au contraire la nécessité de son strict respect, et l'exemple le plus manifeste est celui des « preuves » requises pour obtenir l'autorisation de prescrire une médication jugée efficace[1]. Pourtant une preuve devrait aussi être nécessaire pour justifier une recommandation au public ou une stratégie telle que le port du masque, objet de tant de retournements, de contradictions et de polémiques, soit en raison de la pénurie de masques, qui fait d'abord annoncer leur inutilité, soit en raison de leur utilité, qui plus tard semblera indiscutable tout en demeurant discutée : alors que l'utilité du port du masque a été reconnue partout, en même temps que celle des gestes-barrières et du lavage des mains, comme précaution essentielle contre la propagation du coronavirus, on a appris d'une source qui est loin d'être sans valeur que le mode de transmission du virus (essentiellement la théorie des « gouttelettes ») n'est ni

[1]Cf. *infra*, p. 218 sq. et p. 232 n. 1, la question « controversée » (comme disent ceux qui entretiennent cette controverse) de l'*Hydroxychloroquine*.

entièrement établi et que, comme d'autres virus respiratoires, ce virus nouveau pourrait se répandre par *aérosol*[1]. Des études randomisées contrôlées (ECR) ont donc permis de conclure que nombre d'organismes internationaux ou nationaux qui rejettent implicitement la transmission aérienne du virus prescrivent ce faisant des modes de protection en partie inopérants et dangereux pour ceux qui se croient protégés en y recourant.

L'établissement d'un discours vrai, condition de décisions opportunes et de gestion réussie de la crise épidémique, renvoie ainsi sans cesse et d'une manière incertaine tantôt à une idée mathématique de la vérité, puisque l'épidémie relève par nature de modélisations et que tout ce savoir se présente aujourd'hui comme chiffré, tantôt à une forme d'observation[2] exigeante et méthodique où seule est prise en compte la réalité dans sa forme en quelque sorte clinique. Ce risque d'alternance sans fin entre des savoirs contradictoires mis en scène quelquefois de façon caricaturale par les médias pourrait conduire le public à un scepticisme désespéré ou à une forme de renoncement au vrai. Ainsi des suites du débat palpitant mais aussi à bien des égards attristant entre *tenants* et *adversaires* de l'*Hydroxychloroquine* (comme si d'un point de vue scientifique de telles catégories pouvaient exister) qui a fini par tenir le monde entier en haleine et propulser son promoteur au premier plan pour lui faire aussi-

---

[1] Cf. l'étude du Pr. D. Rancourt « Masks Dont'Work : A review of science relevant to Covid-19 social policy ». Cette étude s'appuie sur des comparaisons entre groupes portant le masque et groupes ne le portant pas et elle ne permet pas d'établir de façon probante une différence significative au niveau de la contagion. Voir aussi G. Boulianne, « Prévention Covid-19 : une nouvelle étude prouve que la *distance sociale* est une fausse nouvelle et une information erronée ». Si la transmission s'opère principalement par *aérosol*, les recommandations à faire sont tout à fait différentes (ventilation, débit d'air, densité des groupes).

[2] Un essai clinique est destiné à montrer un lien de cause à effet entre un traitement potentiel et l'évolution d'une maladie par exemple, mais l'observation d'effets positifs ou négatifs dans un groupe risque de ne pas suffire car ces effets relèvent peut-être d'autres causes que le traitement (âge, sexe, antécédents, alimentation, état de santé du moment). D'où les essais qui sont dits « randomisés » (de *random*, au hasard, aléatoire), avec des groupes-tests.

tôt le reproche de s'y trouver ou même d'y être venu à dessein selon un procédé courant à l'ère médiatique[1]. Cette affaire a été à plus d'un titre un moment essentiel et hautement significatif de la crise sanitaire et elle a mis en avant des aspects essentiels de la construction de la vérité en temps de pandémie : l'acceptation de ce qui a pu être compris comme un retour empirique à une moindre rationalité, le poids de circonstances *a priori* extérieures à la recherche du vrai, enfin le rappel par l'évènement lui-même des grandes lignes de force à partir desquelles s'est constituée la médecine au temps d'Hippocrate[2].

Dans l'aventure de la vérité qu'est toujours une épidémie, le point central a été cette fois la manière dont s'est enflammée au plan mondial la problématique de la médecine dite des preuves[3], avec la remise en question de son emblématique outil, l'essai clinique randomisé en double insu et contre *placebo,* qui d'une certaine façon a imposé la statistique comme partie prenante de la légitimation des thérapeutiques. Conçue dans la perspective d'un mieux soigner, cette procédure mathématisée se pose en détentrice de preuves estimées absolues, intégrant une preuve de la preuve et renvoyant tout ce qui n'est pas elle à la zone d'ombre de l'incertain et du non-démontré vite assimilé à du *non-scientifique*. Pourtant « on réfléchit mal dans une prison de preuves », disait Alain, et la médecine a toujours eu besoin de l'intuition solitaire et de l'expérimentation libre, qui lui ont de tout temps permis de soigner et de guérir - sauf à se transformer en une médecine des populations dont les individus sont en quelque sorte absents. L'impasse est dès lors évidente puisque, dans l'urgence plus encore que dans tout autre contexte, « c'est

---

[1] Ainsi l'apparence (vêtements, accessoires, coiffure) du Pr Raoult, reconnu unanimement pour sa compétence de chercheur et de médecin, est utilisée comme indicateur négatif de la fiabilité de ses pratiques et de la véracité de ses thèses, exactement comme on tente de discréditer un opposant politique en évoquant son mauvais caractère ou une quelconque erreur de jeunesse.

[2] Cf. sur ce point J. Lombard, *La pratique, le discours et la règle. Hippocrate et l'institution de la médecine,* Paris, L'Harmattan, 2015, pp. 81-148.

[3] Cf. Harry Marks, *La médecine des preuves. Histoire et anthropologie des essais cliniques (1900-1999)*, Paris, Synthélabo, 1999.

toujours à des individus qu'il [le médecin] a à faire », selon une remarque de Canguilhem[1] dont l'épisode COVID-19 vient redire toute la pertinence et la portée. La recherche de preuves ne peut, en toute hypothèse, remplacer le jugement et l'initiative du médecin[2]. En somme deux médecines s'affrontent dans le débat sur ce qui est à considérer comme étant un *fait,* les effets du traitement par *Hydroxychloroquine* et *Azythromycine* ou bien les preuves statistiques de leur soi-disant inexistence[3].

Serait-ce donc que deux conceptions irréconciliables de la vérité médicale s'accusent l'une l'autre de nier l'évidence ? On pourrait le penser s'il n'y avait aussi le contexte mondialisé à la fois de l'épidémie et de la production pharmaceutique. Tous les géants du médicament voient dans la crise non seulement une possible catastrophe sanitaire mais surtout une opportunité de profits planétaires. Leurs liens avec les organismes nationaux et internationaux, les variations des cours de leurs actions et les stratégies déployées pour agir sur ces cours, par exemple avec l'annonce de possibles pénuries, tout a donné à penser que des considérations économiques ont pu primer sur la recherche de la vérité. Les futurs médicaments ou vaccins après lesquels une course folle est engagée ont d'abord à être protégés du recours à toute solution alternative, de sorte que des molécules existantes, surtout bien connues et de faible coût, sont de toute évidence à discréditer. Cette problématique aux ramifications financières, sociales, éthiques, politiques[4] a été sans cesse, on le sait, au cen-

---

[1] G. Canguilhem, « Thérapeutique, expérimentation, responsabilité », *Etudes* d'histoire de la philosophie des sciences, Paris, Vrin, 1975.

[2] Ou, selon le splendide mot de Charcot rapporté par Freud « la théorie, c'est bien, mais ça n'empêche pas d'exister ».

[3] Cf. G. Savard, *Enjeux et limites de la médecine factuelle (EBM)*, Paris, 2003 (consultable en ligne). Sur les « dérives méthodologiques » de l'EBM, cf. le *Dictionnaire de la Pensée Médicale*, *op.cit.*, pp. 463-464 (« l'application aveugle des recommandations apportées par les preuves »). La preuve statistique aboutit à « tyranniser le savoir », démontre Y.-Ch. Zarka dans *Cités* n° 37 de 2009, p. 3. En outre, « la vie n'est pas réductible aux calculs », comme disait Schrödinger (rapporté par Bernard Stiegler, *La Croix,* 10 janvier 2020).

[4] Sur ce qu'Ivan Illich a de façon plus générale appelé « le masque sanitaire d'une société morbide », cf. *Némésis médicale.* Paris, Seuil, 1975, p. 47 sq.

tre de la pandémie, principalement en France mais relayée partout dans le monde non seulement parce qu'elle porte en elle les préoccupations de l'heure mais parce qu'elle éclaire les tentations et les doutes qui traversent les savoirs et les savoir-faire dont dépendra demain la santé des hommes[1].

C'est donc à l'idéal humaniste d'une médecine qui soigne que renvoie une fois de plus l'alerte de la pandémie. L'éthique interfère là avec l'épistémologie et l'infléchit en imposant qu'en médecine en tout cas, ce qui est vrai est d'abord ce qui soulage, sauve et guérit, et non pas prioritairement ce qui vise l'absolu de la preuve. Dès l'origine, la médecine a eu ce lien ambigu avec le savoir en n'étant ni une science ni même une science appliquée mais un art, une *technè* : non pas la mise en pratique d'une connaissance théorique mais d'emblée un *savoir pratique.* La *technè* médicale est une « disposition à produire accompagnée de règle »[2] et toute épidémie nouvelle remet la médecine au moins pour partie dans cette situation originelle. À vrai dire, chaque épidémie - et celle-ci ne fait pas exception - ramène la pratique médicale, indépendamment de tous les progrès scientifiques et techniques accomplis depuis, à une dimension *hippocratique* qu'elle n'a jamais entièrement perdue. Déjà, Platon notait que le médecin est avant tout celui qui *prescrit*, à partir de sa capacité d'interpréter et de prévoir. On lit dans le *Cratyle* qu'il est caractérisé par sa compétence en matière de médication : il se réfère aux vraies propriétés des remèdes, il sait ce qui se cache dans chaque *pharmakon,* ce qui lui confère le pouvoir de prescrire et de s'assurer le concours du fournisseur de remè-

---

[1] Sur cette question, cf. la note synthétique « Quand Big Pharma prend notre santé en otage » du Blog de Laurent Vercoustre dans *Le Quotidien du médecin*, 12 juillet 2020.

[2] Aristote, *Ethique à Nicomaque*, 1140 a. En tant que *technè*, d'abord nourrie de « notions qui ont été déposées dans l'esprit par l'expérience », la médecine se reconnaît à sa capacité de construire et mettre en œuvre des « conceptions générales qui peuvent s'appliquer à des cas analogues ». L'*expérience*, c'est de savoir « que tel remède a guéri Callias ou Socrate et l'*art*, c'est de savoir que telle maladie peut être guérie par telle sorte de remède » : tels sont dès l'origine les deux grands axes de la médecine.

des : dans *Euthyphron,* la pharmacie est la *servante* de la médecine et c'est la prescription qui structure la pratique médicale en convoquant des savoirs qui permettent de la fonder et en disant « quand il faut pratiquer tels traitements et quelle mesure on ne doit pas dépasser »[1]. Le savoir (surtout pharmaceutique) est ainsi subordonné à la pratique soignante qui en retour permet de l'établir, alors que c'est au contraire un savoir forgé à partir de l'offre pharmaceutique qui semble à présent s'imposer au médecin[1], dans une forme centralisée de prescription où le *verum index sui* n'a plus sa place[2].

Ainsi le professeur Raoult peut-il légitimement invoquer l'autorité d'Hippocrate. Dans le *Serment*, en effet, le médecin a juré d'apporter ses soins à tous les malades *selon l'art et au mieux de ses connaissances*[3], ce qui de toute évidence donne à la prise en charge des patients, y compris ceux qui auraient pu appartenir à un « groupe témoin », une totale priorité, les succès rencontrés en cours de route, constatables par l'observation, pouvant guider la poursuite des traitements et l'établissement d'une approche thérapeutique assurée, comme l'a fait depuis toujours la médecine[4]. Inversement, l'interdiction de tel ou tel traitement et toute contrainte de prescription qui serait imposée au médecin contreviennent à la liberté que la tradition et la

---

[1] Cf. l'éditorial d'*European Scientist* du 20 juillet 2020 intitulé « Didier Raoult : mauvais scientifique et bon médecin ? » Sur le stade hippocratique où le médecin est « aguerri par son tête à tête avec le réel », cf. *La pratique, le discours et la règle*, *op. cit.* pp. 78-79. Le Pr. Raoult a dénoncé la dérive des « essais à tout prix » qui remplace trop souvent le simple « sens médical ».

[2] « La vérité est à elle-même son propre signe » dit Spinoza dans l'*Ethique*. Cette identification de la vérité et de l'évidence était comme on sait déjà chez Descartes (*Discours de la méthode*, 4ème partie).

[3] Cf. le *Serment d'Hippocrate*, § 3 (« pour le bien des malades, suivant mes forces et mon jugement »).

[4] Dans *Épidémies. Vrais dangers et fausses alertes,* Michel Lafon, 2020, p. 164, D. Raoult propose une généralisation de la démarche de l'IHU Méditerranée : « observation, étude, dépistage » et prise en charge des patients. Voir aussi dans le site de l'IHU l'exposé « Leçon et examen des maladies infectieuses » où est expliqué le choc entre la *méthodologie* des essais thérapeutiques et le *savoir prescrire* qui est proprement médical.

déontologie lui consentent et instituent une forme de médecine d'exception pour temps de pandémie, alors que le « gouvernement, selon Kant, n'a pas à prescrire au médecin de règle de conduite », comme le remarquait Canguilhem. Le même texte précise que l'expérimentation doit être encadrée par la Faculté pour ne pas risquer d'être « irresponsable et aveugle » mais qu'il « ne manque pas de cas dans lesquels c'est la technique spontanée qui crée les conditions du savoir et donc le précède »[1]. C'est sans aucune ambiguïté que le *Code de déontologie médicale* accorde au médecin l'entière liberté de prescrire[2].

Les médecins ont ainsi été dépossédés de leurs prérogatives, relégués au rang d'exécutants de consignes établies en haut lieu sur la base d'avis d'experts et appelés à respecter à la lettre un processus de recherche fait pour les médicaments et non pour les traitements, alors que des centaines de patients mourraient quotidiennement du Sars-Cov-2 et que l'*Hydroxychloroquine*[3] était considérée par de nombreux médecins dans tous les pays comme le plus grand espoir dans la lutte contre la maladie.

---

[1] *Etudes d'histoire et de philosophie des sciences*, *op. cit.*. Sur la question de la variole chez Kant (inoculation, variolisation, etc.), cf. *supra,* p. 125 sq.

[2] Cf. le texte du *Code de déontologie médicale* introduit et commenté par Louis René, préface de Paul Ricœur, Paris, Seuil, 1996 et notamment l'article 8, p. 66 (et article R. 4127-8 du Code de la santé publique) : « Dans les limites fixées par la loi, le médecin est libre de ses prescriptions, qui seront celles qu'il estime les plus appropriées en la circonstance ». Cette disposition résulte directement du statut de la médecine dont Platon, observateur des Hippocratiques, avait montré d'emblée qu'elle n'est ni *empeiria* (simple expérience) ni *épistémè* (savoir de niveau scientifique) mais *technè,* comportant dans un lien original quelque chose de chacun de ces niveaux. Voir notamment le *Gorgias*, 464 b- 465 a. En ce qui concerne l'impression d'une sorte de front du refus opposé au traitement proposé par le Pr Raoult, on pourra se reporter à titre comparatif à l'étonnant phénomène de résistance à la vérité et à l'évidence qui a parfois existé dans le monde médical et hospitalier tel que l'a exposé par exemple le *Semmelweis* de Céline, Paris, Gallimard, 1977.

[3] Depuis un arrêté du 13 janvier 2020, ce médicament est classé sur la liste des substances vénéneuses. Par décrets des 25 et 26 mars 2020 son administration a été limitée aux établissements hospitaliers et aux formes les plus graves (les « *patients atteints de pneumonie-oxygéno-requérante ou d'une défaillance d'organe* »), utilisation qui n'est pas du tout celle qui a été recommandée.

Cette situation a abouti, en même temps qu'elle confisquait de fait l'exercice de leur art à des milliers de médecins dont elle niait ainsi la maîtrise[1], à une rupture d'égalité dans l'accès des malades à un traitement disponible[2].

Ces dérèglements éthiques et épistémologiques entrecroisés expriment si l'on peut dire la nature proprement *critique* de la crise (*krisis*, de *krinein*, juger). COVID-19 est le moment par excellence du jugement et de la décision dans une situation qui est réfléchissante au sens du jugement réfléchissant kantien tel qu'énoncé dans la *Critique de la faculté de juger :* il s'agit de décider sans pouvoir s'appuyer sur aucun précédent et sans disposer d'aucun concept prédéterminé, ce qui définit justement ce qu'on appelle situation d'urgence exceptionnelle[3]. Ainsi, cette crise sanitaire nous dit quelque chose sur le pouvoir politique et sur l'impossibilité de réduire ce pouvoir à un modèle juridique, celui des normes et des lois, comme c'est le cas aujourd'hui. Il s'est agi en effet à chaque étape de décider dans une forme d'urgence sanitaire, par exemple de fermer ou non les frontières, de confiner ou non, de déconfiner ou non, de restreindre telle ou

---

[1] Cf. aussi les données et problématiques relatives à la pandémie sur le site de l'IHU (https://www.mediterranee-infection.com/pre-prints-ihu). Sur la façon - qui était jusque-là presque inimaginable - dont le traitement dispensé à l'IHU de Marseille a été systématiquement déconsidéré, cf. les analyses d'*Acrimed, Observatoire des médias* à propos du déchaînement des « éditocrates » et de la nullité de leurs débats, et notamment l'excellent article de F. Lemaire, M. Reymond et P. Michel du 3 août 2020. En revanche il n'est pas certain que le communiqué de presse du Ministre de la Santé en date du 27 mai 2020 ait à proprement parlé *interdit* la prescription d'*Hydroxychloroquine* car il ne pouvait, selon le juge des référés saisi à ce sujet, avoir un tel effet (ordonnance du 31 juillet 2020).

[2] L'article L. 1110-1 du *Code de la santé publique* considère pourtant comme un droit essentiel des malades l'égalité d'accès aux soins. Il faut rappeler que la chloroquine est par ailleurs utilisée sans problèmes depuis des décennies.

[3] Il y a sans doute également un enseignement *macropolitique* de la pandémie, comme en témoigne l'absence confondante, pour l'essentiel, de solidarité européenne, qui laissera sans doute des traces en Italie et ailleurs, sans parler de la fermeture/réouverture désordonnée et anarchique des frontières, chaque État-nation s'étant replié sur lui-même, sur son territoire et sa propre souveraineté.

telle liberté, ou d'imposer telle ou telle obligation. Comme l'a très bien montré Carl Schmitt dans *La Notion de politique*, est souverain celui qui décide, particulièrement en situation d'urgence ou d'exception[1]. Le lexique utilisé a été particulièrement révélateur : il a été celui de la guerre, du front ou, dans une métaphore plus sportive, du *premier de cordée*. Mais le sport n'est-il pas une forme sublimée de la guerre ? On connaît son rôle dans la constitution de l'empire colonial anglais et la formation des élites autour d'*habitus* et de disciplines fondamentales. Comme l'avait noté Michel Foucault, il n'y a que deux grands modèles du pouvoir, celui, juridique, de la souveraineté de la loi ou du contrat et celui, stratégique, des tactiques normatives et des stratégies disciplinaires : le droit ou la guerre. Quand le droit ne dit plus rien, c'est la guerre qui prend le relais.

En ce sens, la politique est la guerre continuée par d'autres moyens, selon l'expression où Michel Foucault avait inversé la célèbre formule de Clausewitz[2]. Les structures de pouvoir sont alors à envisager comme « stratégies globales » et « tactiques locales de domination »[3]. Cette nouvelle technologie du pouvoir passe par la constitution d'une « biopolitique de l'espèce humaine » et de la maladie comme phénomène de population. Le choc occasionné par la pandémie participe de ce modèle stratégique du pouvoir[4]. La situation exceptionnelle engendrée par la crise est l'occasion de revenir sur un certain nombre de règles de droit, qu'il s'agisse des droits-libertés (traçage électronique des

---

[1] Carl Schmitt, *La notion de politique*, Calmann-Lèvy, 1989, p. 70. La norme juridique est rapportée à ce qui représente pour Schmitt sa vérité première, la situation d'exception.

[2] Voir Michel Foucault, *« Il faut défendre la société »,* Cours au Collège de France. 1976, Paris, Gallimard, 1997, p. 16.

[3] *Ibid.*, p. 39.

[4] *Ibid.*, pp. 216-217. Le pouvoir peut consister à tuer la vie, à l'exemple de la bombe atomique, ou au contraire dans une sorte d'excès du biopouvoir sur le droit souverain « de faire proliférer la vie, de fabriquer du vivant, de fabriquer à la limite des virus incontrôlables et universellement destructeurs » (p. 226). Foucault a vu que la question des virus occupait une place centrale dans la constitution d'une biopolitique, le virus étant un organisme vivant qui représente en même temps une puissance de mort.

individus par les portables dans certains pays, liberté d'aller et de venir) ou des droits-créances[1] ou du droit du travail (revoir le temps de travail hebdomadaire pour faire face à la crise économique par exemple).

Aussi une crise d'une telle ampleur représente-t-elle l'occasion d'expérimenter un certain nombre de pratiques politiques et sociales inédites et de mesurer, aussi, le degré d'acceptation ou de refus des populations et des individus. L'instrument le plus décisif se révèle alors être moins la loi que la *norme*. Il s'agit en effet de prescrire des comportements, donc de les *normaliser*. La distanciation sociale, les gestes-barrières, l'utilisation de gels hydro-alcooliques représentent autant de normes biopolitiques, au sens où est politique la gestion de l'insociable sociabilité des hommes et de la contradiction motrice qui est logée au cœur de la vie sociale. Les êtres humains ont un double penchant, ainsi que l'avait montré Kant dans la quatrième proposition de l'*Idée d'une histoire universelle au point de vue cosmopolitique*[2] : d'un côté à s'associer, et de l'autre à se dissocier. Cette contradiction dynamique joue à coup sûr un rôle déterminant dans cet épisode pandémique, car l'*autre* représente celui dont j'ai envie à la fois de me rapprocher et de m'éloigner, il est celui qui, trop proche de moi, est associé à une menace (de contamination), mais qui trop éloigné, au contraire, finit inévitablement par me manquer.

Mais le choc pandémique est surtout et de toute évidence un évènement *économique,* non pas au sens où l'économie est le système surpuissant et sans cesse en train d'assurer sa survie du capital et de la finance, mais dans la dimension effective du travail et de la condition des travailleurs. La maladie infectieuse COVID-19 se révèle très tôt comme une maladie de la pauvreté et de la précarité. Sont particulièrement touchés les travailleurs

[1] Où l'on voit que l'État est pris dans une série de contradictions dialectiques et d'exigences contradictoires : développer les filets de protection sociale et d'assurance chômage pour faire face à la crise économique et préserver la paix sociale ou au contraire revoir à la baisse les droits sociaux dans le cadre d'ajustements structurels exigés par les plans d'aide européens.

[2] Kant, *Idée d'une histoire universelle au point de vue cosmopolitique,* Paris, Gallimard, 2009.

précaires ou saisonniers ou encore les ouvriers travaillant dans les milieux clos des abattoirs ou des mines, par exemple, ou encore des sites d'exploitation de cuivre du Chili à Antofagasta. Les cas de contamination se multiplient également dans d'autres secteurs de l'industrie qui échappent à nombre de règles de restriction sanitaire. Il s'agit bien ici d'une maladie virale qui entretient un lien direct avec le procès de travail et qui n'est pas sans révéler crûment la réalité des conditions, et pas seulement sanitaires, de ce travail[1]. Les cas de COVID-19 se multiplient dans les rangs de travailleurs comme les ouvriers agricoles de Provence, souvent étrangers, recrutés par des entreprises d'intérim européennes. Ils vivent dans leurs propres quartiers, dans des campings, des mobil-homes ou des modules et bon nombre de *clusters* se sont ainsi formés en raison des conditions trop souvent déplorables d'hébergement[2].

On voit que la pandémie procède d'une dialectique entre une causalité biologique (comme produit de la sélection naturelle et des mutations) et une causalité historico-sociale. À ce titre, le virus est bien un extraordinaire révélateur de l'état des sociétés et des rapports sociaux de production. De même, les travailleurs multipliant les « jobs » - et donc les contaminations possibles - sont les plus durement frappés[3], parmi lesquels les ouvriers sans papiers et sans assurance-santé, venant des quartiers populaires ou pauvres des grandes cités, en raison de la promiscuité, de la surpopulation (et comment maintenir alors une distanciation sociale ?), du brassage de populations d'origines diverses, voire du manque d'éducation (et comment comprendre et intégrer les

---

[1] Pendant ce temps, les profits de l'industrie minière s'envolent, les prix du métal rouge ayant grimpé de 50% et le cuivre se négociant à plus de 6000 dollars la tonne. Cette industrie du cuivre est l'une des clés de l'économie chilienne autour de laquelle s'est joué le coup d'état de 1971. Voir l'article de Rosa Moussaoui, « Métal rouge à prix d'or, les mineurs sacrifiés », *L'Humanité* du 15 juillet 2020.

[2] Voir « Les damnés de la terre » dans *Le journal du dimanche* du 26 juillet 2020, article de Louise Audibert et Guylaine Idoux.

[3] Le cumul des emplois à bas salaire multiplie les risques de contamination, ainsi que la cohabitation de plusieurs générations sous le même toit.

messages sanitaires pour se protéger ?) et aussi de la nécessité d'emprunter les transports en commun aux heures de pointe. Quand l'urgence est de trouver de l'argent pour se nourrir et pour se mettre à l'abri, acheter un masque ou un gel n'est pas perçu comme la première urgence. Si leçon il y a de cette crise, c'est à l'évidence une leçon bien matérialiste.

C'est l'état de l'économie réelle d'un pays qui se révèle être un facteur décisif. Par exemple, la crise conjoncturelle est le révélateur d'une crise structurelle de l'hôpital durement éprouvé par des politiques de restriction budgétaire, de tarification à l'acte et plus généralement de transformation néo-libérale de la machine du soin en machine économique, gouvernée par la loi du profit et du *devenir marché* généralisé. Que les personnels soignants soient touchés fortement par la pandémie, voilà qui n'a pas manqué de mettre aussi en lumière le réel de leurs salaires, de leurs conditions de travail et des équipements disponibles. Et on a bien vu que les employés des supermarchés ou des entreprises de nettoyage ou de la restauration, conditions à divers titres de la survie de tous, se sont trouvés « en première ligne »[1]. C'est bien le travail qui est apparu alors comme la source de la plus-value ou de la survaleur captée ensuite par le circuit des flux financiers : vérité fondamentale des sociétés capitalistes que l'idéologie et le rapport imaginaire à la réalité qu'elle impose ne cessent de nier et d'occulter, l'identité du travail utile, créateur de valeurs d'usage, et du travail abstrait créateur de valeurs d'échange logée au cœur même des rapports sociaux de production[2]. Ainsi la *praxis* dans ses manifestations les plus concrètes est redevenue pour un temps visible, non sans être aussitôt mythifiée et travestie dans l'économie du spectaculaire qui fait l'information quotidienne. Le sérieux du procès de production mis en lumière par un processus de consommation devenu problématique ou simplement perçu comme tel (prise

[1] Cf. « À Houston, avec les damnés du Covid », in *L'Humanité* des 24, 25 et 26 juillet 2020, article de Thomas Harms.

[2] J. Rancière, *Le concept de critique et la critique de l'économie politique des « Manuscrits de 1844 » au « Capital »*, in *Lire le capital*, op. cit., p. 120.

d'assaut des supermarchés et de certains produits comme les pâtes ou le papier-toilette) a très rapidement été recouvert par les signifiants idéologiques habituels : l'idéalisation qui est le fonds commun de l'idéologie s'est confrontée à la vérité matérielle de la société - et des « sociétés » - c'est-à-dire au sérieux de la production[1], à l'ordre du travail social et à la nécessité de produire pour « relancer l'économie », mais les signes fonctionnent désormais de manière autonome, comme si le langage était vidé de la *praxis* et de tout contenu réel[2].

Ce qui est apparu au moment du confinement, c'est aussi ce qui reste le plus souvent invisible[3] dans le champ social tel qu'il est structuré, à savoir l'importance de l'infrastructure matérielle d'une société et de la production matérielle de la vie. Ainsi des chaînes agro-alimentaires, de la distribution (avec les employés et les caissières des supermarchés), de l'énergie, de la logistique (entreprises de transport), des éboueurs[4] dont « l'héroïsme », celui de « la deuxième ligne », vite oublié, avait pourtant dans un premier temps été emphatiquement glorifié et idéalisé. « On peut distinguer les hommes des animaux par la conscience, par la religion et par tout ce que l'on voudra. Eux-mêmes commencent à se distinguer des animaux dès qu'ils commencent à *produire* leurs moyens d'existence, un pas en avant qui est la consé-

---

[1] Sur le pouvoir sémiologique et la substitution du signifiant au signifié, du signe au réel, voir Michel Clouscard, *Le capitalisme de la séduction, critique de la social-démocratie libertaire*, éditions Delga, 2012, p. 227.

[2] Voir Michel Clouscard, *Lettre ouverte aux communistes sur la contre-révolution libérale-libertaire*, éditions Delga, 2016, p. 102.

[3] Voir l'analyse proposée par Louis Althusser du visible et de l'invisible, de la vue et de la « bévue » dans *Lire le Capital*, Paris, PUF, 1996, pp. 14 et 19.

[4] Voir le chapitre des *Misérables* sur les égouts de Paris, « L'intestin de Léviathan », où V. Hugo réfléchit sur l'urbanisme et met en évidence l'infrastructure des sociétés souvent dissimulée. Ce grand texte matérialiste fait l'histoire de Paris par le bas, par le sous-sol, par le cloaque des égouts transformés en dispositif salubre pris en charge par l'hygiène publique. La reconstruction des égouts est rapportée par Hugo aux épidémies (choléra), manifestation s'il en est du biopouvoir et de l'hygiénisme.

quence même de leur organisation corporelle. Et en pro-duisant leurs moyens d'existence, les hommes produisent indi-rectement leur vie matérielle elle-même », dit Marx[1]. La seule présupposition réelle est ainsi la production de la vie matérielle, l'activité réelle des hommes, leur *praxis*. La *camera obscura* ou chambre noire de l'idéologie renverse le processus et place les hommes et leurs rapports la tête en bas, comme si la production des idées et des représentations précédait l'activité matérielle des hommes et non pas l'inverse. Tous les objets du monde sensible qui nous entourent sont des produits historiques, le « résultat de l'activité de toute une série de générations »[2]. Cette activité de production est redevenue visible un très court temps à la faveur de la crise engendrée par le virus. L'activité de production enveloppée et sédimentée dans n'importe quel objet ou valeur d'usage du quotidien, mais aussi bien occultée dans le fétiche de la marchandise et la fantasmagorie de cette chose sensible-supra-sensible comme forme d'apparition de la valeur, est devenue temporairement manifeste, non sans être aussitôt captée par les rapports imaginaires de l'idéologie (avec « l'héroïsme » sur « le front » de la guerre en cours contre le virus, avec les décorations et les autres compensations symboliques au mauvais sens du terme). Se confrontent ainsi le réel et l'imaginaire, le « procès réel de la production » comme base et « sol réel de l'histoire » et l'idéologie : chaque époque entretient une illusion sur elle-même, mais la crise pandémique fait toucher là un point du réel.

C'est que le virus, en effet, participe tout à la fois du réel[3],

---

[1] Karl Marx et Friedrich Engels, *L'idéologie allemande*, Les éditions sociales, Paris, 2012, p. 15.

[2] *Ibid.*, pp. 20 et 24.

[3] Cf. *L'idéologie allemande*, *op. cit.*, pp. 38-39. Cf. aussi, *Le capital*, livre I, ch. I, Paris, PUF, 2015, p. 83. Le fétichisme de la marchandise donne au rapport social des hommes entre eux la forme fantasmagorique d'un rapport entre les choses. La marchandise est ainsi chose théologique et même mystique et tout produit du travail devient « un hiéroglyphe social » (p. 85).

de l'imaginaire et du symbolique. Les photographies prises au microscope électronique montrent que chaque particule virale ou virion apparaît comme une couronne de piques. Il s'agit d'un virus à couronne (*corona, coronarius* en forme de couronne) dont la forme à la fois circulaire ou courbe et se prolongeant en protubérances ou piques a servi à lui donner son nom. Les protéines de surface couronnant l'enveloppe des particules vira-les permettent au virus, dans un imaginaire évocateur, de venir en quelque sorte « s'accrocher » aux cellules pour les infecter en exploitant leur code génétique. Avant de devenir un objet de savoir, le virus a d'abord été une image puis un nom. Or cette image nourrit un imaginaire que le monde médiatique et l'économie du spectaculaire et de la marchandise n'a pas manqué d'exploiter, car plus « l'ennemi » est invisible et plus il faut s'en faire une représentation imagée.

Or cette imagerie alimente un imaginaire très puissant par l'économie pulsionnelle archaïque qu'elle mobilise : le virus apparaît comme un astre ou un soleil menaçant, ce en quoi il évoque immédiatement le désastre, le microcosme des particules et des virions étant représenté comme un macrocosme ou un mouvement stellaire dans une mauvaise gravitation. Par ailleurs, la couronne est, bien entendu, le signe même de la royauté ou du pouvoir. Ainsi le coronavirus règne dans une sorte de royauté de l'invisible et de l'infime qui a paralysé - mais peut-on parler au passé - la planète et l'économie mondiale. Les excroissances de la couronne sont comme autant de piques qui alimentent l'imaginaire de l'agression, de la menace, de tout ce qui va venir percer l'enveloppe somatique et psychique et ses protections, d'une extériorité menaçant de pénétrer une intériorité assiégée, peut-être jusqu'à la mort. Astre, couronne, lances ou piques, mais aussi, peut-être, oiseau de mauvais augure, présage funeste s'il en est : un imaginaire dont les racines sont très anciennes est mobilisé à notre insu et se joue de l'inconscient individuel et collectif. Cet imaginaire de COVID-19[1] représente

[1] Le nom même de COVID-19 est glaçant, technocratique comme un mot-valise juxtaposant la couronne de la forme du virus, la maladie et l'année.

à la fois tout ce qu'il y a de plus archaïque (en ce qu'il mobilise les peurs et les angoisses les plus primitives de l'humanité) et de plus moderne (comme la manifestation même du monde hyper-capitaliste) et il est difficile de le distinguer du réel, à supposer que celui-ci nous soit accessible comme tel.

Le virus apparaît en ce sens comme une altérité rebelle qui défie nos capacités d'analyse et qui vient ébranler nos catégories usuelles. Ainsi de sa dangerosité : on ne cesse d'osciller de la sous-estimation (un rhume ou une méchante grippe tout au plus) à une surévaluation (la mort invisible est partout), dans une logique du tout ou rien. Il est par excellence le point de cristallisation de toutes nos conduites névrotiques : hystérie individuelle et collective entretenue par le flux constant des images médiatiques dans la société du spectacle qui est la nôtre, angoisse, phobie, obsession : ai-je bien mis mon masque, où est mon gel hydro-alcoolique, me suis-je bien lavé les mains ? Toute l'économie psychique du sujet individuel et collectif est ainsi mobilisée entre imaginaire et réel. Comme la névrose, le virus est ce avec quoi on n'en finit jamais, avec la perpétuelle palinodie des masques et des protections (inutile, puis utile, mais ici et non là, ou bien le contraire), de l'effarante polémique autour des traitements[1]. C'est un objet labile, changeant, inquiétant, comme une altérité irréductible à une logique du même que son séquençage génomique n'a pas entamée. Pourquoi frappe-t-il plus tel individu que tel autre, telle population que telle autre ? Pourquoi telle personne est-elle un super-contaminateur et non telle autre, qui au contraire ne diffuse pas le virus ? Pourquoi le virus semble-t-il à peine effleurer tel ou tel pays alors qu'il en touche d'autres si durement ? Toutes ces questions sont un défi pour la virologie, pour l'infectiologie et plus généralement pour tous

---

[1] Le débat sur l'*Hydroxychloroquine* déjà évoqué (cf. *supra*, notamment pp. 218-220) montre à quel point les questions bio-médicales sont grevées par des biais idéologiques, des enjeux de pouvoir médicaux et politiques et surtout par l'économie généralisée de la marchandise. Le COVID-19 constitue de toute évidence un gigantesque marché et donc une aubaine économique (masques et équipements de protection mais surtout vaccins et traitements à une échelle mondiale).

les travailleurs scientifiques de la preuve dont parlait Bachelard.

Tel un extraordinaire réactif chimique, le virus met à jour ce qui est enfoui, rend manifeste ce qui est latent. Son moment de vérité met en lumière ce qui était invisible, dissimulé, non su, à la fois pour les individus et les sociétés. Mais voulons-vous vraiment tout savoir et nous confronter à ce qui est survenu et à ce qui s'est *manifesté* ? De manière tout à fait contradictoire, l'humanité se définit autant par sa volonté de savoir que par son refus de savoir, à l'image d'Œdipe qui en représente la figure paradigmatique. Le problème qui se pose ici est bien celui de l'événement et de son sens[1] : COVID-19 est-il le symbole de quelque chose ? Doit-il être compris comme une métaphore, ou une métonymie ou encore une synecdoque ?

Deux positions extrêmes doivent ici être évitées, semble-t-il, comme dans ce que Hegel nommait une pensée d'entendement non dialectisée qui durcit les oppositions et qui les fige. La première consiste à refuser de faire du COVID un *signe*, au sens où il ne serait que le produit de l'entrecroisement du hasard et de la nécessité, car il ne serait en somme signe de rien. Et la seconde consiste à en faire un signe au sens religieux ou mystique, une punition, un châtiment mérité, une manifestation apocalyptique ou un présage, car il n'est à coup sûr ni le pur effet du hasard, ni le produit d'une intention délibérée comme le voudrait une lecture complotiste. La question restera pour longtemps posée de savoir de quoi COVID-9 est vraiment le nom et comment il faut décrypter ce qui est si vite devenu un signifiant majeur de notre temps. Néanmoins, il peut dès à présent se penser comme le

---

[1] Cette crise est évidemment à penser comme une *expérience*, au sens de ce qu'on traverse, de l'épreuve et de la confrontation au péril, mais cette expérience sensible et cognitive doit être élaborée : il faut sortir d'une panne ou d'une misère symbolique et passer d'une économie purement réactive, celle de la pulsion, à une économie permettant de penser cette *chose* comme un véritable *objet* de pensée et de représentation. Il s'agit en somme de passer de l'affect au concept, ce qui confirme la pandémie comme objet philosophique.

produit de notre interaction avec la nature. Il est en ce sens un *hybride,* selon le concept proposé par Bruno Latour, comme le trou dans la couche d'ozone par exemple[1]. Le coronavirus est le résultat d'une hybridation de la nature et de la culture, d'une interaction entre l'évolution du vivant (mutations et sélection naturelle) et les actions humaines. On sait que de la chauve-souris du genre *Rhinolophus*, qui est le réservoir viral naturel de la maladie, en passant par la civette palmiste ou le pangolin jusqu'au flux mondialisé des personnes dans une circulation telle que l'humanité n'en avait jamais connue, il y a toute une logique que nous pouvons décrire. En effet, si la chauve-souris est un réservoir viral naturel, l'action humaine a joué un rôle considérable par la déforestation qui met en contact les animaux sauvages (chauves-souris, hôtes intermédiaires) et les hommes[2], le commerce illégal et le trafic mondial d'animaux sauvages engendré par le braconnage, l'élevage industriel qui rend possible

---

[1] Cf. Bruno Latour, *Nous n'avons jamais été modernes. Essai d'anthropologie symétrique,* La Découverte, 2006 : « pollution des rivières, virus du sida, trou d'ozone, robots à capteurs. Comment comprendre ces objets étranges qui envahissent notre monde ? Relèvent-ils de la nature ou de la culture ? » La prolifération d'« hybrides » donne un « sentiment d'effroi ». Cf. *supra*, p. 179.

[2] Le lien entre viande d'animaux sauvages, viande de brousse ou de bois comme en Guyane et maladies infectieuses émergentes est avéré : voir l'article de *Libération* « Viande de singe, tapir ou pangolin... Un trafic côté en bourse » du 5 juin 2020. Et il s'agit de tonnes de viande de pangolin, de singe, de serpent venant d'Afrique ou d'Asie. L'hôte intermédiaire entre la chauve-souris et l'homme fait l'objet d'un trafic mondial qui est la source d'un profit non négligeable. Le gibier est un marqueur culturel (fidélité aux racines et à la culture) et économique (coût des produits). Le « naturel » apparaît ainsi comme le plus « culturel ». La *praxis* de l'homme est présente à chaque étape de la chaîne de transmission qui est à l'origine de la pandémie. Précisons qu'il s'agit à chaque fois (déforestation, braconnage, constitution d'un marché d'animaux sauvages) de rechercher une source de profit ou de plus-value. La pandémie est incompréhensible si on ne la replace pas dans une logique qui est celle de la captation mondiale de la plus-value et de la marchandise. En ce sens, l'épidémie est un extraordinaire révélateur des rapports sociaux de production, largement dissimulée pourtant, ce qui explique qu'il faille très vite oublier ce qui s'est passé, s'en détourner et « passer à autre chose ». On touche là en effet à un point de vérité que l'idéologie médiatique doit impérativement occulter.

l'apparition d'« autoroutes virales », le flux mondialisé des marchandises et des personnes dans une accélération inédite qui permet une diffusion exponentielle du virus. Il y a là une chaîne ou un processus aisément reconstituable dont la logique est parfaitement claire puisqu'elle est celle du mode de production capitaliste et de ses rapports de production. Que l'origine de ce virus soit très probablement un *marché* n'est en rien l'effet du hasard, car le monde lui-même est devenu intégralement un marché, comme l'avaient annoncé Marx, Ricardo et l'économie politique anglaise classique – et c'est pourquoi il serait difficile de dire que le virus n'est le signe de rien.

Quelles que soient la suite et l'issue de cette *crise* que nous aurons vécue tout au long en ignorants, livrés que nous étions aux errements conjugués de l'imagination et de l'imprévisibilité[1], elle nous aura dit, tantôt à mots couverts, tantôt brutalement, qu'elle portait en elle une menace nouvelle et caractéristique de l'hyper-mondialisation, non plus seulement - si on peut dire - de

[1] L'idée de fin de pandémie a été maintes fois examinée à la lueur de la façon dont se sont terminées des pandémies antérieures, d'ailleurs plus ou moins directement comparables. Ainsi la grippe espagnole, combattue par des mesures barrières et d'hygiène notamment aux États-Unis et en France, s'est finalement éteinte grâce à l'immunité collective, au prix de la vie de nombreux malades, avec 50 millions de morts (cf. le livre de Laura Spinney *La Grande Tueuse*, Paris, Albin Michel, 2018). Le SRAS (syndrome respiratoire aigu sévère), première maladie (à coronavirus) grave et transmissible du 21e siècle a reculé devant la fermeture des marchés et surtout le confinement et l'effet saisonnier (la circulation s'est interrompue à l'arrivée du printemps). Le MERS (Middle East Respiratory Syndrome) identifié en 2012 a été combattu par des mesures d''isolement et de distanciation limitant la transmission du virus et par l'absence de contact avec les camélidés. Le virus Ebola, cause à partir de 2014 de"la plus grande épidémie connue jusqu'à présent" selon l'Institut Pasteur, (taux de létalité de 30 à 90%) a été endigué en évitant le contact humain puis par une vaste campagne de vaccination portant sur 300.000 personnes. Enfin le virus H1N1 (grippe porcine de 2009) avait été vaincu par l'arrivée du printemps, l'immunisation et l'efficacité du vaccin pourtant très critiqué.

désorganisation du monde, mais d'*effondrement,* pour reprendre le concept mis en œuvre par Jared Diamond : à partir de là, une philosophie de l'effondrement est à écrire, prenant en compte au niveau planétaire l'extrême multiplicité de facteurs interagissant que tant de populations isolées ont payée de leur survie[1].

Mais cette pandémie dit aussi quelque chose d'essentiel sur nos sociétés, sur leurs structures et leurs évolutions, même si nous n'avons rien de plus pressé que de voiler à nouveau ce qui nous a été dévoilé. Le premier enseignement de la crise est en tout cas *économique*, au sens de l'économie politique, mais elle alimente aussi, au-delà de l'ébranlement économique, une économie généralisée de la peur (peur du chômage, du risque, de l'accident, plus généralement de la privation et de la perte) dans un imaginaire qui est celui de l'apocalypse, de la catastrophe, de la grande chute ou de la fin du monde[2]. On notera que la catastrophe est souvent rapportée à une fuite d'un laboratoire de biotechnologie ou à une spéculation malhonnête sur les actions de ce type d'entreprise de haute technologie biologique[3]. C'est que la peur permet de gouverner les vivants vulnérables que nous sommes dans une sorte de pacte par lequel nous substituons la peur de l'Un qui nous gouverne à la crainte de tout et de tous : « Pour votre sécurité » est bien le mot d'ordre de l'époque. Mais jusqu'où les hommes seront-ils prêts à aller en matière d'abandon de droits ou de libertés en échange de leur sécurité ?

Dans cette société de la peur, le pacte fondamental, comme l'avait vu Hobbes, grand penseur de l'affect politique de la peur et de ses effets, est celui qui échange la liberté contre la sécurité, ou tout au moins la liberté naturelle contre la protection du

---

[1] Cf. J. Diamond, *Effondrement*, Paris, Gallimard, 2006 et notamment, p. 649 et suivantes, comment ce sont les *décisions* qui sont prises plus encore que les évènements qui peuvent être *catastrophiques*. A noter que J. Diamond a plus récemment mis en avant le concept de bouleversement (*Bouleversement. Les nations face aux crises et aux changements,* Paris, Gallimard, 2020).

[2] En témoigne bien le succès des films de zombies depuis le travail cinématographique pionnier de George Andrew Romero.

[3] Comme on peut le voir dans le film du coréen Sang-Ho Yeon *Dernier train pour Busan*.

Léviathan. Le *Léviathan* d'aujourd'hui est un *Léviathan* biopolitique qui a la charge de conjurer le *Béhémoth*[1] de la guerre civile, mais aussi de la guerre virale contre les virus biologiques ou informatiques et plus généralement contre toutes les formes menaçantes[2] d'altérité qui peuvent se présenter (attentats terroristes, événements climatiques ou « naturels » catastrophiques). Chacun est ainsi confronté à la nécessité d'un calcul qui est celui de son intérêt, de sa survie biologique ou économique, d'un avenir malgré tout encore possible, car l'avenir dans une économie de la crainte généralisée est perçu comme une menace qu'il faut conjurer. Selon le mot récurrent de Hobbes, il s'agit dans tous les cas de *se tenir sur ses gardes*.

Mais une vie humaine peut-elle se réduire à la seule vie biologique ? Ce qui est constitutif de l'anthropogenèse, c'est au contraire la négation de la naturalité et l'arrachement à la seule inscription biologique, les travaux anthropologiques et ethnologiques en témoignent à l'envi. Partout et toujours il s'est agi de se distinguer de l'animal en promouvant les formes culturelles qui instituent l'humanité comme telle. La liberté, comme l'avait bien vu Hegel, suppose la négation de la naturalité, de l'être-là naturel par le travail ou la lutte historique. Or l'animalité est régie par le désir de conservation logé au cœur du désir animal. Le désir humain doit donc l'emporter sur ce désir de conservation : « Autrement dit, l'homme ne *s'avère* humain que s'il risque sa vie (animale) en fonction de son Désir humain »[3]. Et « c'est dans et par ce risque que la réalité humaine se crée et se révèle en tant que réalité ; c'est dans et par ce risque qu'elle *s'avère,* c'est-à-dire se montre, se démontre, se vérifie et fait ses

---

[1] *Job*, 40, 15-24.

[2] Sur la défiance généralisée, la perception de l'autre comme menace dans un rapport à autrui fondamentalement polémique, à l'inverse de la pitié comme affect fondateur pour Rousseau, voir par exemple la préface du traité de Hobbes, *Du citoyen*, Le Livre de poche, 1996, p. 46. Il s'agit en effet d'être sur ses gardes, de prévenir, d'anticiper la menace et « d'user de toute sorte de défense ». Comme dans toutes les épidémies, on a vu apparaître des réactions irrationnelles pouvant prendre des formes extrêmement agressives.

[3] A. Kojève, *Introduction à la lecture de Hegel*, Gallimard, 1985, p. 14.

preuves en tant qu'essentiellement différente de la réalité animale ». Dans la dialectique du maître et du serviteur de *La phénoménologie de l'esprit* de Hegel, le serviteur est celui qui a eu peur et qui n'a pas accepté de risquer sa vie. La conscience servile « a éprouvé l'angoisse de la mort, du Maître absolu ». Derrière le maître politique, il y a toujours le Maître absolu de la mort. Il n'y a pas de liberté réelle qui ne surmonte l'angoisse et en particulier l'angoisse de la mort. *A contrario*, être rivé à la seule naturalité de sa vie biologique ou animale, c'est forcément être aliéné. Il n'y a donc pas de vie sans risque et sans confrontation au risque. Celui-ci est constitutif de la vie même, mais surtout de toute liberté humaine, car « l'homme nie la survie », il est cet être qui peut risquer sa vie sans raison biologique valable : « l'homme est une maladie mortelle de l'animal »[1].

Cette question du risque encouru est donc essentielle, car placée au cœur de notre liberté comme négativité de l'être-là donné naturel. Ce qui ne signifie évidemment pas que chacun doive s'exposer inutilement et sans mesures de protection, mais qu'une vie humaine et libre est toujours *exposée*, justement parce qu'elle se veut libre. Notre vulnérabilité est ontologique, comme celle de tout être vivant et historico-politique, comme ce qui procède fondamentalement d'une histoire, celle de la lutte et du travail par lesquels l'homme affirme sa liberté. Toute vie est dans son inscription historico-politique vulnérable, c'est-à-dire sujette à la blessure. En ce sens, la sécurité absolue est un fantasme, comme le montre l'apologue chinois de la lance et du bouclier de Han Fei[2]. À un bateleur vantant sur un marché ses boucliers que rien ne pouvait entamer et ses lances auxquelles rien ne pouvait résister, il demanda ce qui se passait quand une de ces lances heurtait un de ces boucliers. Aucune cuirasse n'est sans défaut et dans des sociétés où le signifiant majeur est désormais la *vie*, la sécurité totale (ou le risque zéro) se heurte inévitablement à ce paradoxe chinois de la lance et du bouclier.

---

[1] *Ibid.*, pp. 27 et 554.

[2] Cf. Jean Levi, *Réflexions chinoises. Lettrés, stratèges et excentriques de Chine*, Albin Michel, 2011, p. 76.

BIBLIOGRAPHIE

BADIOU A., *Sur la situation épidémique,* Gallimard, 2020.

BADO J.-P., *Médecine coloniale et grandes endémies en Afrique*, Karthala, 1996.

BARDET J-P., BOURDELAIS P., GUILLAUME P., LEBRUN F. et QUETEL C., *Peurs et terreurs face à la contagion*, Fayard, 1988.

BIRABEN J.-N., *Les hommes et la peste en France et dans les pays européens et méditerranéens*, Mouton, 1976.

BOURDELAIS P., *Les épidémies terrassées, une histoire des pays riches*, Éditions de la La Martinière, 2003.

BOURDELAIS P. et DODIN A., *Visages du choléra*, Belin, 1987.

BOUSQUET F., *Biopolitique du coronavirus : télétravail, famille, patrie,* La Nouvelle Librairie éditions, 2020.

BRICAIRE F., BOSSI P., GRIVOIS J.-P., *SRAS Pneumopathie atypique. Symptômes, risques et évolution*, L'Archipel, 2003.

BROSSOLLET J., MOLLARET H., *Pourquoi la peste ? Le rat, la puce et le bubon*, Gallimard, 1994.

CAMUS A., *La peste*, Gallimard, 1972.

CANGUILHEM G., *Écrits sur la médecine*, Seuil, 2002.

COCHET Y., *Devant l'effondrement. Essai de collapsologie*, Actes Sud, 2019.

CURÉ M., *Le risque biologique*, Masson, 2004.

DEBRÉ P., GONZALES J.-P., *Vie et mort des épidémies*, éditions Odile Jacob, 2013.

DEBROISE A., *Les maladies émergentes Quand les virus voyagent*, Larousse, 2006.

DEDET J.-P., *Les épidémies. De la peste noire à la grippe A/H1N1*, Dunod, 2010.

DEFOE D. *Journal de l'année de la peste*, Gallimard, 1982.

DELAPORTE F., *Histoire de la fièvre jaune*, Payot, 1989.

DELAPORTE F., *Le savoir de la maladie, essai sur le choléra de 1832*, P.U.F, 1990.

DELAPORTE F., *Les épidémies*, Cité des Sciences, 1995.

DELUMEAU J., *La Peur en Occident, XIVe-XVIIe siècles. Une cité assiégée*, Fayard, 1978.
DIAMOND J., *Effondrement*, Gallimard, 2006.
DIAMOND J., *Bouleversement. Les nations face aux crises et aux changements,* Gallimard, 2020.
DIDI-HUBERMAN G., *Mémorandum de la peste*, Bourgois, 2006.
DUPUY J.-P., *Pour un catastrophisme éclairé. Quand l'impossible est certain,* Seuil, 2002.
EPSTEIN S., *Histoire du sida*, Les Empêcheurs de tourner en rond, 2001.
ESTIVAL J.-P., *Le libéralisme économique au milieu des tempêtes, les leçons de la pandémie de coronavirus*, L'Harmattan, 2020.
FABRE G., *Épidémies et contagions. L''imaginaire du mal*, P.U.F., 1998.
FASSIN D., *L'espace politique de la santé*, P.U.F., 1996.
FOUCAULT M., *Naissance de la clinique. Une archéologie du regard médical*, P.U.F, 1983.
GABORIAU P. et GHAZARIAN C., *Le virus, le pouvoir et le sens*, L'Harmattan, 2020.
GESSAIN, A. et MANUGUERRA J.-C., *Les virus émergents*, P.U.F., 2006.
GORI R. et DEL VOLGO M.-J., *La santé totalitaire. Essai sur la médicalisation de l'existence*, Denoël, 2005.
GOULET D., *Brève histoire des épidémies au Québec. Du choléra à la COVID 19,* Septentrion, 2020.
GRMEK, M.D., *Les maladies à l'aube de la civilisation occidentale*, Payot, 1994.
GRMEK, M. D., *Histoire du sida*, Payot, 1995.
GRMEK, M. D. (dir.), *Histoire de la pensée médicale en Occident*, Seuil, 1995-1999.
GUALDE N., *Comprendre les épidémies. La coévolution des microbes et des hommes*, Les Empêcheurs de penser en rond, 2006.
GUILLAUME P., *Du désespoir au salut : les tuberculeux aux 19ème et 20ème siècles*, Aubier, 1986.

ILLICH I., *Némésis médicale. L'expropriation de la santé*, Seuil, 1975.

LAPEYSSONNIE L., *La médecine coloniale, mythes et réalités*, Seghers, 1988.

Le risque épidémique. Colloque d'Aix-en-Provence, novembre 2002, Presses Universitaires d'Aix-Marseille, 2003.

LÉONARD, J., *La médecine entre les pouvoirs et les savoirs,* Aubier, 1981.

LEVY B.-H., *Ce virus qui rend fou*, Grasset, 2020.

LOMBARD J., *Platon et la médecine,* L'Harmattan, 1999.

LOMBARD J., *L'épidémie moderne et la culture du malheur, petit traité du chikungunya*, L'Harmattan, 2006.

LOMBARD J., « Désordre du monde, défi au savoir et urgence éthique. Petite philosophie de l'épidémie », in *Ethica Clinica, Revue francophone d'éthique des soins de santé* (Belgique), n° 78, août 2015.

LUCENET M., *Les grandes pestes en France*, Aubier, 1985.

MCNEILL W., *Le temps de la peste. Essai sur les épidémies dans l'histoire*, Hachette, 1978.

MANN T., *La Mort à Venise*, traduction de F. Bertaut et Ch. Sigwalt, Fayard, Paris, 1971.

MORIN E., *Changeons de voie, les leçons du coronavirus*, Denoël, 2020.

MOULIN A.-M., *L'aventure de la vaccination,* Fayard, 1996.

NOHL J., *La mort noire. Chronique de la peste*, Payot, 1986.

PERONNE C., *Y a-t-il une erreur qu'ils n'ont pas commise ? Covid 19 : l'union sacrée de l'incompétence et de l'arrogance,* Albin Michel, 2020.

PIGEAUD J., *La crise*, éditions Cécile Defaud, 2006.

QUETEL C., *Le mal de Naples. Histoire de la syphilis*, Seghers, 1986.

RAOULT D., *Épidémies. Vrais dangers et fausses alertes,* Michel Lafon, 2020.

RUFFIÉ J. et SOURNIA J.-C., *Les épidémies dans l'histoire de l'homme, Essai d'anthropologie médicale*, Flammarion, 1993.

SALUZZO J.-F., *La guerre contre les virus*, Plon, 2002.

SALUZZO J.-F., *Des hommes et des germes*, P.U.F., 2004.
SALUZZO J.-F, VIDAL P., GONZALEZ J.-P., *Les virus émergents*, I.R.D. Éditions, 2004.
SEMAL L., *Face à l'effondrement. Militer à l'ombre des catastrophes,* P.U.F., 2019.
SONTAG S., *Le sida et ses métaphores*, Bourgois, 1989.
SPINNEY L., *La Grande Tueuse. Comment la grippe espagnole a changé le monde*, Albin Michel, 2018.
THUCYDIDE, *La guerre du Péloponnèse*, trad. de J. de Romilly, Les Belles Lettres, 1991.
VANDEWALLE B., *Kant, santé et critique*, L'Harmattan, 2003.
VANDEWALLE B., *Michel Foucault. Savoir et pouvoir de la médecine*, L'Harmattan, 2006.
VIGARELLO G., *Le sain et le malsain*, Seuil, 1993.
WILSON F.P., *La peste à Londres au temps de Shakespeare*, Payot, 1987.

TABLE

Structures éditoriales du groupe L'Harmattan

L'Harmattan Italie
Via degli Artisti, 15
10124 Torino
harmattan.italia@gmail.com

L'Harmattan Hongrie
Kossuth l. u. 14-16.
1053 Budapest
harmattan@harmattan.hu

L'Harmattan Sénégal
10 VDN en face Mermoz
BP 45034 Dakar-Fann
senharmattan@gmail.com

L'Harmattan Cameroun
TSINGA/FECAFOOT
BP 11486 Yaoundé
inkoukam@gmail.com

L'Harmattan Burkina Faso
Achille Somé – tengnule@hotmail.fr

L'Harmattan Guinée
Almamya, rue KA 028 OKB Agency
BP 3470 Conakry
harmattanguinee@yahoo.fr

L'Harmattan RDC
185, avenue Nyangwe
Commune de Lingwala – Kinshasa
matangilamusadila@yahoo.fr

L'Harmattan Congo
67, boulevard Denis-Sassou-N'Guesso
BP 2874 Brazzaville
harmattan.congo@yahoo.fr

L'Harmattan Mali
Sirakoro-Meguetana V31
Bamako
syllaka@yahoo.fr

L'Harmattan Togo
Djidjole – Lomé
Maison Amela
face EPP BATOME
ddamela@aol.com

L'Harmattan Côte d'Ivoire
Résidence Karl – Cité des Arts
Abidjan-Cocody
03 BP 1588 Abidjan
espace_harmattan.ci@hotmail.fr

L'Harmattan Algérie
22, rue Moulay-Mohamed
31000 Oran
info2@harmattan-algerie.com

L'Harmattan Maroc
5, rue Ferrane-Kouicha, Talaâ-Elkbira
Chrableyine, Fès-Médine
30000 Fès
harmattan.maroc@gmail.com

Nos librairies en France

Librairie internationale
16, rue des Écoles – 75005 Paris
librairie.internationale@harmattan.fr
01 40 46 79 11
www.librairieharmattan.com

Librairie l'Espace Harmattan
21 bis, rue des Écoles – 75005 Paris
librairie.espace@harmattan.fr
01 43 29 49 42

Lib. sciences humaines & histoire
21, rue des Écoles – 75005 Paris
librairie.sh@harmattan.fr
01 46 34 13 71
www.librairieharmattansh.com

Lib. Méditerranée & Moyen-Orient
7, rue des Carmes – 75005 Paris
librairie.mediterranee@harmattan.fr
01 43 29 71 15

Librairie Le Lucernaire
53, rue Notre-Dame-des-Champs – 75006 Paris
librairie@lucernaire.fr
01 42 22 67 13

www.ingramcontent.com/pod-product-compliance
Lightning Source LLC
LaVergne TN
LVHW050654051026
849532LV00002B/646

* 9 7 8 2 3 4 3 2 1 1 5 1 0 *